LE MARIAGE DE LA COUSINE

DE

L'ESPAGNOLE.

MŒURS IMPÉRIALES, ROYALES ET PAPALES.

LE MARIAGE DE LA COUSINE DE L'ESPAGNOLE

Par P. VÉSINIER,

PRISONNIER POLITIQUE, A BRUXELLES (BELGIQUE).

2me VOLUME.

LONDRES.

TRUELOVE, LIBRAIRE-ÉDITEUR, 256, HOLBORN (W. C.)

1868.

TROISIÈME PARTIE.

I.

Le solitaire des Barettes.

Après le coup d'État du deux-décembre 1851, un nombre considérable de républicains, plus de cent mille, furent proscrits, condamnés à l'expulsion, à la transportation en Afrique ou à la déportation à Cayenne. On avait inauguré en France une ère de proscription qui faisait pâlir celles de Marius et de Sylla; un grand nombre des malheureux qui avaient été frappés d'ostracisme échappèrent par la fuite au sort terrible qui les attendait, en se réfugiant en Angleterre, en Belgique, en Piémont, en Savoie et en Suisse.

Le canton de Genève surtout en avait reçu un nombre considérable, parmi lesquels nous citerons les citoyens: Flocon, de Nolhac, Terrier, Veillasse, Cœur-de-Roy, Volsy-Coste, etc., etc.; Chambéry, Aix-les-Bains, Annecy en comptaient aussi quelques uns.

Le plus illustre romancier de notre époque, le célèbre auteur des *Mystères-de-Paris*, du *Juif-Errant* et de tant d'autres chefs-d'œuvres, avait aussi été expulsé par les Vandales du deux-décembre, comme tous les hommes de cœur et de talent qui se consacraient à la défense de la cause du peuple. Eugène Süe était venu se réfugier à Annecy-le-vieux; il habitait le premier étage d'une maison de paysans, plus que modeste, nommée les Barettes, au rez-de-chaussée de laquelle se trouvaient l'étable et l'habitation du fermier. La chambre de travail du grand écrivain, à laquelle on arrivait par une rampe d'escaliers raides et d'accès difficile, était grande et carrée, elle avait des murs blanchis à la chaux, un parquet de briques, recouvert d'un tapis, une grande table servant de bureau, un fauteuil voltaire, quatre chaises de paille et des rayons en sapin, sur lesquels s'étalaient une centaine de volumes; c'étaient là les seuls meubles qui garnissaient cette modeste chambre de travail. A l'époque dont nous parlons le citoyen Eugène Süe écrivait son grand ouvrage les *Mystères-du-Peuple*, dont les quatre premiers volumes avaient été mis en vente à Paris, mais dont la publication avait été défendue après le coup-d'État. Les destructeurs des libertés publiques, les restaurateurs du despotisme ne pouvaient pas laisser publier un livre d'enseignement populaire, comme les *Mystères-du-Peuple*, dans lequel son illustre auteur flétrissait tous les crimes de l'Église et de la Royauté. Mais le citoyen Eugène Süe loin de se décourager par la proscription, dont lui et son œuvre étaient victimes, s'était au contraire retrempé dans la persécution ; il continuait à travailler avec courage et persévérance à sa magnifique légende d'une famille de prolétaires, dont il retraçait les péripéties nombreuses et émouvantes à travers les âges, pendant que deux de ses collégues proscrits la faisaient imprimer à Lausanne.* Le grand écrivain, aussi généreux que dévoué, avait publié au profit de la caisse de secours des proscrits, ses collégues, un touchant épisode du drame sanglant du deux-décembre sous ce titre : *Jeanne et Louise* ou histoire d'une famille de transportés.

Lorsque ses travaux littéraires le lui permettaient, l'auteur de *Mathilde* allait faire une promenade sur le beau lac d'Annecy, dont l'onde azurée réfléchissait à quelques pas de sa démeure les beautés de la nature alpestre qui l'encadraient et toutes les splendeurs du ciel. Ce sont ces courses qui lui inspirèrent son beau roman *Cornélia d'Alfi*. Il est bien difficile de rencontrer un site plus charmant, plus grandiose, plus imposant, plus gracieux et plus poétique à la fois que celui qui entoure le joli lac d'Annecy. Tout ce que la nature a de plus coquet, de plus beau et de plus sublime se trouve réuni dans cet admirable coin de terre.

---

* Les citoyens Flocon et Vésinier.

Le lac étincelle et scintille le jour comme une émeraude sous les brillants rayons du soleil, et la nuit il réfléchit la faible et poétique clarté des étoiles, qui se mirent dans son onde de cristal. Les montagnes granitiques et abruptes, qui l'entourent de leur cadre sévère et majestueux, lui donnent tout le sublime de leur grandeur géante et tout l'inconnu magique de leurs ombres épaisses et de leurs sommets escarpés; tandis que sur le bord de la rive de charmants paysages, de jolies habitations, des campagnes magnifiques égaient le tableau et forment le plus heureux contraste avec la nature sévère et imposante du second plan. Quelque fois le soir on voyait une péniche élancée et légère fendre rapidement les flots azurés du lac, c'était celle du citoyen Eugène Süe qui allait se promener sur le charmant et poétique miroir du ciel. D'autres fois, il gravissait les chemins rocailleux de la montagne, à l'aide d'un long bâton ferré, et muni d'une bouteille de Kirsch, il était ordinairement accompagné de son guide dévoué, le brave Ravio, dont il a beaucoup parlé, dans son volume *L'histoire de mes livres*, en racontant les sorciléges que lui attribuaient les paysans superstitieux des environs sur la foi de Monsieur le Curé.

Mais ce n'était ordinairement que le soir, après dîner, que le grand romancier allait courir dans la campagne, car il était un travailleur assidu; dès le matin, à six heures, il se mettait à la besogne, jusqu'au soir et il n'interrompait ses occupations que pour prendre une tasse de bouillon, de thé ou de café au lait qui composait tout son déjeuner.

Un jour que, selon son habitude de labeur et d'isolement, il était à travailler, achevant les derniers volumes des *Mystères-du-Peuple*, on lui annonça la visite d'une jeune femme, qui désirait lui parler.

Eugène Süe hésita d'abord à recevoir l'inconnue; mais, comme sa porte était ordinairement ouverte à tous ceux qui voulaient bien venir le voir, il dit, comme d'habitude, à sa domestique, l'introduire la visiteuse.

Quel ne fut pas la surprise et l'étonnement du solitaire des Barettes, lorsqu'il vit entrer dans sa chambre une belle jeune femme élégante, mise avec luxe et recherche, portant une robe de cachemire blanc, relevée à la naissance des bras et au corsage par des camées; les cheveux noirs de cette dame charmante, enroulés au tour de sa tête en nombreuses nattes à la grecque, donnaient à la régularité de ses traits un caractère de beauté antique. Eugène Süe ne pouvait revenir de son étonnement, qui se changea bientôt en admiration. La belle nouvelle venue s'avança gracieuse et souriante au devant de l'auteur du *Juif-Errant*.

— Vous voudrez bien pardonner à une femme,

proscrite comme vous, citoyen, lui dit-elle, la liberté qu'elle prend de venir vous distraire de vos travaux importants.

A cette introduction la surprise de l'hôte des Barettes augmenta encore; il ne connaissait pas de femmes proscrites, et surtout d'aussi belles, d'aussi jeunes et d'aussi élégantes, que celle qu'il avait devant les yeux.

— Je vois citoyen, ajouta-t-elle, que ma visite vous surprend beaucoup.

— Elle m'étonne autant qu'elle m'est agréable, répondit le solitaire, je vous avouerai même que je suis peu habitué à recevoir d'aussi charmantes visiteuses, j'ignorais même qu'il y eut des femmes proscrites aussi aimables et aussi intéressantes que vous; et j'ai, je crois, le plaisir de vous voir pour la première fois.

— Cela est vrai, Monsieur, mais malheureusement aujourd'hui les femmes elles-même sont poursuivies; l'affreux despotisme qui pèse sur la France n'a épargné personne, et il a frappé indistinctement dans toutes les classes de la société sans considération pour le beau sexe.

— Cela est malheureusement vrai, quoique bien triste à dire, les femmes n'ont pas plus été épargnées que les hommes, le coup-d'État a pris ses victimes partout, sans distinction d'âge, de profession et de sexe.

— Le crime et la peur ont formé un couple monstrueux qui a engendré la persécution, et je suis un des nombreux exemples des excès auxquels ils peuvent se livrer ; arrachée de chez moi, conduite à la frontière, expulsée brutalement, je suis venue demander asile à cette belle et hospitalière Savoie, et dès que j'ai su que vous habitiez Annecy, je me suis empressée de vous faire une petite visite, persuadée que le proscrit accueillerait bien la proscrite et je vois que je ne me suis pas trompée. Mais je crains d'abuser de vos instants précieux en vous distrayant de vos importants travaux. Permettez-moi donc, citoyen, de prendre congé de vous et de solliciter la faveur de venir vous faire quelque fois de petites visites ; en disant ces mots, la jeune femme remit sa carte à son hôte, le salua respectueusement et le quitta presque aussitôt.

— Je serai toujours heureux d'avoir le plaisir de vous voir, répondit Eugène Süe, en accompagnant la jeune femme, et en jetant un coup d'œil sur la carte qu'elle venait de lui remettre, sur laquelle il lut : Madame la comtesse Maria de S..., au chalet d'Aix.

Eugène Süe réfléchit un instant pour chercher dans ses souvenirs s'il ne connaissait pas une famille de ce nom, et il se rappela, qu'il y avait en effet, en Allemagne, des comtes de S...., et il pensa que sa visiteuse appartenait à cette famille ; mais il ne s'expliqua pas alors comment cette dame étrangère pouvait être proscrite par le gouvernement Français. C'était là un mystère qu'il se promit d'éclaircir à la première occasion.

L'auteur des *Mystères-du-Peuple* travaillait alors beaucoup à cet ouvrage important, il sortait très-rarement, et quand il le faisait c'était, comme nous l'avons dit, pour aller se promener sur le lac ou au sommet de la montagne, qui s'élevait derrière sa maison ; plus de huit jours s'étaient écoulés depuis qu'il avait eu le plaisir de voir Madame de S..., sans qu'il eut eu le temps de lui rendre sa visite. La belle proscrite, qui avait des motifs particuliers, ainsi que nous le verrons plus loin, pour continuer ses relations avec le citoyen Eugène Süe, vint le voir de nouveau. Elle lui fit d'aimables reproches sur ce qu'elle appelait son manque de galanterie.

— Puisque vous avez négligé de me rendre la visite que je vous ai faite, je viens vous voir de nouveau et j'espère, à l'avenir, que je serai plus heureuse, et que vous voudrez bien rendre la visite à la pauvre proscrite.

— Veuillez me pardonner, Madame, ce que vous seriez en droit de considérer comme un manque de convenance et ne l'attribuez qu'à mes occupations très-assidues, qui ne n'ont pas permis d'aller vous voir, à Aix-les-Bains ; j'invoque le privilége de mon âge pour faire excuser ma négligence, et je serai même heureux de cette dernière, si vous me pardonnez, puisqu'elle m'aura valu une seconde visite de vous.

— Vous usez largement de votre réputation d'homme solitaire et laborieux, répondit, d'un ton de gracieux reproche, Madame de S....; je vous pardonne pour cette fois, mais j'ai le doux espoir que vous voudrez bien venir me voir dans mon chalet d'Aix-les-Bains?

Je vous le promets, madame, car ce sera pour moi une véritable fête d'écolier en vacances; depuis que je suis ici, je ne suis pas encore allé jusqu'à Aix; je vis en véritable cénobite, dans le plus grand isolement et dans la solitude la plus complète, et quand je sors, c'est pour aller errer dans la campagne seul ou en compagnie de mon guide Ravio.

Vous avez grand tort d'en agir ainsi, il est très regrettable qu'un homme de votre mérite prive la société de sa présence, et j'espère bien, monsieur, vous faire déroger à ces habitudes d'égoïste.

— Jeune et belle, comme vous l'étes, je comprends, madame, que la société et les plaisirs du monde aient des attraits pour vous. Mais il ne peut en être de même pour moi, à mon âge, proscrit, désillusionné, désenchanté, comme je le suis, la solitude et le recueillement me conviennent mieux. J'ai plusieurs romans en préparation: *Le Fils de Famille, La Famille Hervé, Les Secrets de l'Oreiller*, sans compter mon grand ouvrage les *Mystères-du-Peuple*, auxquels je travaille beaucoup; toutes ces œuvres me prennent un temps considérable, il m'en reste fort peu à consacrer au monde. Après avoir chaque jour employé, de longues heures au travail de la pensée, j'éprouve le soir un grand besoin de locomotion, je prends mon bâton ferré et je vais courir les champs et les monts, respirer les parfums du soir, les senteurs vivifiantes des sites alpestres, qui me font un grand bien et me donnent de nouvelles forces pour recommencer le lendemain mon travail journalier.

— Vous vous êtes condamné là à une existence bien pénible et, quoique bien remplie, elle doit vous fatiguer beaucoup; exister ainsi, ce n'est pas vivre. Vous employez vos heures à des travaux considérables, vous vous usez l'esprit, la mémoire et l'imagination en créant chaque jour quelques nouveaux types de héros; de même que vous vous fatiguez les jambes et le corps dans vos courses journalières à travers la montagne; mais vous ne donnez aucun aliment à votre âme, à vos sentiments; vous prenez sans-cesse dans votre cœur pour créer vos héros et vous ne l'alimentez par aucune affection sérieuse; vous l'épuiserez complétement et alors votre génie disparaîtra. L'homme, quelque bien doué qu'il soit, ne peut se suffire à lui-même.

À ces observations si sérieuses et si sensées, qui contrastaient beaucoup avec la jeunesse de sa belle interlouctrice, Eugène Süe la regarda avec surprise et avec étonnement, en lui disant :

— Vos observations sont pleines de sens, Madame, et témoignent en faveur du sérieux de votre esprit ; mais hélas ! à mon âge et surtout dans ma position on ne peut plus espérer avoir les tendres affections de cœur, dont vous me parlez ; car, vous ne l'ignorez pas, partout le proscrit est toujours seul.

— Vous avez tort d'avoir ces idées désolantes et de vous livrer à ce sombre découragement, personne au monde au contraire ne mérite plus que les proscrits l'affection des honnêtes gens, beaucoup s'honoreraient de votre amitié et seraient heureux s'ils pouvaient diminuer par leur affection les chagrins de votre exil.

— Ce que vous dites là, Madame, est bien séduisant et prouve votre bonté ; c'est une douce illusion que vous inspire votre bon cœur et dont je vous suis reconnaissant ; mais, malheureusement, depuis que je suis ici, je n'ai encore rencontré aucune de ces affections sérieuses et dévouées dont vous me parlez.

Je ne doute pas de la vérité de ce que vous me dites, Monsieur, mais cette absence de doux sentiments vient sans doute de l'isolement et de la solitude dans lesquels vous vivez et, permettez-moi de vous le dire, à de la teinte mélancolique et sombre qu'ont prise vos idées depuis que vous êtes proscrit, et qui vous font vous complaire loin de vos semblables. Mais, croyez-moi, l'homme ne vit pas seulement de pain et de travail, il lui faut encore une affection, un tendre sentiment de cœur.

— Je vous crois, Madame, et je suis d'une nature trop aimante et trop expansive, pour ne pas éprouver depuis que je suis ici le besoin d'affection dont vous me parlez ; mais, malheureusement, ce n'est pas dans ma solitude que je rencontrerai le bon ange, dont j'aurai besoin pour épancher mon cœur dans le sien.

— Pourquoi pas, Monsieur, il ne faut jamais douter ni désespérer de rien. Serait-il donc si extraordinaire que vous rencontriez une amie véritable ; une femme proscrite, par exemple, aimante, effectueuse, qui, comme vous, aurait vu le vide se faire dans son cœur et autour de son existence ; qui serait heureuse de rencontrer une âme tendre qui sympathiserait avec la sienne ; un ami sincère et dévoué, auquel elle pourrait confier ses chagrins et ses espérances, qui la comprendrait et qui l'aiderait à supporter les douleurs et les désillusions de la vie. En disant ces mots, la jeune femme était rayonnante de grâce et de beauté, son front poli resplendissait, ses yeux brillaient de la plus douce flamme, ses joues étaient colorées d'un tendre et délicat incarnat ; on l'aurait prise à son air pensif et méditatif pour une mélancolique statue de l'espérance,

Son hôte la contemplait avec ravissement.

— O madame, lui dit-il, si cette femme merveilleuse existe, comme vous me le faites espérer, ce ne peut-être que vous, et si vous n'êtes pas cette bienfaisante personne, c'est qu'elle n'existe pas, ou du moins je puis être assuré qu'elle ne viendra pas me trouver dans ma solitude.

Si ce n'est pas moi qui suis cette fée bienfaisante, qui vous apportera l'affection et le bonheur, dont vous êtes si digne, vous ne resterez pas sans les soins et sans la tendre amitié qui vous manquent.

— Si vous n'êtes pas le bon génie dont vous me parlez, vous, si jeune et si belle, ne faites plus briller à mes yeux tout le monde de bonheur que je viens d'entrevoir ; laissez-moi dans ma solitude profonde, dans mon isolement complet ; car, si ensuite les espérances que je suis sur le point de concevoir, allaient ne pas se réaliser, je serais le plus malheureux des hommes et la blessure que vous m'auriez faite serait peut-être mortelle.

— Loin de moi, citoyen, la pensée de venir jeter le trouble dans votre existence; j'ai simplement voulu vous dire que plus d'une femme serait heureuse et fière de vous consoler dans votre solitude et de vous prodiguer cette affection sincère que mérite un homme de votre talent et de votre caractère. Quant à moi je n'aurai jamais osé prétendre à un pareil bonheur, dont je ne me juge pas digne; car, jusqu'à ce jour, je n'ai d'autre titre à votre confiance et à votre bienveillance que la rigueur qui m'a frappée, la famille à laquelle j'ai le malheur d'appartenir et mon nom, sont même des empêchements à votre confiance.

— Comment cela, Madame? parce que vous appartenez à une famille noble, vous croiriez-vous indigne de servir la grande cause démocratique et de mériter l'estime des républicains. Mais vous oubliez qu'un grand nombre de ceux-ci sont dans le même cas que vous. Mon ami Kersausie, qui est ici, ne descend-il pas d'une noble famille bretonne l'illustre auteur; des *Paroles d'un Croyant* n'est-il pas dans le même cas; et moi-même, qui vous parle, est-ce que je n'appartiens pas à une riche famille; mon père n'était-il pas médecin de l'impératrice Joséphine ma marraine, et le prince Eugène de Beauharnais n'a-t-il pas été mon parrain? Eh bien, cela m'a-t-il empêché de devenir républicain, démocrate, socialiste, et vous, Madame, en êtes vous moins proscrite pour vos opinions, quoique vous soyez noble d'origine?

Vos observations sont très-justes, citoyen, mais moi je ne suis pas seulement une amie de la famille impériale mais encore un de ses membres; j'ai le malheur d'être la parente de l'auteur du deux-décembre et, depuis que Louis Bonaparte à épousé Eugènie de Montijo, on ne m'appelle plus que *La Cousine d'une Espagnole.*

A cette déclaration Eugène Süe ne put, malgré tous ses efforts, maîtriser la répulsion involontaire et instinctive qu'il éprouva.

— J'ignorais Madame, que vous fussiez une Bonaparte, répondit-il, d'un ton froid et réservé. Je croyais que vous faisiez partie de de la famille allemande des comtes de S...., dont vous portez le nom et le titre.

— J'ai en effet, Monsieur, épousé un comte de S...; mais je descends d'une famille souveraine, mon aïeul était frère d'un Empereur, et mon nom qui, jusqu'en 1851, fut un titre de gloire, est devenu pour moi, depuis cette époque, une honte et un opprobre, et, quoique proscrite par celui qui en a fait un si malheureux abus, j'ai déjà eu beaucoup à souffrir de mon origine; les crimes des membres de ma famille, dont je suis une des victimes, rejaillissent sur moi et je vois que vous même, Monsieur, vous subissez la facheuse influence que mon origine cause partout; je traine avec moi mon nom comme un boulet, et pourtant je l'ai répudié depuis longtemps, j'en suis bien malheureuse.

En prononçant ces paroles la voix de la belle visiteuse était profondément émue; le grand romancier, sensible comme toutes les natures généreuses, fut touché de la douleur involontaire qu'il avait causée à la jeune femme, et il chercha à en atténuer l'effet.

— Veuillez me pardonner Madame, lui dit-il, l'impression facheuse que votre origine a produite sur moi, car elle n'a rien qui vous soit personnel, loin de moi la pensée de vous rendre responsable des crimes de vos parents et de les faire rejaillir sur vous. J'ai protesté trop souvent et je proteste encore contre l'abominable dogme de la tache originelle; j'ai flétri avec trop de raison ce préjugé odieux qui fait retomber sur le fils les fautes de ses parents, pour que je veuille vous rendre solidaire des crimes de votre famille et surtout de l'abominable attentat de décembre, dont vous êtes une des plus intéressantes victimes.

— Merci, Monsieur, de vos bonnes paroles, qui me font beaucoup de bien, qui sont une grande consolation à mes infortunes, j'ai déjà tant souffert du nom de mes ancêtres; on m'en a fait si souvent un crime, que je suis bien heureuse de voir qu'il est encore des hommes inspirés par les grands sentiments de justice, qui repoussent loin d'eux les préjugés odieux du passé et qui, n'écoutant que la voix de la raison, rendent justice à qui la mérite. La femme proscrite raconta ensuite au citoyen Eugène Süe qu'elle avait été expulsée, par celui qu'elle a le malheur d'avoir pour parent, à cause du blâme énergique qu'elle avait exprimé sur l'odieux guet-apens du deux décembre.

Comme son mari s'était associé aux indignes persécutions dont elle avait été la victime, elle avait résolu de vivre désormais séparée de lui. Depuis son exil, son expulseur lui a fait dire qu'il était tout disposé à lui acccorder sa grâce si elle la lui demandait, voici la réponse énergique et digne qu'elle fit à ce sujet.

„On m'a fait solliciter pour que je demande ma grâce à mon parent, en me faisant assurer qu'elle me serait accordée de suite, et qu'on y joindrait de grandes faveurs. Mais j'ai repoussé avec mépris ces propositions, comme je le ferai toujours; car je ne veux pas commettre une lâcheté pour revoir mon pays. Les femmes doivent donner aujourd'hui l'exemple du courage et de la dignité, puisque beaucoup d'hommes leur laissent cet honorable privilége.

„Je ne rentrerai en France que lorsqu'il y aura un gouvernement libre et digne. Jusqu'à ce que la liberté ait triomphé je resterai proscrite, et je proteste énergiquement contre toute insinuation qui pourrait faire supposer que je suis capable, soit maintenant, soit dans l'avenir, sous quelque prétexte que ce soit et dans quelques circonstances que je me trouve, d'accepter les propositions outrageantes d'une famille de laquelle je me suis, après mûres réflexions, séparée à tout jamais.“

Eugène Süe admirait le courage, l'énergie et la volontée de cette jeune femme qui supportait si dignement son exil et qui préférait la proscription au séjour de la capitale, aux grandeurs et aux plaisirs qui lui étaient offerts si elle voulait rentrer en grâce au près de son cousin; car on lui avait fait dire, ainsi qu'elle le racontait, que si elle en faisait la demande on lui rouvrirait l'accès de cette France, de ce Paris qu'elle aimait tant; et qu'en vertu de sa parenté on lui offrait un rang princier à la cour; qu'elle verrait ainsi disparaître ces difficultés de position dont elle avait tant à souffrir. Qu'elle serait reconnue princesse du sang au même titre que sa cousine Mathilde, séparée, comme elle, de son mari; qu'elle deviendrait une Altesse impériale, une des étoiles les plus brillantes des soirées et des bals des Tuileries.

— A ces insolences, disait la belle Madame de S..., je me contentais de répondre avec mépris en haussant les épaules.

Ces preuves de courage et de résignation, de désintéressement et de dignité émerveillèrent l'illustre romancier ; bon, croyant et enthousiaste, il admirait la délicatesse, la fermeté et la droiture d'âme de cette jeune femme dont la persécution, en l'entourant d'une auréole, augmentait encore le charme de sa beauté. Eugène Süe éprouvait aussi un grand plaisir à causer littérature avec sa charmante visiteuse, qui parlait fort agréablement de la plupart des romanciers modernes et surtout de Balzac, pour lequel elle professait la plus grande admiration. Elle avait été, disait-elle, élevée, pour ainsi dire, sur les genoux de madame Récamier, l'amie de l'illustre Chateaubriand ; ce grand écrivain, qui l'avait connue toute enfant, fut frappé de sa gentillesse et de sa précocité d'esprit, et il s'amusa à lui apprendre à lire. C'était aussi dans les salons de la belle Madame de Récamier qu'elle avait rencontré l'auteur de la *Comédie-humaine* et elle avait depuis toujours conservé des relations avec lui et étudié tous ses héros.

Maria de S..., ou plutôt la Cousine d'une Espagnole, car c'est ainsi que nous la désignerons, avait elle-même composé plusieurs œuvre littéraires, dont elle offrit des exemplaires à son nouvel ami ; elle était aussi l'auteur de nombreuses poésies dont elle déclama quelques strophes avec beaucoup de bon goût et de grâce. Ces talents et ces aptitudes diverses, que possédait la jeune dame, charmèrent complétement le proscrit, qui fut tout à fait subjugué par sa gracieuse visiteuse, à laquelle il promit d'aller bientôt la voir à Aix-les-Bains.

II.

Aix les bains.

La petite ville d'Aix-en-Savoie ou d'Aix-les-Bains est située dans une vallée charmante, à 8 kylomètres de Chambéry, aux pieds de deux majestueuses montagnes, le Nivolet et le Mont-du-Chat, dont la position, l'un au levant et l'autre au couchant, fait que quand l'un est éclairé, le second projette des ombres gigantesques dans la plaine. Ces deux monts, si imposants, dominent le lac du Bourget et les riantes collines de Tresserves, de Mouxi, des Innocents et celle sur la pente de laquelle est batie la ville. Les yeux se reposent agréablement sur la belle avenue de peupliers, conduisant d'Aix au port de Puer, sur le lac du Bourget; on admire les riches tapis de verdure vivifiés par les eaux thermales, la végétation luxuriante, les arbres chargés de feuilles, de fleurs ou de fruits, et l'ombrage si frais de la promenade du Gigot, rendez-vous des joueurs de boules et des baigneurs impotents; chaque année plus de quatre mille de ces derniers viennent prendre les eaux, qui se composent de quatre sources principales: deux d'eaux thermales, l'une sulfureuse et l'autre dite d'alum, qui jaillissent avec une abondance vraiment extraordinaire, et deux sources d'eaux froides, l'une sulfureuse et l'autre ferrugineuse qui suffiraient certainement à elles seules pour faire la fortune de cette localité.

La Cousine d'une Espagnole habitait l'établissement même des bains, dans un charmant chalet qu'elle devait à la munificence d'un millionnaire légitimiste, M. le comte de P...., épris depuis quelque temps d'un vif caprice pour la jeune et belle proscrite, et qui s'était constitué son sigisbée. Ce riche et charmant chalet était un véritable chef-d'œuvre d'art et de bon goût, et le citoyen Eugène Süe, lorsqu'il vint rendre visite à Madame de S...., fut émerveillé de l'exquise délicatesse artistique qui avait présidé à la construction et à l'ameublement de cette coquette et gracieuse habitation.

Madame de S.... faisait, avec une grâce charmante les honneurs de sa demeure à ceux de ses compatriotes de distinction qui l'honoraient de leur visite. L'un d'eux, qui vient de mourir, un des plus grands poètes de notre époque, auteur de plusieurs tragédies qui ont obtenu un succès Européen était venu lui présenter ses respects à l'époque dont nous parlons; la jeune comtesse lui naturellement l'accueil le plus bienveillant, et ce fut avec un véritable plaisir qu'elle lui montra sa gentille demeure dans tous ses détails.

Ceci est mon salon, lui dit-elle, en l'introduisant dans une belle pièce octogone, toute tendue de rose, aux fenêtres en ogives, aux meubles en palissandre, dans laquelle son célèbre visiteur admira plusieurs tableaux de maîtres, et quelques aquarelles dues au pinceau de la comtesse; cette dernière lui montra ensuite son cabinet de travail d'une coquette élégance, ainsi qu'il convient à celui d'une jolie femme, et dont l'ameublement d'ébène plaqué d'ivoire ne laissait rien à désirer sous le rapport du goût et du luxe; le bureau et la table de travail étaient encombrés de livres et de manuscrits: la musique, les pinceaux et les crayons se mêlaient aux compositions littéraires et aux pièces de vers. On croyait en voyant tout cela, que la maîtresse du lieu devait être à la fois peintre, musicienne, poète et très-adonnée à l'étude.

La chambre à coucher de la comtesse était un vrai chef-d'œuvre de bon goût et délégance, dont on admirait les tapis moelleux, les lambris et les plafonds en glaces de Venise, les meubles de bois de rose, incrustés de nacre, le lit d'ivoire à filets et arabesques d'or, les coussins de duvet, les tentures de soie rose, les édredons, les oreillers de mousseline et de dentelles blanches nomme de la neige, les peintures mythologiques, les porcelaines de Chine, les cassolettes à parfums et tous les mille riens que les femmes du monde savent collectionner avec un art exquis, qui meublaient, décoraient et ornaient ce sanctuaire de repos, de mystère et d'amour, dont la prêtresse ravissante faisait les honneurs avec une grâce et un laisser aller séduisants, capables de faire damner un saint.

En admirant ce mystérieux logis, en contemplant la gracieuse jeune femme qui la nuit reposait sa belle tête et toute sa voluptueuse personne sur cette couche pleine d'irrésistible attraction, on sentait son cœur se gonfler et battre plus fort, et on ne pouvait en détacher la pensée et le regard; on se demandait si jamais un heureux mortel, à l'heure où tout repose, n'avait franchi le seuil discret de cette chambre pleine d'une enivrante athmosphère, pendant que la voluptueuse comtesse, qui l'habitait, reposait mollement ses charmes sur les coussins de duvet de sa couche blanche et rose? Et l'on se disait que celui qui aurait ce bonheur serait un mortel fortuné.

A côté de la chambre à coucher de la Cousine d'une Espagnole, et communiquant avec elle par une petite porte adroitement dissimulée dans la cloison, était un petit appartement de deux pièces, composé d'une chambre à coucher et d'un cabinet de travail meublés avec une confortable simplicité; Madame de S.... les montra au poète en lui disant avec un aimable sourire:

— Voici, Monsieur, deux chambres que je tiens en réserve pour mes amis lorsqu'ils viennent me voir, et j'espère que vous voudrez bien les accepter pendant votre séjour ici, car je crois que vous serez assez galant pour rester quelque temps près de nous.

— Vous êtes bien aimable Madame, j'ai en effet l'intention de passer quelques semaines à Aix, le temps de prendre les eaux, mais je craindrais d'abuser de votre bonté en acceptant l'offre bienveillante que vous venez de me faire d'une façon si gracieuse.

— Monsieur, soyez sans inquiétude à ce sujet, vous me ferez grand plaisir en acceptant ma proposition amicale; vous ne serez peut-être pas très-bien logé, car les chambres sont un peu petites, mais c'est là ce que j'ai de mieux à vous offrir, mon chalet étant lui même une miniature, vous serez ainsi placé tout à *côté de moi* et je ferai mon possible pour embellir votre séjour et charmer vos loisirs.

Cette prière était faite d'une voix si douce, le regard qui l'accompagnait était si éloquent, le sourire qui errait sur la bouche de la jeune femme avait une séduction si irrésistible et promettait tant de bonheur; il y avait tant d'abandon et de volupté dans la pose de cette sirène, qui venait de souligner d'une intonation si passionnée ces mots: „Vous serez tout à côté de moi,“ qu'il aurait fallu être de marbre pour ne pas accepter l'invitation séduisante de Madame de S..., et le poète P.... était trop galant pour la refuser. Il avait d'abord été étrangement surpris des termes plus qu'engageants de l'invitation pressante qui venait de lui être faite, mais depuis qu'il l'avait acceptée il n'avait plus rien remarqué chez Madame de S.... qui put justifier les espérances qu'il venait de concevoir.

Il pensa alors avoir mal interprété les paroles de sa belle hôtesse, et il s'en voulut même de s'être abandonné aux étranges idées d'intrigues d'amour que l'invitation excentrique et extraordinaire, qui venait de lui être faite, avait d'abord fait germer dans son esprit.

Son aimable hôtesse lui montra alors l'autre aile du joli chalet dans laquelle était situé l'appartement de M. le comte de P..., près duquel deux pièces réservées avaient aussi été offertes à Eugène S..., qui ne les avait acceptées qu'après les plus instantes prières de la part de ses hôtes.

Une fois ces conditions de séjour réglées et les arrangements de logement terminés, la journée fut employée à visiter la ville et l'établissement des bains.

Le soir il y eut grande fête au Casino, nos deux invités y furent en compagnie de Madame de S.... et de deux de ses amies : Madame de L.... et la comtesse de M.... sa fille ; selon son habitude la Cousine d'une Espagnole mit ses plus beaux atours, car un des côtés les plus saillants de son caractère est un goût très-prononcé pour la toilette, elle éprouve un grand plaisir à se parer et à s'atiffer comme une jeune pensionnaire, elle joue à la poupée avec elle-même, elle ressent une sorte de joie de nouvelle mariée à mettre de belles robes, à étaler ses nouvelles toilettes, ses splendides parures, ses diamants ; souvent, quand elle va au Casino, elle a sur elle pour deux ou trois cent mille francs de pierreries, de perles et de dentelles.

Elle aime à la folie, le bruit, le mouvement, l'éclat des lumières, et c'est avec une sorte d'ardeur fièvreuse qu'elle danse presque chaque soir dans les salons splendides du Casino, inondés de clarté, retentissants des harmonies de l'orchestre, pleins des tourbillons du bal de la valse échevelée et de l'animation d'une foule toujours nouvelle. Ce spectacle féerique, enivrant et vertigineux, plait beaucoup à la jeune femme, l'entraîne, la séduit et la passionne complètement, et elle s'y abandonne tout entière.

Le soir dont nous parlons, elle portait une magnifique robe de points d'Alençon et ses plus riches parures.

Elle s'assit à la galerie avec ses amies : Madame de L... et Madame la comtesse de M...., fille de cette dernière.

Bientôt ces trois dames furent invitées à danser ; la comtesse de S.... était ce soir là sémillante, de grâce et de beauté ; elle s'élança avec l'ardeur dévorante qui l'animait dans tous les vertiges de la valse, voltigeant à travers les salons avec la rapidité d'une sylphide, les cavaliers qui l'avaient accompagnée au bal suivaient avec admiration ses évolutions cadencées, pleines de grâce, de souplesse et d'harmonie. La séduisante danseuse leur paraissait plus belle encore, fuyant et apparaissant au milieu des tourbillons des danseurs comme une vision féerique ; constellée de saphyrs et d'émeraudes, scintillante de diamants, couronnée de fleurs, rayonnante de jeunesse et de beauté, exhubèrante de charmes, elle était d'une attraction et d'une fascination irrésistibles, tous les hommes l'admiraient et la désiraient, toutes les femmes l'enviäient et la jalousaient, des murmures flatteurs et des sourires d'envie l'accueillaient partout sur son passage, elle était heureuse et fière de l'Empire qu'elle exerçait au tour d'elle et d'être la reine du bal. Il était près d'onze heures, Madame de S.... venait de terminer sa danse et elle se promenait jouissant de son triomphe, lorsqu'une jeune femme d'une grande beauté fit son entrée dans le bal. Elle était vêtue d'une belle robe noire montante de moire antique, dessinant admirablement sa taille svelte et fine, élancée, bien prise et flottant avec grâce au tour de ses hanches voluptueuses; une rivière de diamants noirs, rares et précieux scintillait en gerbes étincelantes sur son cou délicat; une broche, des pendants d'oreilles, des bracelets, tous ornés de diamants semblables à ceux de son collier, jetaient mille et mille feux; de gros solitaires noirs brillaient comme des escarboucles dans sa chevelure dont les brunes torsades la couronnaient d'un majestueux diadême. Cette jeune femme, mélancolique et grâve, avait de beaux yeux noyés dans un océan de tristesse, son front, son nez, sa bouche et tout son profil étaient d'un dessin irréprochable et pouvaient rivaliser de fini et de pureté avec une médaille romaine. Son teint pâle laissait pourtant deviner le ton chaud et la teinte voluptueuse que donne le sang méridional, et la morbidesse de ses belles épaules causait ce frisson brûlant et cet attrait irrésistible que produisent toujours les femmes de race, ou de beauté hors ligne. Elle avait la démarche et le port d'une déesse, et elle était accompagnée par un beau cavalier auquel la tête poétique, le vaste front intelligent, les grands yeux noirs, les cils soyeux, la barbe soignée donnaient un cachet d'une haute distinction.

Lorsque ce couple apparut au milieu du bal tout le monde fut saisi d'un profond sentiment d'admiration, les murmures les plus flatteurs accueillirent la jeune dame aux diamants noirs, tous les assistants furent extasiés à sa vue, et oublièrent complètement Madame de S..., dont les charmes disparaissaient devant ceux de la belle inconnue comme les étoiles du matin s'effacent devant les rayons brillants de l'astre du jour.

On se demandait quelle pouvait être cette jeune étrangère, d'une beauté si accomplie, dont la parure, simple et sévère, devait être d'un prix fabuleux, et éclipsait tous les diamants et tous les joyaux de Madame de S..., dont on parlait pourtant beaucoup au Casino.

Personne ne connaissait cette jeune femme, on savait seulement qu'elle arrivait d'Italie et qu'elle se rendait à Paris.

La cousine d'une Espagnole la considéra attentivement, d'un air inquiet et préoccupé, et s'empressa de quitter le bal peu de temps après l'arrivée de l'étrangère et de son cavalier. Quelques heures après l'incident que nous venons de raconter, pendant que tous les hôtes du chalet de Madame de S.... étaient retirés dans leurs appartements, le jeune poète P...., couché non loin de la belle

Maria, réfléchissait aux paroles étranges que cette dernière lui avait dites et, tout en regardant d'un œil interrogateur la porte secrète qui conduisait à l'appartement de son aimable hôtesse, il faisait des vœux ardents pour que l'obstacle qui le séparait de celle à qui il songeait involontairement disparut, afin de pouvoir aller rejoindre sa belle voisine.

A quoi tiennent pourtant l'honneur et la vertu des femmes, pensait-il? A quelques clous, à une planche de sapin et à une porte, si celle que j'ai là, devant moi, était ouverte, peut-être serai-je le plus heureux des mortels car, si je possédais la clef de cette porte discrète, je serais bientôt auprès de celle à qui je songe involontairement, et dont la beauté et la grâce ont fait une si vive impression sur moi; mais ai-je bien le droit de me plaindre de cette porte incommode, quand tant de malheureux gémissent en prison et qu'il dépend seulement d'une porte ou d'une grille, qu'ils soient heureux et libres.

Pendant que le poète faisait ces réfléxions, la porte mystérieuse, qu'il contemplait, roula doucement sur ses gonds, comme par enchantement, et l'obstacle qui, il n'y a qu'un instant, s'opposait à son bonheur, lui laissa le champ libre. Mais le caractère de l'homme est si étrange que quand l'objet de ses vœux les plus ardents est à sa portée, il recule tout d'abord épouvanté, et se demande si ce qu'il voit est bien exact, ou si, au contraire, il n'est pas dupe d'une illusion; aussi le poète ne pouvait croire ses yeux. Il ne s'expliquait pas comment cette porte s'était ouverte si à propos, et au moment même où il le souhaitait si ardamment. Il s'avança néanmoins tout doucement dans le couloir mystérieux, et il fut bientôt dans la chambre de Madame de S....; cette dernière était couchée, sa jolie tête reposait gracieusement sur un oreiller de duvet, garni de dentelles; ses paupières étaient closes, son front pur n'avait pas un pli, ses nattes noires d'énouées tombaient avec grâce sur son cou de cygne et sur son sein de neige, à demi cachés par la dentelle de sa fine chemise brodée à jour; ses bras ronds et potelés, ses épaules, polies comme de l'ivoire, laissaient admirer toutes leurs beautés; l'une de ses petites mains délicates, aux doigts roses et effilés, était noyée dans sa noire chevelure, l'autre se dessinait sur la blanche batiste de la couverture; un petit pied blanc, veiné de bleu clair, à l'orteil rose, transparent comme de l'opale, apparaissait coquet et furtif, un bas de jambe et une naissance de mollet, admirablement sculptés, étaient bien capables de tenter le grand Saint-Antoine en personne.

Aussi, notre poète, à la vue de tous ces trésors, fut pris d'une admiration passionnée pour la belle endormie ; il s'avança sur la pointe des pieds jusqu'à l'autel où l'amour lui offrait une belle victime en sacrifice.

Quand il fut tout près du lit de celle dont les charmes le fascinaient, cette dernière ouvrit lentement ses jolies paupières et enveloppa son nocturne visiteur d'un regard voluptueux en lui disant :

— Ah ! c'est vous, vous voilà, je pensais à vous, je rêvais que vous étiez là, près de moi, et que nous étions heureux ensembles....

Bientôt ils le furent, en effet.

On comprend facilement quelle délicieuse nuit passèrent ces deux nouveaux amants.

Le lendemain de son arrivée, Eugène S.... voulait prendre congé de ses hôtes et retourner à Annecy, mais la comtesse de S..., le comte de P.... et son ami le poète le prièrent si vivement de rester auprès d'eux pendant quelques jours, qu'il ne put leur refuser et qu'il accéda à leurs desirs. Il fut alors décidé que le grand romancier conserverait son entière liberté, et qu'il travaillerait tout à son aise à son roman, le *Fils-de-Famille*. Le poète P..., de son côté, mettait la dernière main à une tragédie qui depuis a eu un grand succès.

III.

L'Analcade.

Quelques jours après la nuit d'amour qu'elle avait passée avec le poète P..., la Cousine d'une Espagnole proposa à ses amis de faire une promenade à âne à la cascade du Grésy, où se noya en 1813, Madame de Bruc, dame d'honneur de la chaste Hortense de Beauharnais.

Cette proposition fut acceptée d'acclamation, on envoya chercher des ânes, qui sont très-nombreux à Aix, et bientôt chacun eut sa monture: Madame de S.... choisit Coquette, Madame L.... prit Bichette et sa fille, la comtesse de M..., Turlurette, le poète enfourcha Fend-l'Air, Eugène Süe l'Intrépide et Mr. le comte de P.... le Victorieux. Comme on le voit chacun des coursiers aux longues oreilles avait un beau nom de fantaisie.

La belle Maria s'était costumée en paysanne suisse de l'Oberland, elle avait sur la tête un coquet chapeau de paille entouré d'une guirlande de bluets et de coquelicots. et orné, de beaux rubans roses; ses cheveux noirs étaient nattés en deux belles et longues tresses, qui lui tombaient derrière le dos jusqu'à la ceinture; une chemise de fine batiste, ornée de dentelles, emprisonnait sa gorge et ses épaules de satin; un corsage de soie noire, galonné et pailleté d'or, serrait sa taille et dessinait son sein; deux chainettes d'argent, attachées à sa ceinture et agraffées à ses épaules, se balançaient gracieusement de chaque côté de sa gorge; une jolie jupe de cachemire rouge, un peu courte, tombait en plis soyeux sur ses hanches bien dessinées, laissait voir ses bas blancs, et l'attache de sa jambe fine et déliée; ses petits pieds étaient emprisonnés dans de mignons souliers de chevreau verni, garnis d'une rosace, qui mettait en relief leurs cambrures charmantes. Lorsque Coquette fut près de la belle, costumée en Oberlandaise, celle-ci plaça un de ses petits pieds dans la main du poète P..., qui la lui tendit en guise d'étrier, et elle s'élança, légère et souriante, sur la selle; lorsqu'elle fut assise, sa juppe courte laissa apercevoir ses mollets délicieux, que ses compagnons ne se lassaient pas d'admirer; ses deux amies également costumées en Suissesses étaient aussi élégantes qu'elle, surtout la comtesse de M..., qui faisait bien la plus délicieuse Valaissanne que l'on puisse imaginer, avec sa coiffure de rubans brodés, festonnés d'or et constellés de pierreries, figurant une couronne murale, sa beauté juvénille brillait de tout son éclat sous cette coiffure originale; la taille courte de son corsage relevait coquettement et mettait en relief les appas de sa gorge rebondie et proéminente, dont le flux et le reflux ne pouvaient être admirés sans éveiller les désirs. Jamais bergère des Alpes ne fut plus belle et plus séduisante que cette jeune dame, et le poète P...., qui avait le bonheur d'être son écuyer, n'était pas le plus mal partagé; Madame L..., près de laquelle le comte de P.... s'était placé, était encore très-bien conservée, son costume fribourgeois lui allait à ravir, aussi son cavalier était-il très-empressé auprès d'elle et en frais de galanterie.

Quand tous les promeneurs furent en selle, la comtesse de S.... donna le signal du départ en fouettant Coquette, qui partit au grand trot, et les autres ânes la suivirent, pendant que les âniers, armés de leurs fouets couraient par derrière, en criant: hu! hu!! et en frappant à coups redoublés les pauvres bêtes. Les dames riaient et jetaient de temps en temps quelques exclamations, quand le galop ou les ruades de leurs coursiers manquaient de les désarçonner. Les hommes, assez mauvais cavaliers, se tenaient de toutes leurs forces aux pommeaux des selles de leurs montures pour éviter de tomber. *L'ânalcade* avait déjà fait deux ou trois cents pas quand, tout à coup, Coquette, lancée à fond de train, fit un écart et jeta à dix pas dans le fossé sa belle cavalière; celle-ci tomba heureusement sur l'herbe et sur la mousse qui garnissaient les accotements de la route; elle fit deux ou trois tours sur elle-même, et roula tout au fond du fossé qui était à sec. Mais, dans cette chute précipitée, la belle, toute étourdie, avait perdu connaissance, et gisait étendue sur le gazon, dans une position des plus agréablement indiscrète: sa jupe courte s'était en partie déchirée dans sa chute; ses pardessous relevés laissaient admirer ses beautés les plus séduisantes et les plus inexprimables; son corsage ouvert ne cachait plus son sein de marbre aux boutons roses, que baisaient avec amour les blanches paquerettes, les jaunes boutons d'or et les bleus myosotis; ses belles tresses éparses se mêlaient à l'herbe des champs, et toutes ses formes adorables se dessinaient sur le vert gazon. Lorsque la jeune femme était tombée, ses compagnes et ses cavaliers avaient jeté un cri d'effroi, mais aucun d'eux n'avait pu aller à son secour car leurs montures, malgré tout les efforts qu'ils faisaient pour les arrêter, continuaient leurs courses encore plus rapides. Ce fut un jeune peintre, très-joli garçon, qui eut le privilège d'arriver le premier auprès de la belle évanouie; quand cet heureux mortel aperçut tous les trésors d'amour qu'elle étalait à ses yeux, son sang s'enflamma, son cœur battit avec force, son teint se colora, et le jeune artiste brula d'amour et de désirs ; s'il n'avait pas eu peur d'être surpris, il aurait certainement porté des mains téméraires et des lèvres indiscrètes sur les charmes qu'il dévorait du regard; il s'avança encore de quelques pas, s'agenouilla auprès de Madame de S..., pour la contempler de plus près.

— Qu'elle est séduisante ainsi, se dit-il, que de beautés secrètes elle étale à ma vue, comme j'aimerai cette femme, que ne donnerai-je pas pour la posséder, ne fut-ce qu'une seule fois, quelques minutes seulement; pour elle, pour un baiser, un seul baiser de sa bouche fraîche et voluptueuse, je donnerai mon existence.

Et il la contemplait toujours; il se décida enfin, craignant d'être surpris, à couvrir les plus appétissantes proéminences de la belle avec ses vêtements indispensables. Mais ce ne fut pas sans pousser un profond soupir, car il ne pouvait détacher sa vue de ces choses vertigieuses ; il souleva ensuite légèrement la jolie cavalière dans ses bras, il la pressa amoureusement sur ses genoux et contre son cœur, qui battait à se rompre. Elle était toujours évanouie, mais elle reprenait son haleine, ses joues se coloraient, ses artères battaient doucement la vie revenait; il écarta ses tresses noires ; les yeux de la belle évanouie étaient toujours clos, son haleine brûlante enivrait le jeune homme, qui l'aspirait avec force ; enfin, n'y tenant plus, il colla sa bouche sur celle de son adorée et y déposa un ardent baiser ; mais, ô bonheur ! ô surprises ! ! les lèvres de la jeune femme lui rendirent sa caresse avec passion ; il pressa alors encore plus tendrement son doux fardeau contre son cœur, en murmurant à son oreille ces mots si doux : je t'aime ! oh ! je t'aime ! ! Et il vit alors deux beaux yeux bleus, pleins d'une douce flamme, fixés sur lui.

— Oh ! Madame, que vous êtes belle ! depuis que je vous ai vue, depuis cinq minutes, je vous aime ! oh ! pardonnez à ma passion insensée ; mais, je le sens, si je ne devais plus vous revoir, j'en mourrai !

— Voyons mon galant adorateur, ne vous enflammez pas aussi vite, ne me pressez pas si fort, ne m'embrassez pas si haut, aidez-moi à réparer le désordre de ma toilette et, si vous êtes bien sage, peut-être nous reverrons-nous.

— Oh ! promettez-le moi ; car, sans cela, je vous garde ici, je suis si heureux en vous admirant ainsi, en vous pressant sur mon cœur.

— Eh bien, nous nous reverrons, je vous le promets, mais laissez-moi, car on vient.

Je tiens votre parole, répondit le jeune homme, et, après avoir donné un dernier baiser à la belle

Maria, il la laissa libre d'aller au devant de ses compagnons, qui s'avançaient vers elle. Lorsqu'elle les eut rejoints elle les assura que son accident n'avait eu aucune gravité et, après avoir réparé tant bien que mal sa toilette, elle prit congé de son jeune libérateur, en lui remettant sa carte et en l'invitant à venir la voir dans son chalet; puis, remontant sur Coquette, elle continua sa route avec ses amis, sans qu'il lui arriva d'autre accident tragi-comique; chacun s'émerveillait sur la beauté du site et exprimait son admiration. Les environs d'Aix sont en effet vraiment remarquables. Il faut cependant convenir que les peintres et les touristes ont exagéré le pittoresque des tableaux qu'ils en ont tracés. La cascade du Grésy, par exemple, est loin de mériter la réputation qui lui a été faite, le fameux abîme dans lequel mourut, en 1813, Madame de Bruc, dame de campagnie de la reine Hortense, de galante mémoire, n'est qu'un trou, en forme d'entonnoir, contenant tout au plus un bain ordinaire; il faut que la maladroite baigneuse ait mis beaucoup de bonne volonté pour se noyer dans cette petite mare, et que la reine Hortense et le meunier, qui étaient avec elle, aient eu bien peu de courage pour ne pas la retirer et la sauver. La cascade du Grésy est digne du reste, elle se compose de quelques minces filets d'eau tombant de quelques mêtres de hauteur, que le meunier lache en levant les pelles de son écluse dès qu'il aperçoit quelques curieux, qui viennent visiter la merveilleuse cascade.

Aussi nos promeneurs, malgré les pompeuses descriptions qu'ils avaient lues de ces merveilles de la nature, furent singulièrement désappointés lorsqu'ils les contemplèrent. Il en est un peu des grandes choses comme des grands hommes, elles perdent beaucoup a être vues de trop près.

Le jeune peintre, qui avait aidé la séduisante Maria à revenir de son évanouissement, avait suivi discrètement l'ânalcade, afin d'avoir encore l'occasion de revoir et d'admirer celle qui avait fait une si profonde impression sur ses sens. Il prit ses crayons et se mit à dessiner la cascade du Grésy ne manquant pas, pour animer son tableau, de croquer les promeneurs et surtout la dame de ses pensées, à laquelle il réserva naturellement la pose la plus gracieuse et la place d'honneur dans son paysage; pendant qu'il crayonnait, celle-ci s'avança doucement derrière lui, passa sa jolie tête pardessus l'épaule du jeune homme, jeta un coup d'œil sur son dessin et, après l'avoir contemplé quelques instants, elle-lui en fit son compliment.

— Monsieur, je vous félicite bien sincèrement, sur votre beau talent, lui dit-elle, votre dessin est très-bien réussi, et elle ajouta tout bas à son oreille: venez ce soir à dix heures au chalet des bains, vous trouverez ma soubrette qui vous attendra et qui vous introduira près de moi.

On comprend la joie du jeune artiste ; il bâtit dans son imagination tout un roman sur cet amour de grande dame, qu'il voyait lui sourire, en se rappelant, avec une délicieuse convoitise, tous les charmes secrets qu'il avait contemplés, et dont le souvenir lui causait la plus vive et la plus douce émotion. Il remercia en rougissant la belle promeneuse, du compliment qu'elle lui avait fait sur son talent, et lui promit tout bas de ne pas manquer au galant rendez-vous, qu'elle venait du lui donner.

Le retour de la promenade s'opéra heureusement sans encombre, les cavaliers plus prudents pressèrent moins leurs montures, et leurs coursiers aux longues oreilles furent plus pacifiques.

Le soir, comme on le pense bien, le jeune peintre ne manqua pas au rendez-vous que lui avait donné la gentille habitante du chalet, lorsqu'il arriva près de ce dernier, à l'heure indiquée, il aperçut bientôt la caméristе de sa belle dame qui l'attendait. La jeune soubrette l'introduisit immédiatement auprès de sa maîtresse dans un joli boudoir bleu.

Cette dernière avait eu le soin de fermer le couloir secret qui conduisait de sa chambre à coucher à celle du poète P..., afin que celui-ci ne vint pas la déranger.

Madame de S.... était enveloppée dans un peignoir de mousseline rose, attaché à la taille par un cordon de soie à glands d'or, ses beaux cheveux noirs dénoués tombaient en flots épais sur ses blanches épaules; ses bras potelés et ses mains de cire se détachaient au milieu de ses larges manches, comme de blancs pistiles dans de rouges coroles de fleurs, des brillants étincelaient comme des astres à ses doigts, ses pieds lilliputiens chaussaient de petites pantoufles chinoises, vrai chef-d'œuvre de bon goût et d'élégance; toutes les formes rondes et harmonieuses de la jeune femme se dessinaient dans les plis de la légère étoffe, dont la transparence en laissait admirer d'autres, plus belles et plus mystérieuses encore, à la clarté discrète et douce d'une lampe d'albâtre suspendue au plafond, au milieu d'une guirlande d'amours. Tout ce sanctuaire discret était digne de la prêtresse qui l'habitait, et des tendres sacrifices qui s'y consommaient.

De charmantes peintures, empruntées aux sujets les plus lestes de la fable et des poètes anacréontiques en ornaient les panneaux, de belles glaces disposées avec art, répercutaient les objets et les personnages dans les attitudes et les postures les plus diverses, des meubles élégants en citronnier incrusté d'ivoire le garnissaient, des causeuses, des soffas, des chaises longues, des canapés, des lits de repos offraient leurs tendres coussins et leurs édredons moëlleux aux hôtes fortunés de ce sanctuaire de volupté, et des parfums brûlant dans des cassolettes antiques les enivraient.

Le jeune peintre, Ernest D.... subissait le charme irrésistible du milieu dans lequel il se trouvait; il contemplait la séduisante comtesse avec une admiration passionnée.

— Que vous êtes belle et bonne, Madame, lui disait-il, quel bonheur pour moi, d'être ainsi près de vous, de vous voir, de vous admirer, de vous aimer; car je vous aime de toutes les forces de mon âme, plus que moi-même, plus que mon art; et quand je suis près de vous il me semble que je rêve, je ne puis croire à la réalité de mon bonheur. Et, en disant ces mots, le jeune homme dévorait du regard les charmes de celle qu'il adorait.

— C'est comme cela que je désire que vous soyez, mon ami, j'aime votre amour brûlant et respectueux, tremblant et passionné, aimez moi ainsi, je vous le permets, et la voluptueuse sirène approchait son beau front de la bouche d'Ernest, en dardant sur celui-ci ses grands yeux bleus limpides et profonds comme un lac d'azur, elle le fascinait. L'amoureux artiste sentait son cœur se fondre au foyer ardent de ce regard de femme, ses désirs le consumaient. N'y tenant plus, il enlaça la taille de la tendre Maria et il posa ses lèvres altérées de baisers sur la bouche ardente de sa compagne, en lui disant :

— Oh que je t'aime! sois à moi?....

La belle lui répondit par un soupir, et le lendemain, après une nuit d'amour, les deux nouveaux amants alternaient leurs plaisirs en s'occupant de dessin et de peinture.

Madame de S.... montra à son jeune adorateur plusieurs tableaux ébauchés par elle, en le priant de vouloir bien les retoucher un peu.

— Comme tu le vois, disait-elle au jeune peintre, j'ai beaucoup de choses sur mes chevalets, mais malheureusement le temps me manque pour les achever, si tu pouvais me sacrifier une partie du tien, tu me ferais grand plaisir et tu serais bien aimable.

— Comment donc, ma chère amie, mais je serais moi-même enchanté si mon faible talent peut t'être de quelque utilité.

— Voici, par exemple, un croquis du beau lac du Bourget, que j'ai pris moi-même, je le destine à une de mes vieilles parentes, qui est venue me voir et à qui je l'ai promis; eh bien, malgré toute ma bonne volonté, je ne puis trouver le temps de l'achever, tu me rendrais un véritable service si tu voulois m'aider; je mettrai ici à ta disposition tout ce dont tu auras besoin pour ce travail, tu serais ainsi près de moi et je pourrais t'expliquer les détails que tu ignores, car peut-être ne connais-tu pas encore le beau lac du Bourget.

— Ce sera pour moi un grand bonheur que de travailler à ce tableau; pourvu que je sois près de toi, que j'aime, je serai heureux, dit Ernest, en dérobant un tendre baiser sur la joue fraîche de celle qu'il adorait.

— Je vois, Monsieur, que vous ne travaillerez pas gratuitement puisque vous prenez déjà de gros acomptes.

— Ce sont les arrhes, répondit le jeune peintre, en riant et en préparant ses pinceaux.

— Voyons, si tu es sage et si tu travailles bien aujourd'hui, si tu ne te déranges pas trop souvent pour prendre des acomptes, eh bien, demain nous irons faire une promenade sur le lac, pour étudier le paysage et les effets de lumière, afin que tu puisses achever mon tableau d'après nature.

— Quel bonheur, dit Ernest, comme je vais être heureux et travailler avec courage en songeant à la charmante promenade que nous ferons demain, et surtout à la nouvelle nuit de délicieuses voluptés qui m'attend ce soir. Mais, si tu veux que je travaille assidument, ma chère amie, il faut venir t'asseoir près de moi, pour que je puisse t'admirer tout à loisir et te donner de temps en temps un tendre baiser, sans cela je ne puis peindre, je songe aux belles choses que j'ai vues, hier sur le gazon, et qui m'ont procuré tant de bonheur la nuit dernière, et alors le sang m'afflue au cœur, j'ai des étourdissements, et il m'est impossible de travailler.

— Il faut, je le vois, faire comme tu veux, dit la trop facile Maria, en venant s'asseoir près de son nouvel amant, pour lequel elle avait un goût très-prononcé, depuis la nuit de voluptés qu'elle avait passée avec lui, qui lui avait procuré les plus vifs plaisirs et les jouissances les plus ardentes. Et, afin que nous ne soyons pas dérangés, ajouta-t-elle, je vais avertir ma femme de chambre que je ne puis recevoir aucun visiteur.

Ayant sonné cette dernière, elle lui dit:

— Je ne suis ici pour personne, pour personne entendez-vous, Carlotta.

— Oui, Madame, mais si Monsieur le comte vous demandait?

— Vous lui diriez que je suis sortie ou que je suis au bain.

— Et si M. P...., le poète, qui est déjà venu ce matin voulait vous voir?

— Vous lui direz que j'ai ma migraine, que je ne puis le recevoir. Ne laissez entrer personne ici, Carlotta, et ne venez que si je vous appelle; je vous le recommande.

Et pour plus de précaution, Madame de S.... poussa une targette et se ferma en dedans.

La journée se passa en travaux de peinture et en doux ébats; Ernest abandonna souvent ses pinceaux pour goûter les plus doux plaisirs avec sa gentille compagne.

IV.

Le lac du Bourget.

Le lendemain la Cousine d'une Espagnole et son tendre ami partirent de grand matin pour leur promenade sur le lac du Bourget. Le temps était splendide, c'était aux derniers jours d'avril, la nature, comme une jeune vierge pleine de sève et de fraîcheur, était parée des charmes les plus frais. Les grands peupliers qui bordent la belle avenue conduisant d'Aix au port de Puer étaient tous garnis de pousses printanières et de feuilles nouvellement écloses, colorées de ce vert tendre et humide, qui est un des charmes les plus séduisants du printemps; les haies verdissaient sous le pinceau d'un artiste invisible, l'aubépine se couvrait d'une neige parfumée, dont les blancs flocons bravaient impunément les ardeurs du soleil; les pêchers, les amandiers, les abricotiers se paraient de bouquets de fleurs, comme des jeunes femmes coquettes, ils balançaient leurs grappes de blanches coroles, légèrement teintées de rose, aux étamines de carmin, exhalant les parfums les plus suaves et les plus pénétrants. L'herbe de la prairie et la mousse poussaient en tapis épais et moelleux, d'un vert frais et appétissant, faisant venir l'eau à la bouche des petits agneaux bondissants d'allégresse, qui les broutaient à belles dents; des constellations de petites étoiles blanches, des voies lactées de paquerettes, des myraides de boutons d'or, de primevères jaunes, de pervanches délicates et de thim odoriférants, pullulaient dans les bordures des haies, et les mélancoliques myosotis rappelaient les plus doux souvenirs. Les clairs ruisseaux murmuraient leurs plaintes aux cailloux, où serpentaient silencieux, comme des longues couleuvres aux écailles d'argent, à travers l'herbe des prairies, qu'ils couchaient dans leurs courses rapides; de beaux pinsons, à la gorge ponceau, aux ailes vertes, mouchetées de blanc, chantaient mélodieusement sur la branche flexible; de petits chardonnerets, aux becs entourés d'une belle auréole de carmin foncé et aux ailes ornées des plus beaux galons d'or, disaient les morceaux les plus harmonieux de leurs répertoires; cachés dans la charmille, des rossignols entonnaient des hymnes sublimes, qui s'échappaient en cascades d'une mélodie inimitable de leurs petits gosiers d'artistes, une pluie de notes admirables, un déluge d'harmonie en jaillissaient avec une abondance extraordinaire et incompréhensible, et nos promeneurs, émerveillés devant ces prodiges, écoutaient dans l'extase ces petits chanteurs ailés et admiraient la sublimité du spectacle ravissant que leur offrait la nature féconde et pleine d'harmonies. Comme contraste, la fauvette, légère et distraite, étudiait ses airs et chantait faux, en sautillant, de branche en branche, et de buisson en buisson, secouant la neige des fleurs d'aubépine; le geai moqueur la sifflait et le coucou paresseux jetait dans le lointain son cri monotone et fastidieux.

Mais bientôt nos promeneurs aperçurent le beau lac du Bourget, pudiquement voilé d'une gase de vapeurs transparentes, et dont les ondes de saphirs scintillaient entre le Nivolet et le Mont-du-Chat, deux géants, dont les bases touchaient à l'Empire des ondes et dont les sommets se perdaient dans les nues. Le soleil encore caché par le premier, dorait déjà le second, dont les neiges et les glaciers rougissaient pudiquement, comme des vierges, sous les baisers de l'aurore.

Au nord, dans le lointain, semblables à un grand rideau de dentelles, on apercevait les festons gracieux et transparents, légers et découpés comme une broderie, de la grande chaîne des Alpes recouverte de ses neiges éternelles, de ses mers de glaces et de ses pics inaccessibles ; à l'Est et à l'Ouest on voyait des mamelons richement boisés, se détachant sur de verdoyantes prairies. De quelque côté qu'ils tournassent leurs regards, nos touristes avaient devant eux un splendide spectacle, et ce panorama, gracieux et grandiose, donnait, dans un cadre resserré, une idée des merveilles dont est parée la nature.

Au port de Puer, Madame de S.... et son amant prirent une barque couverte, montée par trois vigoureux rameurs, dont deux étaient aux avirons et le troisième au gouvernail.

Madame de S..., selon son habitude, s'étendit sur la poupe, nonchalemment couchée en arrière, dans une position presque horizontale, les deux pieds sur un banc, à la hauteur des genoux, les jambes peu rapprochées, les jupes légèrement retroussées, afin de jouir des baisers de la brise fraîche du lac, qui soufflait de la proue; cette position nonchalente, pleine de laisser-aller et très-voluptueuse, n'était pas sans inconvénients; les deux robustes rameurs en profitaient pour jeter des regards ardents sur les charmes qu'ils apercevaient, et qu'ils dévoraient de leurs yeux pleins de luxurieuse convoitise.

— Ma chère amie, disait Ernest, qui contemplait aussi avec des yeux passionnés sa séduisante maîtresse, prends donc garde à ta pose un peu légère et dont l'indiscrétion de nos bateliers tire un grand profit.

— Qu'est-ce que cela peut me faire? Les gens de cette espèce ne sont pas des hommes, répondit la belle d'un ton dédaigneux, sans même prendre la peine de baisser son jupon.

Et la promenade continua ainsi près d'une heure et quart, jusqu'à l'abbaye de *Haute-Combe*, sépulture des anciens ducs de Savoie, située sur le bord du lac, au pied du Mont-du-Chat, et composée d'une église, d'une tour et d'un monastère, groupés sur un rocher qui s'élève au sein des eaux.

Comme les dames ne sont pas admises à visiter l'intérieur du monastère, et que Madame de S.... était prévenue de cette particularité, elle avait eu le soin d'emporter avec elle un complet costume d'homme, dont elle se vêtit avant de monter à *Haute-Combe.* Ainsi métamorphosée la jolie Maria était très-bien, son air hardi, sa tournure élégante et dégagée, ses traits bien accentués en faisaient un charmant jouvenceau, à la mine éveillée et mutine; Ernest ne se l'assait pas d'admirer avec quelle aisance, quelle élégance et quelle grâce elle portait ce nouveau costume.

L'Église de *Haute-Combe*, qu'ils visitèrent tout d'abord, est élégante et coquette, toute surchargée de festons, de broderies, de peintures à fresques et de gracieuses statues. Elle contient de quoi décorer vingt autres monuments religieux. Les yeux et l'attention se fatiguent à contempler le fourmillement de sculptures, de décorations, de peintures, d'ornements de tous genres, qui garnissent cette merveille. Ernest était en admiration devant ces prodiges de l'art, auxquels l'Église de Brou, près de Bourg en Bresse, et le Dôme de Milan sont seuls comparables.

Les moines de l'ordre de Saint Bernard, qui habitent l'abbaye voisine, sont gracieux et affables, et firent l'accueil le plus bienveillant et le plus empressé aux deux étrangers, qu'ils prirent pour deux hommes. Ils étaient loin de soupçonner quels charmes séduisants étaient dissimulés sous le pantalons et l'habit du plus petit des deux visiteurs, et cela était bien heureux pour la continence des révérends pères, qui aurait couru un grand danger, s'ils avaient soupçonné la présence de la voluptueuse comtesse, dans leur séjour de recueillement, de prières, d'abstinence et de continence.

La tour qui avoisine le monastère et l'Église est très-coquettement peinte; elle sert de belvédère, et de son sommet on a une vue admirable; on embrasse toute l'étendue du lac, à plus de deux lieues à la ronde; on aperçoit toute la nappe d'eau couverte de jolies barques aux voiles latines et de beaux bateaux à vapeur, qui fendent ses eaux bleues, semblables au plus bel azur du ciel, tracent un léger sillage d'argent et les coupent de leurs proues avec autant d'aisance et de facilité que le diamant le verre.

— Quel admirable spectacle, disait Ernest à sa belle, que je suis heureux d'en jouir près de toi, jamais la nature ne m'a paru aussi belle que depuis que j'ai le bonheur de te connaître et de t'aimer; ton amour a fait vibrer en moi de nouvelles cordes de sensibilité et d'extase. Quand on est heureux et quand on est inspiré par le plus doux des sentiments, tous les objets qui vous environnent acquièrent un charme nouveau, un grand prestige, l'amour, cet enchanteur sublime, leur donne de nouveaux attraits, ce prisme merveilleux les revêt de ses couleurs les plus brillantes et les plus séduisantes.

Nos deux amoureux allèrent ensuite visiter une fontaine intermittente, distante de quelques centaines de pas du monastère, et qui s'échappe par la fissure d'un rocher à des heures et à des jours indéterminés. Mais pour voir couler cette capricieuse source, il faut, si non être en état de grâce, du moins, n'avoir jamais menti. On comprend qu'à une pareille condition très-peu ont pu apercevoir son onde rare, et que Madame de S.... et son compagnon ont dû nécessairement la trouver à sec; c'est en effet ce qui arriva; ils ne furent pas plus heureux que la reine Hortense; cette vertueuse princesse ayant aussi voulu voir couler la miraculeuse fontaine, passa inutilement 12 heures à attendre l'onde invisible, en compagnie de son amant, l'amiral Werhuell; cela était tout naturel que la source fut à sec; car, si pour voir son jet il faut n'avoir jamais menti, la reine Hortense, qu'on aurait pu avec raison surnommer le mensonge incarné, était certainement la dernière personne qui aurait eu le rare privilége d'apercevoir l'onde miraculeuse.

Le soir, les deux promeneurs revinrent, au clair de la lune, sur le lac, par une nuit charmante pleine de poésie, et jouirent d'un magnifique spectacle, au milieu de la nature splendide et grandiose, qui les entourait, et des montagnes majestueuses et pittoresques, qui les ensevelissaient dans leur ombre imposante. Lorsqu'ils rentrèrent au chalet il était près de minuit.

Après de nouvelles nuits de plaisir, l'heureux jeune artiste continua pendant plusieurs jours ses travaux de peinture, et il acheva plusieurs des tableaux que sa maîtresse lui avait confiés. La lune de miel se prolongea encore quelque temps pour les deux amants.

Un jour, Ernest quitta sa chambre de travail pour se rendre auprès de sa maîtresse, mais il trouva sa porte fermée, il frappa, la femme de chambre accourut aussitôt en lui disant que Madame ne pouvait pas le recevoir.

— Tu te trompes, lui répondit Ernest, tu sais bien que pour moi ta maîtresse est toujours visible et que ta consigne ne peut me concerner.

— Je vous assure que Madame m'a dit qu'elle ne voulait recevoir personne, pas même vous.

— Cela est impossible, te dis-je, va-t-en dire à ta maîtresse que je veux lui parler, et tu verras qu'elle me laissera entrer de suite.

— Vous êtes dans l'erreur, car elle m'a particulièrement recommandé de ne pas vous laisser pénétrer dans sa chambre.

— Mais alors elle n'est donc pas seule, répondit Ernest? Un sentiment de violente jalousie venait de percer le cœur de ce jeune peintre.

— Je l'ignore, répondit la soubrette d'un ton qui signifiait: il vous faut donc bien longtemps pour vous apercevoir de la vérité.

N'écoutant plus que la jalousie et la colère qui l'animaient, Ernest se précipita comme un furieux vers l'appartement de son amante; il en enfonça la porte d'un vigoureux coup de pied et arriva bien-tôt dans la chambre à coucher de l'infidèle Maria, qu'il trouva dans la position la plus compromettante avec le poète P...; dans son aveugle fureur, enproie à un accès de rage jalouse, il arracha violemment les couvertures et les draps du lit; puis attirant à lui les deux amants, il les contraignit à se lever, sans respect pour la pudeur de la belle comtesse; et la vue de cette dernière très peu vêtue, loin d'éveiller cette fois ses tendres sentiments, ne fit, au contraire, qu'exciter sa jalousie, son courroux et sa fureur.

— Misérable femme, dit-il, en se précipitant sur sa maîtresse pour la frapper, c'est ainsi que tu trahis, que tu profanes mon amour et que tu violes les promesses que tu m'as faites.

Heureusement pour la belle, que Mr P.... vint à son secours et la préserva des atteintes de son persécuteur.

— Que voulez-vous, Monsieur, cessez vos outrages, lui disait le poète P...., cette dame est sous ma protection; c'est à moi que vous aurez à faire, vous me rendrez raison de vos insultes et de votre lâche conduite, car c'est une lâcheté que de vouloir frapper une femme.

— Vous êtes un misérable, répondit Ernest, que la jalousie rendait furieux, vous avez séduit la femme que j'aimais, vous paierez cette trahison de votre vie; tiens, lâche séducteur, ajoutait-il, en lui appliquant un vigoureux soufflet, voici un acompte sur le châtiment que je te dois et que tu recevras bientôt.

M. P.... voulut répondre de suite par un coup de poing au soufflet qu'il venait de recevoir, mais il s'aperçut bientôt de son infériorité pour la lutte, car il était sans vêtements et désarmé, en face de son adversaire qui s'était emparé d'une chaise et qui le menaçait de la lui briser sur la tête.

— Cessez ce bruit et ce scandale, dit-il à Ernest, laissez-moi habiller et nous irons vider notre différent les armes à la main, comme il convient à des hommes qui se respectent.

— Soit, répondit le jeune artiste, habillez-vous, j'y consens, mais que cela ne soit pas long, et nous irons ensuite terminer notre querelle sur le terrain.

La belle Madame de S...., plus morte que vive, pendant cette scène de violence s'était prudemment blottie derrière son lit, d'où elle ne sortit que quand ses deux amants furent partis.

Le lendemain matin les rivaux se rencontrèrent les armes à la main, sur le canton de Genève, où ils s'étaient donné rendez-vous, et le pauvre Ernest reçut un coup de fleuret dans le côté gauche, dont il mourut quelques jours après. Ce malheureux jeune homme paya ainsi de sa vie les quelques jours de bonheur, qu'il avait passés dans les bras de sa maîtresse infidèle, dont le poète P.... redevint l'amant en titre.

La comtesse éhontée signa alors de son nom les tableaux faits par son amant, et les envoya à la première exposition de peinture, qui eut lieu à Genève, où ils lui valurent une mention honorable.

Lorsque cette dame a obtenu un succès par le procédé *honnête* que nous venons de signaler, ses entreteneurs et ses amants font faire l'éloge des tableaux exposés, par des écrivains stipendiés dans les journaux et les revues artistiques, et Madame de S.... est proclamée un grand peintre, par les échos de la presse vénale.

Lorsqu'elle ne trouve pas l'artiste assez de son goût pour lui accorder ses faveurs intimes, elle emploie d'autres procédés, non moins ingénieux, pour capter sa confiance et exploiter son talent. Elle se pose près de ce peintre en protectrice des beaux arts, elle lui montre son cabinet de travail, elle cause peinture avec lui, l'invite à dîner, hui fait mille gracieusetés et, quand elle est parvenue à capter sa bienveillance et sa confiance, elle l'engage à l'accompagner dans les environs, où elle a l'intention de prendre quelques croquis; quand elle est auprès d'un paysage qu'elle désire copier, elle remêt son album à l'artiste qui l'accompagne, en le priant de vouloir bien ébaucher le croquis du tableau pendant qu'elle se repose, car la course l'a fatiguée, dit-elle. Le complaisant artiste s'empresse, pour lui être agréable, d'esquisser le point de vue qu'elle lui a désigné; souvent elle lui en fait ainsi prendre deux ou trois. Rentrée dans son cabinet avec le peintre, elle prépare une toile commence à recopier les croquis, mais bientôt le temps lui manque elle est souvent dérangée par ses visiteurs, elle s'en plaint à l'artiste complaisant; ce dernier est trop aimable pour ne pas offrir ses services à la grande dame, qui lui a promis sa protection et celle de ses amis haut placés; les services sont acceptés avec empressement; le peintre se met à l'œuvre et au bout de quelques semaines les tableaux sont achevés, l'adroite comtesse donne alors quelques centaines de francs à l'artiste qui les a faits et qu'elle a ébergé pendant tout le temps qu'il est resté chez elle; quand il est parti elle montre les tableaux, qu'elle a ainsi obtenus, comme étant d'elle, et, cette fois encore, Madame de S.... est un peintre de mérite.

C'est par le même stratagème qu'elle s'est fait une réputation de musicienne. Elle achète des romances, des compositions, des motifs inédits, qu'elle fait mettre en musique par des artistes de passages, qui vont la visiter, elle fait ensuite éditer leurs œuvres sous son nom, et exécuter dans ses salons les morceaux qu'elle s'est ainsi appropriés, en disant qu'ils sont d'elle.

Quand à ses poésies et à ses œuvres littéraires c'est ordinairement un de ses amants qui en est l'auteur. Ses vers sont du poète P.... et sa prose un peu de tout le monde excepté d'elle. Elle a acheté une pièce de théâtre ayant pour titre *Qui n'aime trop n'aime pas assez*, l'auteur lui a vendu le droit de la faire publier et jouer en Savoie, en Piémont et en Suisse. Madame de S.... ne s'est pas contentée de faire représenter cette pièce dans ces divers pays en mettant son nom comme auteur sur l'affiche, elle a voulu encore user du même droit en France, mais l'auteur véritable de la pièce est intervenu, il lui a fait un procès, les journaux s'en sont mêlés, ils ont raconté tous les détails de cet étrange marché qui ont produit le plus grand scandale. Mais cela n'a pas découragé Madame de S...., lorsqu'à Genève on a joué la pièce qu'elle avait achetée, on a demandé l'auteur et cette prétendue femme de lettres, avec la modestie qui la caractérise, n'a pas craint de se présenter sur la scène; mais, comme on savait qu'elle avait acheté le droit de mettre son nom sur l'affiche et de faire jouer la pièce, le public a accueilli l'apparition du faux auteur par des sifflets et des huées, ce qui, à vrai dire, déconcerta fort peu la dame, qui salua et se retira dans les coulisses.

V.

La femme proscrite.

Les succès littéraires et artistiques ne suffisaient pas à Madame de S..., elle visait à mieux que cela, elle voulait jouer un rôle politique; c'était là sa suprême ambition, que lui imposaient ses relations de famille. Comme tous ses parents, elle fut chargée d'un emploi dans le grand drame politique de notre époque, elle eut en partage le rôle de femme proscrite. C'est en cette qualité qu'elle parvint à capter la confiance de quelques réfugiés, à s'insinuer adroitement auprès d'eux pour les épier et les surveiller, afin de remplir l'honorable mission qui lui avait été confiée par ses parents et de tenir ces derniers au courant des projets des démarches et des conspirations des proscrits. C'est pour cela qu'elle a été, ainsi que nous l'avons raconté, rendre une visite au citoyen Eugène Süe, qu'elle a déployé mille grâces et mille coquetteries envers lui et qu'elle a mis tout en œuvre pour capter sa confiance et surprendre ses secrets; c'est dans ce but *honnête* qu'elle l'a engagé à venir auprès d'elle à Aix, et elle est malheureusement parvenue à le décider à le faire. Elle avait su depuis longtemps se procurer les documents nécessaires pour remplir avec succès son rôle honteux et deshonorant, elle s'était amplement pourvue de lettres de recommandation des hommes les plus illustres et les plus célébres de notre époque; il ne lui avait pas été difficile d'obtenir ces missives, il lui avait suffi pour les avoir de connaître un seul grand homme grâce à l'intermédiaire duquel, elle avait pu se lier facilement avec les autres et parvenir bientôt à entrer en correspondance avec eux; or, comme nous l'avons dit, Madame de S.... avait connue Balzac chez Madame Récamier, puis successivement la plupart des hommes célébres, et surtout des écrivains de renom; dès qu'elle fut parvenue à capter leur confiance et leur amitié, elle établit des relations avec eux, elle leur écrivit et se fit écrire; c'est ainsi qu'elle s'est procuré des lettres: de Béranger, qui l'appelle *la Fée Bonheur;* de Lamennais, qui la nomme sa chère fille, de Balzac, de Louis Blanc, de Ponsard, etc...; lettres dont elle fait étalage chaque fois qu'elle veut s'insinuer dans la confiance de quelque nouveau personnage.

Elle eut aussi le soin d'arriver en Savoie entourée du prestige de la proscription; comme Madame de Staël, elle se dit victime de la haine d'un despote; on l'a expulsée, dit-elle, parce que son salon était le rendez-vous des libres penseurs, des idéologues de la capitale; c'était un point lumineux dans la sombre nuit qu'a faite la deux-décembre, et dont le gouvernement ne pouvait supporter l'éclat, car il aurait bientôt suffit de ce seul flambeau pour éclairer toutes les hontes et toutes les horreurs de Coup-d'État et pour les faire voir dans toute leur affreuse nudité. C'était pour cela et pour ses idées libérales qu'elle avait été chassée brûtalement et conduite à la frontière de l'Empire.

Aussi, avec quel mépris ne traitait-elle pas ce dernier:

„Pourquoi la France, disait-elle, a-t-elle quitté les hauteurs où la République l'avait élevée? Pour quoi est-elle descendue dans l'ignominie que lui ont imposée les frères et amis de l'Élysée, les fauteurs du deux-décembre? Pourquoi subir la flétrissure que lui infligent les Morny, les Saint-Arnaud, les Magnan, les Espinasse, qui ont succédé aux plus illustres et aux plus populaires des citoyens: Ledru-Rollin, Barbès, Louis Blanc, Albert, etc. etc....?

Depuis que cet odieux régime avait été inauguré, elle était fière d'être proscrite, elle s'en glorifiait, elle s'engageait solennellement à ne rentrer en France que quand cette nation aurait un gouvernement libre et honnête et quand la République aurait triomphé tu despotisme impérial.

Mais ce n'était pas assez pour cette belle dame de se donner pour démocrate et pour républicaine, elle voulait encore se poser en socialiste; c'est dans ce but qu'elle publia une série de lettres sur *l'organisation du travail;* mais, malheureusement pour elle, elle n'est pas plus forte sur les doctrines sociales qu'en peinture, où elle n'a jamais produit que de splendides croutes, et qu'en musique, où elle a fait de superbes cacophonies. Toutes ses réformes sociales reposent sur les doctrines de Malthus. Cette charmante mère de famille, cette épouse dévouée et chaste, trouve que les ouvriers font trop d'enfants; elle leur recommande d'user de précautions dans leurs rapports avec le beau sexe, de s'abstenir autant que possible des doux liens du mariage et surtout de faire des enfants à leurs femmes. On comprend tout ce qu'a de moral, d'honnête et d'humanitaire une pareille doctrine, qui suffit à elle seule pour faire juger de la valeur de tout le système de la Cousine d'une Espagnole. Nous dirons plus loin, par quels procédés ingénieux et moraux elle met ses principes sociaux en pratique.

Ces témoignages et ces protestations de dévouement à la République et de haine envers le coup-d'État, lui facilitèrent considérablement le rôle odieux et perfide qu'elle venait jouer à l'étranger.

Et il ne lui fut pas difficile de surprendre la bonne foi et la confiance de quelques proscrits.

La première chose qu'elle fit, à son arrivée à Aix, fut de commander sa biographie à un citoyen sarde expulsé de France, établi depuis à Chambéry; ce biographe, complaisant et naïf, raconte que l'angélique créature dont il peint les hauts faits s'était mariée dès l'âge le plus tendre, à quinze ans,, car le célibat lui pesait de très-bonne heure:

„. . . . . chez les âmes bien nées,
„L'hymen n'attend pas le nombre des années."

Voici à quel propos cette innocente jeune fille se décida à convoler en premières noces.

Un jour elle s'était attiré une correction de Madame sa maman, qui parait-il, n'y allait pas de main morte, quand il s'agissait de châtier Mademoiselle sa fille. Le soufflet que la jeune jouvencelle avait reçu sur la joue lui était resté sur le cœur, et elle en conservait une rancune corse à celle qui lui avait donné le jour; elle jura de se venger en se mariant au plus tôt, et de se soustraire ainsi à un jong qui, selon elle, n'avait rien de maternel.

Quelque temps après cette belle résolution, cette jeune demoiselle rencontra dans un bal, que donnaient ses parents, un monsieur déjà d'un certain âge qui lui avait été complètement inconnu jusque là, mais qui, parait-il, eut le bonheur de lui plaire. Après l'avoir bien considéré elle s'avança près de lui et elle lui demanda résolument et avec le plus grand aplomb s'il était marié.

A cette question insolite, le Monsieur, à qui elle était faite regarda avec étonnement son interlocutrice, en cherchant à deviner quelle pouvait être la raison qui l'avait poussée à lui faire rette demande indiscrète, à laquelle il était loin de s'attendre. Et, après quelques secondes d'incertitude, il lui répondit :

— Non, Mademoiselle, je n'ai jamais été marié; mais me serait-il permis à mon tour de vous demander quel est le motif qui vous a poussée à me faire une semblable question?

— Parfaitement, Monsieur, le motif qui m'a fait vous adresser cette demande, le voici : Je voudrais savoir si vous consentiriez à me donner votre main et à devenir mon époux?

A cette seconde interrogation encore bien plus extraordinaire que la première, l'inconnu, à qui elle était faite, regarda la jeune fille avec stupéfaction, et il la crut folle. Cette dernière devinant quel effet défavorable elle produisait ajouta ensuite :

— Ma demande vous surprend sans doute beaucoup et vous parait bien insolite, cependant c'est très sérieusement que je vous la fais. Maman s'est permise hier de me donner un soufflet, et, depuis que j'ai reçu cet affront humiliant, cet outrage deshonorant, je ne puis plus rester à la maison auprès de ma mère; c'est pour la quitter, pour abandonner le toit maternel que je vous demande si vous voulez bien me prendre pour votre petite femme. A ces déclarations si extraordinaires, malgré la calme et le sang-froid de celle qui les faisait, la surprise du Monsieur allait toujours en augmentant.

Mais comme sa gentille interlocutrice devenait de plus en plus pressante, et qu'il n'y avait pas moyen de repousser sa demande sans lui causer une grande peine, il lui promit de demander sa main à sa mère, espérant bien que cette dernière la lui refuserait à cause de la disproportion d'âge. Mais la jeune Maria eut le soin de prévenir sa maman de ses intentions et de lui demander son adhésion à sés projets, laquelle lui fut accordée; aussi lorsque son prétendant se présenta devant sa mère et demanda la main de Maria, il n'eut pas de peine à faire agréer ses vœux, voilà comment notre jeune héroïne devint Madame de S....

Le début anormal que faisait dans la vie cette enfant volontaire promettait toute une existence orageuse et excentrique, et ce qu'annonçait la jeune fille, la jeune femme l'a tenu.

A peine les doux liens de l'hyménée avaient-ils uni les deux époux, que la nouvelle mariée faisait son entrée dans le monde par de tels scandales, que M. de S.... fut obligé de se séparer de sa galante épouse, en se promettant bien, s'il avait jamais le bonheur d'être veuf, de ne plus épouser une femme beaucoup plus jeune que lui, et surtout qui aurait des idées aussi excentriques que celles de sa chère moitié, qui poussa l'extravagance jusqu'à vouloir débuter chez Franconi, dans un rôle de femme sauvage montant un cheval indompté.

Depuis lors Madame de S.... vit séparée de son mari, mais non de ses amants, comme nous l'avons vu, et elle a fait d'Aix-en-Savoie le théâtre de ses exploits. Par sa proximité de Chambéry, d'Annecy et de Genève, où résidaient alors beaucoup de proscrits politiques, la petite ville d'Aix était très-bien choisie, par Madame de S...., pour accomplir la mission honteuse dont elle s'était chargée, et pour utiliser son goût pour les intrigues galantes et politiques. Les bains et le Casino attiraient une grande quantité d'étrangers, qui offraient à la belle des proies nombreuses et faciles. C'est là qu'elle rencontra Monsieur le comte de P...., vieux millionnaire légitimiste, qui l'entretient sur un pied princier; c'est à lui qu'elle doit le beau chalet qu'elle habite, les toilettes et les diamants qu'elle étale dans les bals du Casino. Ce qu'il y a de plus curieux, c'est que ce monsieur a pour sa belle maîtresse un goût très-excentrique; qu'il n'en est nullement jaloux, qu'il lui permet tous ses caprices et qu'il lui tolère autant d'amants qu'elle en veut.

— Je n'aime pas la comtesse, dit-il, à qui veut l'entendre, et si je l'entretiens c'est pour m'amuser et me distraire, je suis surtout heureux de traîner une bonaparte dans la boue, cela me plait, à moi légitimiste, de tenir à gage une femme de la naissance et des opinions de Madame de S..., je suis très-satisfait de contribuer à la honte de sa famille, pour laquelle je professe une haine et un mépris profonds.

Ces idées de M. de P.... expliquent suffisamment les motifs de sa conduite envers son infidèle maîtresse. Le vieux comte est un original des plus extraordinaire et bien connu pour cela. Il a quelquefois les scènes les plus curieuses et les plus comiques avec Madame de S...., qu'il appelle sa belle Maria.

Cette dernière a dans son cabinet de toilette toute une collection des mieux assortie de cosmétiques, de rouge, de blanc, de pâtes, de poudres, de faux cheveux, de faux toupets, de tresses, de nattes, de dents postiches, etc., etc., avec lesquels elle efface les désordres que les maladies et la débauche ont produits sur sa personne. La comtesse est un véritable artiste en maquillage; c'est avec un grand talent qu'elle répare les ravages et les injures du temps, et les accidents que la vie désordonnée qu'elle mêne depuis sa jeunesse a produits chez elle.

C'était vraiment un très-curieux spectacle que d'assister à la toilette de cette dame, et que de la voir entourée de tous ses petits pots de cosmétiques et de couleurs, dans lesquels elle trempe ses pinceaux pour se faire un teint de lis et de roses ; les crêmes les plus pures et les plus parfumées lui servent d'abord à donner une grande fraîcheur à son visage, le vinaigre rouge, le carmin le plus fin et le vermillon le plus brillant viennent ensuite colorer ses joues de leurs teintes les plus délicates et peindre ses lèvres de cette pourpre humide qui attire le baiser ; d'imperceptibles coups de pinceaux, donnés avec la plus grande délicatesse et le talent le plus consommé, dessinent de légères veines bleues sur ses chairs blanches et font croire à la limpidité d'un sang riche ; les sourcils arqués en accroche-cœurs se dessinent avec des courbures élégantes sous les noirs pinceaux de cette artiste en maquillage, une ombre adroitement placée à l'angle des yeux agrandit ceux-ci et augmente leur profondeur, une estompe délicatement maniée ombre légèrement le dessus de la lèvre supérieure et la pare de ce veloûté noir si admiré chez les brunes, et qui fait rêver à d'autres charmes plus beaux encore, des mouches coquettes des signes élégants, sont dessinés sur les joues, le menton ou le cou et donnent du cachet à sa beauté. Un Grand-Chef tatoueur, ou un devin des Peaux-rouges de l'Arkansas ou des bords des grands lacs de l'Amérique du nord, serait certainement jaloux du talent de maquillage de notre belle comtesse, et envierait ses doigts agiles et ses pinceaux subtiles pour dessiner le grand serpent ou la tortue colossale.

Les faux cheveux, les chignons, les toupets, les tresses et les bandeaux ne sont pas placés avec moins de talent par notre artiste capillaire émérite, et le coiffeur le plus consommé envierait son savoir faire.

— C'est grâce à son art précieux que Madame de S.... a de si jolies tresses, de si belles torsades et une chevelure si voluptueuse.

Un matin qu'elle était à sa toilette, et qu'elle se parait des couleurs les plus fraîches et les plus belles, Monsieur le comte de P.... la surprit au milieu de son tatouage.

— Que faites vous donc là Maria, lui dit-il, qu'est-ce que c'est que tout cet appareil de couleurs et de flacons, qu'y a-t-il dans ces petits pots, vous occuperiez-vous de peinture plastique? A quoi employez-vous donc tous ces nombreux cheveux? Est-ce que vous voulez les teindre ou les travailler?

A ces questions, la cousine d'une Espagnole

resta tout d'abord interdite et visiblement contrariée d'être ainsi surprise au milieu des pratiques secrètes de sa toilette, elle ne savait trop que répondre aux interrogations qui venaient de lui être adressées. Monsieur le comte, en s'approchant encore davantage de la dame, s'aperçut qu'elle avait le visage couvert d'une couche de blanc, sur laquelle elle plaçait délicatement de légères teintes de carmin et de vermillon; une de ses joues avait déjà toute la fraîcheur et tout l'éclat de la rose, tandis que l'autre était blanche et pâle comme un linceul. A cette vue le comte indiscret poussa une exclamation de surprise et d'étonnement.

— Comment, Maria, vous vous maquillez, vous vous plâtrez le visage, vous vous le couvrez de blanc et de rouge? Et toutes ces tresses et tous ces cheveux à qui sont-ils? mais, si je ne me trompe, ce sont ceux que vous aviez hier? Comment, vous portez de faux cheveux. Vos bandeaux, que j'admirais avec tant de plaisir et que je baisais avec amour, n'étaient pas à vous?

Mais vous trompiez ma confiance, vous abusiez de ma crédulité; ce que vous avez fait là est mal, très-mal, Maria, je ne vous croyais pas capable d'une action aussi noire, dit le trop susceptible entreteneur.

A cette sortie pleine d'amers reproches, faite sur un ton contrit et larmoyant, Madame de S...

poussa un grand éclat de rire, qu'elle ne put contenir à la vue du dépit de son visiteur indiscret.

— Comment, Madame, vous osez me rire au nez, quand je vous exprime toute ma colère et toute mon indignation pour la façon inqualifiable dont vous avez abusé de ma crédulité et de ma confiance.

A ces nouveaux reproches l'hilarité de Madame de S... redoubla.

— Cela est beaucoup trop fort et par trop inconvenant, s'écria le comte furieux, votre conduite Madame est inqualifiable et digne de la dernière des femmes de mauvaise vie. Vous avez poussé la trahison et vous avez abusé de ma confiance, jusqu'à me laisser croire que ces faux toupets, que vous aviez achetés chez votre coiffeur, étaient à vous; vous me les avez laissé admirer, sans me prévenir qu'ils étaient postiches; vous me les avez fait couvrir de baisers passionnés, sans me dire d'où ils provenaient, et qu'ils avaient peut-être appartenu à quelques drolesses ou à quelques créatures repoussantes et mal propres, que je n'aurais pas voulu toucher avec des pincettes.

Vous avez également souffert que je m'extasie devant la blancheur de votre teint, la fraîcheur de vos belles couleurs roses, dont l'éclat m'éblouissait, et maintenant je m'aperçois seulement que tout cela était faux que vous abusiez étrangement de ma confiance et de ma bonne foi; et quand je vous reproche votre perfidie vous me riez malhonnêtement au nez, comme ferait la dernière des effrontées de bas étage. Franchement, je ne m'attendais pas à une pareille conduite de votre part et je la considère comme une indignité.

— Ah ça! cher comte, perdez vous la tête et est-ce sans rire que vous parlez ainsi?

— Non madame, je ne suis pas fou, et c'est très-sérieusement que je me plains de votre manière d'agir impardonnable à mon égard et, je vous le répète, je suis indigné de votre conduite.

— Eh bien, moi, Monsieur le comte, je suis scandalisée de vos accusations ridicules et de vos propos malhonnêtes et grossiers, et je vous prie de me laisser en paix achever ma toilette.

— Par exemple, cela est trop fort, répondit le comte, en renversant, en jetant sur le plancher et en brisant, à coups de canne, tous les petits pots et tous les flacons, qui étaient étalés devant la Cousine d'une Espagnole. Je ne souffrirais pas plus longtemps ajouta-t-il, que vous vous moquiez de moi en me faisant admirer sur votre personne, et comme vous appartenant, les cheveux et les drogues de monsieur votre coiffeur; je ne veux plus être votre dupe.

— Et moi, dit Maria furieuse, en brisant les meubles et en arrachant les tentures, je ne veux plus être votre esclave et subir vos mauvais traitements.

Puis sortant en toute hâte elle alluma une bougie et mit le feu aux rideaux et aux tapisseries de soie de sa chambre à coucher. Quelques minutes après le chalet commençait à flamber. Chose étrange, Monsieur de P...., tout à l'heure furieux, devint tout à coup rayonnant de joie quand il vit que sa chère Maria incendiait sa demeure.

— Bravo, bravo! s'écria-t-il, tu es réellement une femme adorable, Maria; c'est ainsi que je t'aime, tu es sublime de colère; courage! si tu le veux je vais t'aider, et bientôt il ne restera plus de cet affreux chalet qu'un monceau de ruines; je te promets de t'en faire bâtir un autre bien plus beau.

Madame de S..., tenant toujours un flambeau à la main, parcourait comme une furie ses appartements, allumant partout l'incendie.

Les gens des bains s'aperçurent bientôt du sinistre, crièrent au feu, sonnèrent le tocsin, envoyèrent chercher les pompiers en toute hâte et accoururent pour éteindre l'incendie; mais quel ne fut pas leur étonnement, lorsque M. de P.... vint au devant d'eux en écartant les bras pour les empêcher de passer et en criant:

— Je ne veux pas que vous éteignez l'incendie, je suis assez riche pour me payer le plaisir de voir brûler ma propriété, cela ne regarde que moi, je suis maître ici, personne n'a le droit d'entrer contre mon gré dans mon domicile; je vous défends de franchir ma porte.

Mais, sans tenir compte de ce beau raisonnement les pompiers violèrent la consigne de M. le comte et éteignirent le feu malgré ses protestations et celles de la belle incendiaire, qui fit sa paix avec Mr de P..., en lui promettant de ne plus mettre de faux cheveux et de ne plus se maquiller. Mais hélas! c'était là un serment de joueur, que la Cousine d'une Espagnole était incapable de tenir, autant aurait valu lui demander d'être fidèle à son mari.

Le soir, au Casino, plusieurs personnes firent leurs compliments de condoléance au comte, et lui exprimèrent la douleur qu'elles avaient éprouvée en apprenant le sinistre qui avait dévoré son chalet.

— Cela n'a malheureusement rien été, répondit le comte, tout le dégat se rédiut à quelques tentures et à quelques rideaux brûlés; on ne peut pas seulement avoir ici son petit sinistre en paix, sans être troublé par ces importuns pompiers, qui viennent vous déranger et éteindre le feu malgré vous. Il me semble pourtant qu'on ne devrait pas avoir besoin d'être un Néron pour se payer le plaisir d'un incendie chez soi. Maria désirait voir brûler son chalet, c'est une petite fantaisie que je voulais lui payer, puisque mes moyens me le permettent, mais ces butors de pompiers m'en ont empêché; comprend-on cela, n'est-ce pas une affreuse violation de mon droit de propriété?

L'originalité du millionnaire excentrique et l'accès de fureur et de dépravation de sa maîtresse amusèrent beaucoup les habitués du Casino.

Mais l'incendie du chalet ne fut pas la seule scène de violence et le seul scandale que donna à Aix la Cousine d'une Espagnole, car elle avait depuis longtemps, comme le lecteur a déjà pu s'en apercevoir, foulé aux pieds tous sentiments de délicatesse, de modestie et de pudeur, toute retenue et tout respect humain.

VI.

Une voleuse du grand monde.

Les hôtes du Chalet d'Aix-les-Bains menaient joyeuse vie au milieu de tous ces scandales; après de charmantes promenades, ils passaient leurs soirées et une partie de leurs nuits au Casino; les dames dansaient et les hommes jouaient un jeu d'enfer; le poète P.... était un des habitués les plus assidus et les plus ardents tu tapis vert, il jouait de fortes sommes et, comme cela arrive toujours, il perdait souvent et gagnait quelquefois; un soir la chance lui ayant été favorable, il réalisa un joli bénéfice d'une vingtaine de mille francs; ainsi qu'il en avait l'habitude en sortant du jeu, il alla passer la nuit au chalet, auprès de Madame de S..., qui était, comme nous l'avons dit, sa maîtresse en titre; avant de se coucher il déposa sur la cheminée les vingt mille francs, qu'il avait gagnés à la roulette, et le manuscrit d'un pamphlet en vers contre le général Canrobert, qui prenait alors les eaux d'Aix, et dans lequel il racontait en les flétrissant les hauts faits de ce complice des bandits du deux-décembre. Le lendemain matin, quand le poète P.... se leva, il chercha inutilement son portefeuille, contenant son argent et son manuscrit, tout avait disparu.

Madame de S.... à qui il demanda si elle les avait vus lui répondit que non. Comme le chalet était situé dans les dépendances du Casino, et que les domestiques des bains pouvaient très-facilement s'introduire dans l'intérieur des appartements de Madame de S..., le poète P.... fit venir le directeur des eaux, auquel il se plaignit très-fort du malheur qui venait de lui arriver en lui disant que le chalet étant contigu à son établissement, dont il faisait pour ainsi dire partie, ses gens seuls pouvaient avoir dérobé son portefeuille et que si on ne le lui rendait pas, il allait porter plainte à la police, qui saurait bien le faire retrouver.

— Monsieur, lui répondit le maître du Casino, sans s'émouvoir des menaces qui lui étaient faites, quand on passe les nuits, avec une femme de l'immoralité de Maria de S..., on ne doit pas s'étonner d'être dévalisé.

— Comment, Monsieur, qu'osez-vous dire?

— Je vous répète, Monsieur, que Madame de

S.... est une femme capable de tout; je connais sa conduite depuis qu'elle est ici; je sais de quoi elle vit, quel rôle elle joue et quelle mission infâme elle remplit.

— Cessez de pareils propos, qui ne sont que d'odieuses calomnies, car je ne les tolérerais pas plus longtemps, et faites moi rendre, au plus tôt, tout ce qui m'a été volé par vos gens ou, je vous le répète, je porte plainte devant les tribunaux.

— Vous pouvez, Monsieur, porter plainte si cela vous plait, vous ne m'effrayez pas, je connais l'honnêteté et la moralité de mes gens, et je suis certain que ce ne sont pas eux qui vous ont volé, mais bien la femme avec laquelle vous avez passé la nuit. Et, comme je suis sûr de ce que j'avance, si vous ne vous engagez pas immédiatement envers moi, à cesser toute réclamation, je vais, pour mettre ma responsabilité à couvert, aller chercher de suite la police et faire pratiquer une visite domiciliaire chez votre maîtresse, où l'on retrouvera certainement votre portefeuille, votre argent et votre manuscrit, et alors votre belle princesse subira les conséquences des vols qu'elle a commis à votre préjudice, c'est donc à vous de voir ce que vous voulez faire?

— Mais, qui peut vous faire soupçonner Maria d'un pareil forfait.

— Cette dame n'en est pas à son coup d'essai,

je connais d'elle plus d'un vols qui valent celui dont vous venez d'être la victime, du reste quand on joue le rôle d'espion on est capable de tout.

— Que dites-vous là, comment elle, la Femme proscrite, ne serait qu'un vil espion, cela est impossible, vous vous trompez.

— Je ne me trompe malheureusement pas, il y a longtemps que j'ai été informé, par des personnes bien placées et à même d'être parfaitement renseignées, de la mission honteuse que remplit ici Madame de S....; mais j'ai vu d'autres preuves encore, j'ai eu en ma possession des lettres qui lui avaient été adressées de Paris par la Préfecture-de-police, et dans lesquelles on lui donnait des ordres et on lui prescrivait son rôle auprès des proscrits influents, en lui recommandant de bien les surveiller; mais j'ai vu mieux encore, j'ai lu un rapport écrit tout entier de sa main, qu'elle adressait à Paris, au sujet de sa première entrevue avec Eugène Süe, dans lequel elle racontait le bon accueil qu'elle en avait reçu et assurait que sous peu le grand romancier n'aurait plus de secrets pour elle.

— Mais qui donc a pu vous communiquer des papiers aussi importantes?

— C'est mon secret pour le moment; mais si vous le désirez, plus tard, je pourrais vous dire quelle est la personne qui m'a montré ces pièces et même vous faire voir celles-ci. Vous n'avez qu'à réclamer ce que l'on vous a volé à Madame de S.... et, si elle refuse de vous le rendre, vous lui direz que je vais porter plainte contre elle et faire pratiquer une visite domiciliaire dans son chalet; vous verrez qu'elle s'exécutera alors de bonne grâce et qu'elle vous rendra votre portefeuille avec tout ce qu'il contenait.

A ces déclarations positives M. P...., fut fortement ébranlé, il cessa ses menaces et promit de se conformer aux injonctions, qui venaient de lui être faites.

Mais lorsqu'il s'expliqua avec Madame de S..., celle-ci commença par nier effrontément, et par dire qu'elle n'avait rien vu: ni portefeuille, ni argent; et elle assura ensuite que sa femme de chambre avait aperçu le matin, de très-bonne heure, la belle étrangère, nouvellement arrivée à Aix, qui sortait furtivement de son chalet, et elle protesta énergiquement contre les accusations que le propriétaire du Casino avait articulées contre elle, en acceptant le défi qu'il lui portait d'en fournir la preuve. Cependant, environ une heure après son explication avec M. P...., le portefeuille et le manuscrit se retrouvèrent par un hasard plus qu'extraordinaire sur la cheminée, où Mr P.... les avait cependant inutilement cherchés;

mais quant aux vingt mille francs ils ne furent pas rendus.

L'illustre auteur dramatique préféra perdre son argent que de dénoncer sa belle maîtresse; il garda un profond silence sur tout ce qui s'était passé, et prévint le propriétaire du Casino qu'il avait renoncé à se plaindre à la police en le priant de ne pas divulguer ce qui venait de se passer, et surtout ce qu'il savait des fonctions policières de la Cousine d'une Espagnole.

— Le directeur du Casino lui dit alors, qu'il ne pouvait prendre aucun engageant à cet égard; mais que, ne voulant dans son établissement ni voleur ni mouchard, il interdisait l'entrée de ses salons à Madame de S..., et qu'il lui en refuserait la porte si elle se présentait.

Le lendemain soir, qui le croirait, la jeune femme vint au Casino en toilette splendide, couverte de perles, de diamants et de dentelles, accompagnée de ses suivants habituels: Messieurs le comte de P.... et son ami, l'auteur dramatique; un troisième personnage en redingote noire suivait aussi la belle comtesse, qui s'avança le front haut, l'air altier, le regard assuré, la démarche fière vers la porte d'entrée des salons du Casino. Le propriétaire du lieu, en habit et en pantalon noirs, en gilet et en gants blancs, vint au devant des nouveaux arrivants en leur disant:

— Ces Messieurs peuvent entrer, mais je défends formellement à Madame de S.... de mettre les pieds dans mes salons, et si elle ose outrepasser ma défense je la ferais jeter à la porte par mes garçons de salle.

— Le Monsieur en redingote noire s'avança alors auprès du directeur des bains et lui répondit :

— Nous, commissaire de police de la ville de Chambéry, requis spécialement à cet effet, par Madame la comtesse de S..., considérant que le Casino de l'établissement d'eaux et de jeu d'Aix est public, que sa porte ne peut-être refusée à aucun de ses pensionnaires, se présentant convenablement et décemment, ordonnons à M[r] le directeur du Casino de laisser entrer librement sa pensionnaire, la dite dame de S..., dans son établissement public, le prévenant qu'en cas de réfus et de résistance nous requerrons la force armée, pour nous prêter main forte et faire respecter les droits de la comtesse de S....

— Eh bien, répondit le directeur, je refuse et j'ordonne à mes gens de mettre madame de S.... à la porte si elle fait un pas de plus.

— Puisqu'il en est ainsi, Madame, veuillez m'attendre ici cinq minutes, je vais chercher les carabiniers royaux, afin de me faire aider dans l'exécution de ma mission, et de vous protéger contre les violences du personnel du Casino.

— Et moi, répondit le directeur de cet établissement, je proteste contre les menaces et les violences de la police, je prends à témoin les personnes présentes, et je me réserve de poursuivre Madame de S.... et M. le commissaire devant qui de droit, et de leur demander des dommages-intérêts pour les préjudices qu'ils me causent.

Malgré les protestations du propriétaire de l'établissement le commissaire de police passa outre, il revint bientôt, accompagné de quatre carabiniers royaux et d'un brigadier, et, en présence de ses auxiliaires, il répéta sa sommation. Le directeur protesta de nouveau, et la Cousine d'une Espagnole fit son entrée triomphale dans la salle du Casino précédée du commissaire de police et du brigadier, et entourée de quatre magnifiques carabiniers royaux l'arme au poing, la baïonnette au bout du fusil, le sabre au côté, la moustache cirée et le jarret tendu. Madame de S.... s'avança fièrement au milieu de cet appareil militaire, toisant effrontément le public et soutenant les regards moqueurs avec un front d'airain. Elle alla ensuite prendre place dans la galerie, auprès de ses deux amies: Madame L... et sa fille, la comtesse de M...; ses fidèles sigisbées papillonnaient autour d'elle d'un air triomphant. Les carabiniers royaux restèrent toute la soirée dans l'antichambre pour veiller sur leur protégée et pour la défendre s'il en était besoin.

Le propriétaire des Bains, afin d'expliquer le motif qui lui avait fait refuser la porte de son établissement à Madame de S...., raconta quels rôles honteux elle remplissait, ainsi que la disparition des 20,000 fr. du poète P.... et quels soupçons planaient sur la comtesse. Il arriva ensuite à cette dame un accident des plus désagréable.

Voici les faits : un des amis de Mr de P.... ayant invité Madame de S.... à faire une contredanse, ce Monsieur, lorsqu'il fut en place avec sa danseuse, ne tarda pas à s'apercevoir que la robe de cette dernière était hachée par derrière et tombait en lambeaux.

— Ah ! madame, dit-il, que vous est-il donc arrivé, votre robe est coupée en nombreux morceaux par derrière, le parquet est couvert de ses lambeaux, qui peut l'avoir mise dans cet état déplorable ?

— Qui peut avoir ainsi lacéré ma robe dit Madame de S....? ceux qui l'ont fait se sont rendus coupables d'une bien méchante et d'une bien lâche action, je ne pensais pas avoir d'ennemis capables d'une chose pareille.

— Hélas ! Madame, répondit son cavalier, une jolie femme à toujours pour ennemies toutes celles qui, moins bien qu'elle, en sont jalouses. Vous devez facilement comprendre combien les vôtres doivent être nombreuses.

Je ne puis croire qu'un simple motif de jalousie ait inspiré les personnes qui ont ainsi coupé ma robe, je pense plutôt que c'est le directeur du Casino qui a chargé ses gens de ce méfait pour se venger de ce que je suis venue ici malgré sa défense.

— Peut-être avez-vous raison, Madame, et vous ne ferez pas mal à l'avenir de vous tenir sur vos gardes, car il pourrait bien arriver une autre fois qu'on ne se contentât pas de vous couper votre robe, mais encore que l'on vous volât vos diamants; la société est ordinairement très-mêlée ici, et il y a des gens capables de tout.

— Vous avez raison, Monsieur, et je prendrai désormais mes précautions, car, comme vous le dites, le public est ici très-mélangé; il y a toute espèce de gens, jusqu'à des bohémiens, car je suis sûre que cette jeune dame noire, constellée de faux diamants, qui était ici l'autre soir et qui vient d'entrer, est une gitana; il me semble même l'avoir déjà rencontrée quelque part, à Rome, je crois.

— Cela est bien possible, mais ce qu'il y a de certain, c'est que les diamants de cette belle personne ne sont pas faux, un de mes amis, un joallier de Genève, a eu occasion de les examiner de près, il m'a assuré qu'ils sont de la plus belle eau, et qu'ils valent des sommes fabuleuses. Cette jeune dame doit être aussi riche qu'elle est belle.

— Vous la trouvez donc d'une bien grande beauté ?

— Oui Madame, cette inconnue est très-belle.

A cette réponse, Madame de S.... fit une moue mal dissimulée, rejoignit ses amis et quitta bientôt le bal avec eux.

VII.

La dame aux diamants noirs.

Le lendemain après dîner la Cousine d'une Espagnole était seule dans son salon avec le poète P..., qui lui lisait une pièce de vers, qu'elle l'avait prié de lui composer, lorsqu'on vint lui annoncer qu'une jeune dame inconnue demandait à lui parler.

— Faites entrer, répondit Madame de S....

Une minute après la Dame aux diamants noirs, qui assistait la veille au bal du Casino, fit son entrée dans le salon de la belle comtesse, à la grande stupéfaction de cette dernière et de son compagnon.

— Madame, vous ne vous attendiez sans doute pas à ma visite, dit la nouvelle venue.

— J'en suis d'autant plus étonnée que je n'ai pas l'avantage de vous connaître, répondit Madame de S....

— Vous vous trompez, Madame, ou plutôt vos souvenirs vous servent mal, car vous m'avez déjà vue et parlé plusieurs fois, vous m'appeliez même votre chère amie.

— Il me semble, en effet, que ni vos traits, ni votre voix ne me sont inconnus, mais je ne puis me rappeler dans quels lieux et dans quelles circonstances je vous ai rencontrée.

— Eh bien, puisque vos souvenirs vous font ainsi défaut, je vais vous remémorer, si vous le permettez.

— Très-volontiers.

— C'est à Rome que j'ai eu le plaisir de vous voir plusieurs fois.

— Cela est bien possible, Madame, mais je ne me souviens pas à quelle occasion, répondit Maria de S....

— Je suis étonnée de votre oubli, car ce fut pourtant dans des circonstances assez mémorables que je vous ai rencontrée à Rome; c'était après l'avènement de Pie IX, lorsque ce pontife fit ses premières réformes libérales; je vous vis alors dans le salon de Madame votre mère, en compagnie de plusieurs patriotes Italiens, de votre cousine Quadridoff, du prince Louis, etc.

— Je me rappelle maintenant, en effet, cette réunion, dit Maria, avec un embarras visible.

— J'étais certaine que vous ne l'aviez pas

oubliée et je suis sûre que vous avez aussi conservé le souvenir des paroles que vous avez prononcées dans cette circonstance.

— Je me souviens en effet que je faisais, alors comme aujourd'hui, des vœux sincères pour l'indépendance et la liberté de l'Italie.

— Oui, Madame, mais en vous remémorant bien, vous devez vous rappeler aussi que non seulement vous faisiez les vœux dont vous venez de parler, mais encore, que vous conspiriez contre la papauté en faveur de la république romaine et que vous nous déclamiez de forts beaux vers appropriés à la circonstance.

— Tout cela est parfaitement vrai, les opinions que j'exprimais alors sont encore celles que je professe aujourd'hui, elles seront celles de toute ma vie.

Sans répondre à ces assertions, la belle-étrangère continua imperturbablement :

— La seconde fois que je vous vis, c'était au Vatican, il y avait une orgie chez l'infâme Cardinal A...., et vous étiez une des bacchantes de cette honteuse saturnale, et moi, j'étais prisonnière de vos compagnons de débauche, des ennemis de l'Italie, de ceux qui se disent les ministres du Christ et qui ne sont que les suppots du génie du mal ; ces misérables m'avaient fait traîner par leurs sbires jusque dans la salle de votre festin pour me forcer à participer à vos crapuleuses débauches et, comme je me suis énergiquement refusée à consentir à une pareille abjection, vos amants de cette nuit d'orgie m'ont fait jeter dans les cachots du Saint-Office, où je serais certainement morte de misère, de souffrance, de mauvais traitements, de torture et de désespoir, si le peuple, toujours bon et généreux, n'était venu m'arracher à cet enfer, dans lequel vos complices m'avaient plongée vivante et où ils me soumettaient aux tortures les plus cruelles, aux supplices et aux attentats les plus monstrueux. Vous vous souvenez sans doute aussi de cette seconde entrevue chez le Cardinal A...., dit la jeune femme noire, en dardant sur Madame de S.... ses yeux sombres, qui brillaient d'une flamme ardente et qui semblaient vouloir la dévorer.

— Je ne me souviens pas de cette rencontre dans ces circonstances extraordinaires, dit Madame de S..., avec un sang-froid imperturbable; et je crains bien, Madame, que les souffrances que vous avez éprouvées dans votre cachot ne vous aient laissé de très mauvaises impressions et n'aient troublé vos souvenirs.

— Madame, ma mémoire est excellente, et j'ai conservé les souvenirs les plus nets et les plus précis de tous les faits que je viens de vous citer, et vous en connaissez, tout aussi bien que moi, l'exactitude; mais puisqu'il vous plait de les mettre en doute, passons à d'autres. Nierez-vous aussi que vous êtes ici chargée d'une mission secrète auprès des proscrits, et que c'est pour l'accomplir que vous avez quitté la France?

— Comment, Madame, vous osez articuler une pareille accusation contre moi, ignorez-vous donc que j'ai été expulsée par la police Française, conduite par elle jusqu'à la frontière et que depuis, loin d'avoir fait ma soumission, je n'ai laissé échapper aucune occasion de protester contre les actes iniques du pouvoir, et que quand on m'a offert ma grâce, si je voulais la demander, j'ai répondu que je ne m'abaisserai jamais jusqu'à solliciter les violateurs de la loi de m'accorder ce qu'ils appellent une faveur, et que je ne rentrerai en France qu'avec la liberté. Il me semble, Madame, qu'une pareille conduite est au-dessus de tout soupçon, et qu'elle réduit à néant les accusations calomnieuses que vous n'avez pas craint d'articuler contre moi.

— Je voudrais, pour beaucoup, Madame, qu'il en fut ainsi, mais, malheureusement pour vous, j'ai des preuves matérielles des faits que j'ai avancés; ainsi, par exemple, ajouta-t-elle, en déployant un papier, voici une instruction secrète de la police particulière des Tuileries, signée par Mocquard et revêtue du sceau, dans laquelle on vous explique confidentiellement le rôle que vous avez à remplir en vous recommandant d'exercer une surveillance active sur les principaux proscrits.

— Cet ordre je ne l'ai jamais reçu, j'en ignorais l'existence, et parconséquent il ne prouve rien contre moi, il a sans doute été fabriqué aprés coup pour me compromettre et pour les besoins de la circonstance.

— Cela est facile à dire, mais très-difficile à croire, surtout quand on verra la réponse que voici, écrite toute entière de votre main et dans laquelle vous racontez tout au long votre première entrevue avec Eugène Süe, en annonçant le bon accueil que vous en aviez reçu et le succès que vous en espériez. En disant ces mots la jeune femme montra une seconde lettre signée par Madame de S..., et qui contenait toute les assertions que la belle inconnue venait de citer.

Madame de S...., regardait cet écrit avec des yeux brillants et envieux, elle avançait déjà furtivement la main pour s'en emparer lorsque son accusatrice, devinant ses intentions, remit prestement son papier dans sa poche. Voyant qu'il n'y avait pas moyen de s'emparer de cette lettre par ruse, Maria de S.... résolut sans doute d'essayer d'un autre moyen plus facile et plus efficace pour se l'approprier. Elle se leva lentement et se dirigea de la façon la plus indifférente qu'elle put affecter vers le cordon d'une sonnette qu'elle avait l'intention de tirer pour appeler ses gens, afin de leur donner l'ordre de s'emparer par la force des documents accusateurs qu'on venait de lui montrer. Mais la dame noire, qui avait deviné son intention, souffla dans un petit sifflet en ivoire qu'elle avait suspendu au cou, elle en fit sortir un son aigu et, au même moment, un homme à la physionomie expressive, à la barbe noire, aux yeux brillants entra dans le salon et vint auprès d'elle.

— As-tu tes pistolets et ton poignard, mon ami? demanda-t-elle au nouveau venu.

— Oui, Signora, répondit ce dernier, en montrant deux crosses de pistolets et en faisant briller la lame aigue de son poignard.

— Eh bien, mon ami, tu tueras le premier qui osera porter la main sur moi, quelqu'il soit.

— Oui, Signora, celui qui fera cela est un homme mort.

Maria comprit alors que toute violence serait inutile, elle vint reprendre sa place, pendant que l'inconnu s'asseyait entre elle et la belle visiteuse.

— Eh bien, Madame, qu'avez-vous à répondre aux preuves accablantes que je viens de fournir contre vous?

— Une chose bien simple, ces pièces ne sont pas de mon écriture et parconséquent ne peuvent pas me compromettre, j'ignore par qui vous les avez fait fabriquer dans l'espoir de me nuire.

— Tout mauvais cas est niable, Madame, mais je me suis procuré de votre écriture et quoique celle de votre rapport de police soit contrefaite, il est facile de reconnaître qu'elle est de vous, et je vous préviens que j'avertirai toutes les personnes intéressées du rôle infâme que vous jouez ici, digne conséquence de celui que vous avez rempli à Rome auprès des membres de la Jeune-Italie.

— Vous pouvez faire et dire tout ce que vous voudrez, cela m'est fort égal et ne peut pas me compromettre, mon opposition au gouvernement impérial, ma proscription, mon exil, mes protestations sont des faits éclatants, qui parlent plus haut que toutes vos accusations, et que vos calomnies ne parviendront pas à détruire; veuillez donc, Madame, cesser vos menaces et vous retirer.

Cet aplomb déconcerta presque l'accusatrice, et si elle n'eut pas connu Maria de S...., si elle ne l'eut pas vue à Rome chez le Cardinal A..., elle eut certainement cru à son innocence. Mais pour elle le doute n'était pas possible, ses souvenirs étaient trop précis.

— J'admire votre audace, Madame; mais elle ne me surprend nullement, j'avais déjà pu l'apprécier à Rome, et elle ne m'empêchera pas de démasquer votre conduite, répliqua l'étrange visiteuse, en sortant avec son compagnon.

Lorsqu'elle fut partie, la femme proscrite dit

à son amant: Je crois que cette dame est folle, car ses inventions d'orgies romaines et de rapports de police ne dénotent pas un esprit très sain.

— Je trouve tout cela bien extraordinaire, répondit le poète P...., mais cette jeune femme me semblait bien convaincue et bien certaine de ce qu'elle disait.

— Tous les monomanes sont ainsi, et cette étrange créature a sans doute une monomanie très-répandue chez les proscrits politiques et qui leur fait voir des mouchards partout.

Le poète P.... ne poussa pas plus loin cette conversation, il était fixé sur la moralité de sa belle maîtresse depuis le vol des vingt-cinq mille francs, dont il avait été la victime, et surtout depuis les accusations qu'il venait d'entendre formuler contre elle avec pièces à l'appui et, le même soir, il quitta Aix-les-Bains et retourna à Paris.

La cousine d'une Espagnole après tous ces scandales jugea prudent d'aller passer quelque temps à Genève afin de les faire oublier, mais les journaux de Chambéry et d'Annecy les racontèrent, et tous ceux de la Suisse les répétèrent.

VIII.

La maison de J. J. Rousseau.

Peu de temps après les scènes scandaleuses relatées dans le chapitre précédent, la dame aux diamants noirs, dont nous avons raconté l'entrevue avec la Cousine d'une Espagnole, était à Genève avec son compagnon. Le lecteur a déjà sans doute deviné que cette mystérieuse personne n'était autre que Cornélia Marcus; dès son arrivée dans la Rome protestante, elle s'était mise en rapport avec plusieurs proscrits politiques, entre autres avec Eugène Süe, Flocon, Sacrovir Lebren, etc. Tous les trois réfugiés dans la cité de Calvin, les deux premiers depuis quelques semaines seulement.

Afin d'initier nos lecteurs, aux motifs importants qui avaient amené Cornélia et son ami à Genève, nous les ferons assister à l'entrevue qui eut lieu entre la jeune femme et les réfugiés dont nous venons de parler.

A Genève, en haut de la rue Rousseau, à

gauche, il y a une maison de modeste apparence, au rez-de-chaussée de laquelle on remarque un café et une petite fontaine, entre lesquels se trouve une allée étroite et sombre, au-dessus de la porte de laquelle on lit: „Ici est né, le 28 juin XVIIXII, Jean-Jacques Rousseau, citoyen de Genève.“

C'est au premier étage de cette maison dans la chambre même où l'illustre auteur du *Contrat social* et de *l'Emile* a reçu le jour, que Cornélia avait donné rendez-vous aux citoyens dont nous venons de parler. Dès huit heures du soir, avec son fidèle compagnon, elle attendait ses invités qui arrivèrent bientôt successivement. Le premier fut Sacrovir Lebren, c'était un jeune homme d'environ 25 ans, petit et pâle, aux cheveux et aux moustaches blondes; le second, âgé de 58 ans environ, était le citoyen Flocon, ancien membre du Gouvernement provisoire, il était de grandeur moyenne, son maintient était modeste, sa taille fine et bien prise, ses épaules larges, sa physionomie énergique, ses traits réguliers, son regard perçant, très-intelligent, et son air plein de résolution; toute sa personne respirait une résignation courageuse, une conviction profonde, une énergie et un dévouement à toute épreuve; enfin le troisième proscrit, le célèbre Eugène Süe qui, depuis quelques jours habitait Genève, où il faisait des recherches à la bibliothèque, était grand et gros, à première vue sa physionomie n'avait rien de remarquable, mais si on le regardait avec un peu d'attention, on ne tardait pas à être frappé de la profondeur et de la limpidité de ses beaux yeux bleus, d'une douceur et d'un charme difficile à décrire; sa bouche était gracieuse, son sourire plein de bonhomie, de finesse et de causticité; son front, doux et intelligent, était surmonté d'abondants cheveux noirs, ramenés en avant sur les tempes, ses sourcils épais se joignaient presque, ses longs cils ombrageaient ses yeux et donnaient encore plus de profondeur à son regard. Il était mis avec la recherche de l'homme du monde, sa chemise et sa cravate de couleur avaient cette netteté irréprochable du linge le mieux soigné, son gilet blanc son habit noir, étaient de la coupe la plus nouvelle, mais d'une grande et élégante simplicité. Les trois nouveaux venus contemplaient avec un sentiment de surprise et d'admiration la jeune femme qui les avait priés de lui accorder cette entrevue.

Cornélia était mise avec une modestie pleine de bon goût, une robe noire montante serrait sa taille élégante, et emprisonnait ses épaules gracieusement dessinées et sa gorge charmante, sa belle chevelure entourait de ses soyeux bandeaux son front élevé et intelligent; lorsque ses invités arrivèrent elle les acueillit successivement avec le plus gracieux sourire et avec son regard le plus bienveillant, en les priant de prendre place, soit sur le sofa, soit sur les siéges qui garnissaient la modeste chambre dans laquelle elle les recevait. Lorsqu'ils se furent assis tous les trois elle leur dit :

— Je vous prie tout d'abord de vouloir m'excuser de m'être permise de vous déranger, mais j'espère que, quand vous connaîtrez le motif important qui m'a déterminée à le faire, vous me pardonnerez la liberté que j'ai prise. Permettez-moi donc de vous dire d'abord qui je suis.

— Vous avez tous eu connaissance, soit par la lecture du *Juif-Errant*, soit par celle des *Mystères-du-Peuple*, de la légende des familles Rennepont et Lebren, dont les membres sont les héros de ces deux histoires, personne certainement ne les connait mieux que l'illustre auteur de ces deux livres. Vous vous rappelez aussi tous, sans doute, le vieux juif Samuel, l'honnête dépositaire de l'immense fortune de la famille Rennepont; eh bien, je suis la petite fille de ce respectable Israélite. Voici d'abord mon acte de naissance qui le prouve, ensuite voilà les médailles des membres de la famille Rennepont, morts en 1832, qui ont été conservées par mon aïeul, ajouta Cornélia en déposant plusieurs médailles sur la table. Monsieur Sacrovir, qui en a une pareille, n'a qu'à les examiner en les comparant à la sienne et il se convaincra facilement qu'elles ne sont pas fausses.

A la vue de ces reliques de famille, qui lui rappelaient les souffrances, les misères et les persécutions que ses ancêtres avaient éprouvées, Sacrovir Lebren eut bien de la peine à contenir son émotion.

— Ces médailles sont bien celles de ma famille, dit le jeune homme, elles sont en tout semblables à la mienne. Et puisque Mademoiselle est une descendante du vieux Samuel, elle voudra bien me dire ce qu'est devenu ce brave homme, dont je n'ai plus entendu parler depuis 1832, après la funeste journée où eut lieu l'ouverture du testament de mon ancêtre Jacques Rennepont, et où furent consumées, en quelques minutes, toutes les immenses richesses de ma famille

— J'ai à ce sujet d'importantes révélations à vous faire, répondit Cornélia: après les événements dont vous venez de parler, toute ma famille s'embarqua pour New-York, afin d'éviter les persécutions que la Compagnie de Jésus ne manquerait pas d'attirer sur elle. Pendant la traversée ma mère Judith, alors jeune et d'une grande beauté, rencontra un jeune Romain, Brutus Marcus, qui allait en Amérique pour recueillir la succession d'un oncle. Ce jeune homme s'éprit d'une violente passion pour ma mère, et il la demanda en mariage.

Il n'était pas Israélite, il ne professait aucune religion, c'était un libre penseur, républicain-démocrate-socialiste comme mon père, qui avait lui-même les opinions philosophiques et politiques les plus avancées, lesquelles se sont transmises dans ma famille, de génération en génération, avec l'héritage de mon ancêtre Rennepont. Comme ma mère ne semblait pas être indifférente aux recherches de Marcus, mon grand père consentit au mariage des deux jeunes voyageurs. Arrivés à New-York, la cérémonie nuptiale se fit, et lorsque le nouvel époux eut terminé sa mission en Amérique, il retourna à Rome avec sa femme auprès de ses parents; c'est dans cette dernière ville que je vis le jour. Mon père et ma mère vivaient heureux du produit de leur commerce qui prospérait assez bien. Mais, comme je l'ai dit, ma mère était d'une grande beauté, le cardinal A.... la remarqua un jour, s'éprit pour elle d'une de ces passions honteuses et violentes comme en ressentent les gens d'église, n'ayant pu séduire ma mère à force d'argent et de promesses, il la fit enlever; ce fut envain que la malheureuse se désespéra, résista de toutes ses forces et supplia son ravisseur d'avoir pitié d'elle, de la respecter et de la renvoyer à son mari, le luxurieux cardinal se rit de ses prières et de ses larmes et ne recula pas devant la violence pour satisfaire sa brutale passion. Lorsque ma mère sortit du Vatican, après les honteux outrages dont elle avait été victime, elle était folle de désespoir et mourut au bout de peu de temps.

Vous le savez, citoyens, les mariages des Chrétiens avec des Israélites sont considérés â Rome comme nuls et non avenus et on peut impunément voler les femmes et les enfants des sectateurs de Moïse. Aussi, quand mon père désespéré voulut arracher son épouse chérie des mains de ses ravisseurs, il fut partout accueilli et repoussé brutalement; réduit au désespoir par tant d'iniquités, il jura de se venger et, armé d'un poignard, il attendit au passage l'infâme cardinal qui lui avait ravi tout son bonheur, et un jour que ce prélat sortait du Vatican pour monter dans son carosse, l'auteur de mes jours, exaspéré par le désespoir, se précipita sur lui pour le poignarder. Malheureusement les gardes qui entouraient son Éminence la préservèrent des coups de mon père et de la mort. L'infâme cardinal ne fut que légèrement blessé au bras, et mon malheureux père, arrêté et traduit devant la Sacrée-Consulte, a été condamné à mort et exécuté sur la place même où il avait voulu frapper le misérable Cardinal. Restée orpheline à huit ans, j'ai été élevée, dans la haine des prêtres et dans l'amour de la liberté, par mon oncle, excellent patriote romain, affilié aux Carbonari. Jeune encore, j'ai juré de combattre pour la cause de l'humanité et de venger mon père et ma mère, et j'ai déjà accompli en partie ce serment, j'ai contribué pour beaucoup à chasser le pape et à faire proclamer la République, et depuis que le pouvoir détesté de Pie IX a été restauré par les armées étrangères, j'ai continué la lutte et, aidée des courageux patriotes italiens, j'espère mener notre entreprise à bonne fin. Nous avons tous juré de faire triompher la République romaine, ou de la venger en punissant les traîtres qui l'ont renversée, et soyez persuadés, citoyens, que nous tiendrons notre serment et que nous ne tarderons pas à l'exécuter.

Voici des lettres du célèbre patriote Giuseppe M..., qui vous prouveront que vous pouvez avoir toute confiance en moi, ajouta-t-elle, en tendant plusieurs plis au citoyen Flocon. Puis se tournant vers Sacrovir Lebren, elle lui dit :

— A vous, citoyen, j'ai une heureuse nouvelle à apprendre, les titres de la fortune immense de votre famille n'ont pas été brûlés en 1832, par mon grand père, ainsi qu'on l'a cru généralement : conformément aux instructions de votre ancêtre Jacques Rennepont, victime de la société de Jésus, le coffre en fer, dans lequel était enfermé le trésor de vos parents, était scellé sur un socle creux, communiquant avec la pièce de l'étage inférieur à celui où il était situé, et il suffisait de pousser un ressort secret pour faire faire bascule au fond de la cassette, et pour que toutes les valeurs qu'elle renfermait tombassent dans la chambre située au-dessous, où mon père était prêt à les recevoir et à les mettre à l'abri des atteintes de la Société de Jésus. C'est ce qui a eu lieu. Les flammes et la fumée que l'on aperçut alors dans le coffre, et que l'on crut produites par l'incendie des papiers précieux qu'il renfermait, provenaient de matières combustibles et inflammables disposées et allumées à cet effet.

Tout ceci a été exécuté, comme je vous l'ai dit, conformément aux instructions de M. Rennepont, qui avait prévu le cas où tous ses héritiers seraient empêchés d'assister à l'ouverture de son testament, et où ce dernier deviendrait la proie de leurs ennemis. Depuis, et toujours suivant les ordres de votre ancêtre, ces sommes ont été placées chez des banquiers et dans les fonds américains par mon père, qui les fait valoir et qui en fera l'usage qui lui est prescrit dans votre intérêt, dans celui de votre famille et de l'humanité, vous voyez donc, Monsieur Lebren, qu'un jour vous et les vôtres vous disposerez de sommes considérables pour faire le bien.

— C'est à ce seul titre que je souhaite de les posséder, et si cela arrive, je vous promets d'employer ma fortune au triomphe de la République-universelle-démocratique et sociale, dit Sacrovir, en remerciant la jeune femme des renseignements favorables qu'elle venait de lui donner.

— J'en suis persuadée, citoyen, ajouta Cornélia mais revenons à l'objet principal de ma visite. Comme je vous l'ai dit en commençant, je me consacre toute entière à la grande cause que je sers et qui est la vôtre; je suis venue auprès de vous pour vous demander si je puis compter sur le concours des proscrits et des républicains français dans la grande œuvre que je vais entreprendre avec mon compagnon qui, comme moi, est tout dévoué à la République, car si nous réussissons, comme je l'espère, ce ne sera pas de trop de tous les bons citoyens pour travailler à l'œuvre de la régénération sociale. Le coup que nous allons frapper, doit détruire le plus grand obstacle qui s'oppose au progrès.

Mais il faut, au moment où justice sera faite du tyran, qu'il y ait des hommes dévoués, prêts à profiter de l'événement; c'est pour cela que je me suis adressée à vous.

— Vous pouvez compter sur nous et sur nos amis, répondit le citoyen Flocon, après avoir écouté attentivement Cornélia et examiné avec soin les lettres qu'elle lui avait remises, et si vous voulez bien nous prévenir du jour où nous devrons être prêts à agir, nous ne manquerons pas de le faire.

— Nous partirons, mon compagnon et moi, demain pour Londres, où nous allons nous entendre avec quelques uns de nos amis politiques, afin de préparer et d'organiser notre entreprise, après quoi nous irons à Paris l'exécuter; mais soyez certains qu'il ne se passera pas un mois avant que nous n'ayons fait une importante tentative de délivrance; si elle réussit, vous devrez courir aux armes, afin de renverser le gouvernement impérial et de proclamer la République; si elle échoue, vous ne bougerez pas et vous attendrez une autre occasion, car nous sommes décidés à recommencer nos tentatives jusqu'à ce qu'elles réussissent.

Nous serons toujours prêts à prendre les armes, dit le citoyen Flocon, nous préviendrons nos amis de la capitale de se tenir sur leurs gardes, et, à la première nouvelle de l'heureux événement, nous nous empresserons de franchir la frontière et de rentrer en France, les armes à la main.

— Je compte sur votre parole, citoyens, mais je vous recommande la plus grande discrétion et la plus grande réserve, il faut que tout le monde ignore de quoi il s'agit, et que l'on soit seulement prévenu de se tenir prêt à toutes éventualités; car, vous devez le comprendre, la moindre indiscrétion nous perdrait ainsi que notre entreprise. Il faut donc qu'on ne sache pas que nous nous sommes vus ce soir et que je suis venue ici.

— Comptez sur notre silence le plus absolu sur tout ce qui vient de se dire entre nous.

— Nous en reçevons votre parole, répondit l'Italien, qui jusqu'à cet instant n'avait pas encore prit part à la conversation, et moi, je fais devant vous le serment de sacrifier ma vie pour la délivrance de votre pays et du mien, de mourir, s'il le faut, pour le rétablissement des Républiques française et romaine, détruites par la trahison et par le parjure; si je réussis aidez-moi à accomplir jusqu'au bout l'œuvre de délivrance et de régénération que j'aurais entreprise; si je succombe, vengez-moi en prêtant votre appui et votre concours à ceux qui me succéderont dans ma grande mission, et conservez ma mémoire comme celle d'un républicain dévoué mort pour la liberté.

— Nous exécuterons vos recommandations, dirent les proscrits en tendant fraternellement les mains à cet homme, qui allait probablement mourir pour sa cause, et dont le sang coulerait peut-être dans quelques jours sur l'échafaud, en récompense de son dévouement et de son sacrifice.

— Merci, citoyens, répondit-il, quoiqu'il m'arrive, je n'oublierai pas votre promesse, qui est pour moi le plus précieux des encouragements et qui sera une grande consolation à mes maux, si j'échoue dans ma tentative.

— Espérons que vous réussirez, répondit le citoyen Flocon, de sa voix énergique et d'un ton grave et triste; il est toujours bien malheureux de penser que d'honnêtes et généreux citoyens, comme vous, vont se sacrifier pour purger la terre des monstres qui l'infestent, autrefois on personnifiait ces hommes de cœur et de courage dans Hercule, depuis on les anommés Harmodius, Brutus, Alibaud, Pianori etc. Si vous succombez dans votre entreprise de délivrance, nous conserverons précieusement votre nom et votre mémoire, nous les léguerons en exemple à nos contemporains et à la postérité, nous vous placerons dans le grand martyrologe de ceux qui ont vêcu et qui sont morts pour la liberté, et nous serons heureux et fiers d'avoir pressé votre main, qui sera bientôt celle d'un justicier des tyrans. Vous n'êtes pas le premier que j'ai connu, citoyen, les trois malheureux sergents de Larochelle, ces courageux martyrs, étaient mes amis, c'est moi qui les ai initiés aux mystères de la charbonnerie, c'est moi qui ai reçu leurs serments de dévouement et de fidélité à la République, de haîne à la royauté et à la tyrannie, c'est à moi encore qu'ils ont fait leur dernier adieu dans leur cachot, où je suis allé les visiter plusieurs fois sans avoir pu les sauver, et je les ai suivis jusqu'au pied de l'échafaud où j'étais le jour de leur exécution, et où j'ai vu rouler leurs têtes et couler leur sang à flot. En disant ces dernières paroles, la physionomie grave et chagrine de l'ancien membre du Gouvernement-provisoire était devenue d'une tristesse navrante, deux larmes comprimées humectaient ses paupières. Le citoyen Eugène Süe, lui aussi faisait de grands efforts pour surmonter son émotion.

— Mon ami, dit ce dernier à l'Italien, l'acte que vous allez accomplir, est humain et généreux, tuer un tyran est non-seulement la plus grande et la plus héroïque action que puisse faire un homme de cœur, mais encore la plus généreuse et la plus utile ; ayez donc confiance et espoir, vous réussirez certainement dans cette grande entreprise ; mais quoiqu'il arrive, la liberté inscrira votre nom en lettres d'or dans son livre immortel. Le plus bel usage qu'un citoyen digne de ce nom puisse faire de la vie, ce bien précieux, c'est de la sacrifier pour la délivrance de ses semblables en frappant les oppresseurs des peuples.

Sacrovir Lebren contemplait avec admiration cet homme courageux, ce républicain dévoué jusqu'au sacrifice.

— Vous êtes bien heureux, citoyen, de pouvoir risquer votre vie pour la liberté, et si vous succombez, un jour d'autres vous vengeront en imitant votre grand exemple.

— L'Italien, avec le stoïcisme d'un héros antique, répondit simplement :

— Je ferai mon devoir jusqu'au bout, et je serai heureux de mourir pour la liberté.

— Cornélia contemplait cette scène avec un sang froid et une impassibilité apparente. Son regard était brillant et d'une fixité effrayante, ses sourcils froncés, son front courroucé, ses lèvres crispées, et son visage d'une grande pâleur trahissaient malgré elle les anxiétés de son âme.

— Quand donc, dit-elle, les hommes généreux ne seront-ils plus obligés de risquer leur vie pour le salut de leurs semblables, quand donc disparaîtront les misérables scélérats qui oppriment les peuples, qui leur ravissent leur or, leur honneur, leur sang, leur liberté; qui les tiennent courbés sous leur joug de fer et sous leur despotisme odieux et honteux, dans l'ignorance, la superstition, la misère et l'esclavage? N'y a-t-il pas assez longtemps que durent ces affreuses saturnales de peuples à la gêne et de tyrans dans l'orgie? Sardanapale, Tibère, Néron et Napoléon, n'ont-ils pas assez opprimé, massacré et régné? Cette orgie romaine, qu'on renouvelle aujourd'hui en plein dix-neuvième siècle, n'a-t-elle pas assez durée? n'a-t-on pas bientôt de trop des hommes Providence, des pasteurs de peuples, des Sauveurs et des Messies qui sèment partout le désordre, la ruine, la misère, la désolation et le massacre; qui n'engendrent que servitude, esclavage et tyrannie? Les peuples sont-ils donc condamnés au bagne éternel de la royauté, de l'Empire et de la papauté? sont-ils rivés à ces institutions fatales, comme des forçats à leurs boulets, doivent-ils irrévocablement et irrémissiblement souffrir et gémir sous les gardes chiourmes providentiels?

N'est-il pas temps qu'exploiteurs, nobles, prêtres et princes, toute la vermine et toute la lèpre sociale, qui rongent et dévorent l'humanité, disparaissent, pour faire place aux travailleurs et aux producteurs, les seuls utiles et les seuls nécessaires?

J'ai fait, depuis longtemps déjà, le serment d'Annibal contre notre infâme ordre social, basé sur l'exploitation, la misère, l'ignorance, l'iniquité et la tyrannie. Puisqu'on a aujourd'hui déclaré la guerre au droit, violé toutes les notions de justice, foulé aux pieds tout ce qu'il y a d'honorable et de respectable, eh bien! je renouvelle mon serment de haîne et de vengeance contre notre société; je consacrerai à la détruire, à la briser tout ce qui me reste de forces, de courage et de vie; je n'aurai ni repos ni trève jusqu'à ce qu'il ne reste plus trace de ce qui existe aujourd'hui, plus pierre sur pierre du monument d'infamies et d'iniquités, qu'on a décoré du beau nom d'ordre social, et qui n'est que le désordre organisé par la fraude, le vol, l'exploitation, la force brutale et la tyrannie, en faveur du plus petit nombre, des improductifs, des fainéants, des nuisibles et des infâmes, contre la majorité, composée des travailleurs, les seuls utiles et honnêtes. Le plus beau jour de ma vie sera celui où je verrai voler en éclats, sauter et sombrer cette monstruosité sociale qu'on nomme la civilisation et où il n'en restera plus trace. Et puisque l'on a organisé aujourd'hui l'assassinat des républiques et des peuples, je ferai tuer les assassins. La vieille loi du talion me servira pour l'extermination des monstres. Dent pour dent, œil pour œil, sang pour sang, qui se sert de l'épée périra par l'épée, c'est là la vieille loi qu'on nous force d'appliquer une dernière fois. Puisque l'on a voulu la guerre, on aura la guerre, mais guerre d'extermination, guerre perpétuelle, continuelle, sans trève, sans pitié, sans merci ; dans cette guerre acharnée la victoire définitive n'est pas douteuse, elle sera pour ceux qui combattent pour la cause de la justice et du droit.

Ainsi donc, citoyens, bientôt la lutte va recommencer, mon compagnon et moi, nous allons frapper le premier coup qui, nous l'espérons, sera terrible, préparez-vous à en profiter.

— Nous serons prêts, répondit le citoyen Flocon, hâtez-vous et frappez fort.

— Vous pouvez compter sur nous, car nous ne faillirons pas à notre mission, répondit l'Italien.

Le lendemain de l'entrevue que nous venons de raconter, Cornélia et son compagnon partaient pour Londres, où leurs amis les attendaient.

IX.

Le Grand-Père et l'aventurière.

Comme nous l'avons dit, après les scènes scandaleuses du Casino et du Chalet d'Aix-les-Bains, la Femme proscrite, dont la vie n'était plus guère possible au milieu de cette petite ville d'eaux, où elle s'était si grandement compromise, s'en fut habiter Genève, qu'elle choisit pour théâtre de ses nouveaux exploits.

Son salon devint naturellement le rendez-vous du parti, dit radical, Mr. J...., un des chefs de ce parti; Mr. Tourte; un illustre accusateur public; un célèbre docteur, bien connu pour ses soulographies; un policier émérite, buveur d'absinthe; un poète lourd, nauséabond, grotesque et vile; un général hongrois, illustré par le télégraphe, et toute la haute pègre du radicalisme hantèrent naturellement les soirées, les petits soupers et l'alcove de la belle dame.

Le premier de ces personnages, Mr. J..., est un des plus célèbres acrobates politiques des temps modernes, il débuta dans la carrière vers 1830, rédigea plusieurs de ces feuilles éphémères, qui vivent ce que vivent les roses: l'espace d'un matin. Comme ce n'étaient pas les convictions qui le gênaient dans sa rédaction, il imagina d'introduire dans le journalisme la doctrine facile, pratiquée avec tant de cynisme dans le barreau, et qui consiste à plaider le vrai et le faux avec un égal succès; il publia un journal sous ce titre: *Le Pour et le Contre*, dans lequel il défendit avec la même plume la République et la royauté, l'opposition et le ministère. Cette nouvelle méthode de journalisme, qui ne manquait cependant pas d'originalité, eut peu de succès, et le public ne trouva pas de son goût cette façon un peu leste de prostituer sa plume. Mais comme en 1830 l'opinion publique tournait décidément au libéralisme révolutionnaire, M. J.... crut le moment propice pour tourner franchement sa voile politique du côté où soufflait le vent, il signa la protestation des journalistes et se mit dès lors à exploiter sur une grande échelle l'opinion nouvelle, pour laquelle il se prononça carrément. Ses débuts ne furent pas heureux, il s'attira tout d'abord un procès et une condamnation, et, comme il n'était pas un puritain, il demanda sa grâce au roi; Louis Philippe, qui était un homme d'esprit et qui connaissait à fond son prisonnier, s'empressa de le mettre en liberté et de l'expulser.

— Je me débarasse ainsi d'un fier mauvais sujet, dit-il, et je fais un bien triste cadeau à la Suisse.

Le monarque constitutionnel disait vrai, et l'avenir n'a que trop justifié ses prévisions. Dès qu'il fut de retour dans sa patrie, le rédacteur du *Pour et du Contre* se mêla activement à toutes les intrigues politiques qui pouvaient servir son intérêt et sa vanité ambitieuse et besogneuse; il publia un journal et entonna le grand air du radicalisme égoïste et sans principes, qui selon lui devait conduire le peuple genevois à la prospérité et au bonheur.

Après avoir bien crié et soufflé la tempête pendant de nombreuses années, lorsqu'éclata la Révolution, en 1846, notre héros qui ne brillait pas par son courage, se cacha dans sa cave; c'est dans ce frais et sombre asile, à l'abrit des regards du profane et des coups de l'ennemi, que le grand chef du radicalisme s'en fut méditer sur les dangers des révolutions.

Lorsque ses partisans vinrent le trouver dans son humide refuge et l'exhorter à venir se mettre à leur tête, il leur répondit avec son aplomb ordinaire:

— Vous savez, mes amis, combien je suis

dévoué à notre grande cause radicale, avec quelle ardeur je travaille depuis longtemps à son triomphe, et que j'ai tout sacrifié pour elle, mais vous n'ignorez pas non plus, combien mes habitudes de travail et de recueillement, m'éloignent du bruit et du tumulte de la place publique; j'accepterais avec bonheur, avec reconnaissance l'honneur que vous voulez me faire en me mettant à votre tête, je vous en remercie mille fois, mais permettez, moi de refuser, cette fois ma modestie aurait trop à souffrir de ce rôle important. Croyez-moi, dans votre intérêt, comme dans le mien, et surtout dans celui de notre cause, il est préférable que je reste ici, dans l'obscurité pour vous inspirer, pour vous diriger et pour conduire notre œuvre à bien. Il y a des hommes, faits pour l'action comme vous, mes amis, il y en a d'autres au contraire créés pour l'inspiration, la direction, comme moi. Remplissons chacun notre rôle avec dévouement; continuez de combattre avec courage, et moi je méditerai ici sur les grandes destinées qui attendent le radicalisme, je préparerais les plans et les vastes conceptions qui doivent perpétuer son triomphe, lorsque la lutte sera terminée. Si en attendant vous avez besoin de mes conseils, venez me trouver, ils ne vous feront jamais défaut, vous savez combien je vous suis dévoué. Allez, mes amis, continuez à vous battre en lions du faubourg Saint-Gervais, je ne vous retiens plus, et d'un geste éloquent et inspiré il leur montra la porte de sa cave, qui selon lui, ouvrait sur le chemin de l'honneur et de la gloire.

— Ce cher J.... est toujours facétieux, dit un jeune radical à la figure joviale. il aime à plaisanter, mais nous savons tous qu'il ne nous laissera pas nous en aller sans lui.

— Si, mes amis, croyez-moi, n'insistez pas davantage pour que je vous accompagne, comme je vous l'ai dit, la lutte à mains armées ne me convient pas, mes opinions religieuses et mes principes philosophiques y sont opposés.

— Décidément, citoyen, vous poussez un peu loin la plaisanterie, répondit l'interlocuteur de M. J...., vous pensez sans doute que nous ignorons la manière héroïque dont vous nous êtes conduit en 1830, pendant les trois glorieuses journées de juillet, et vous ne vous souvenez pas que vous nous avez raconté vingt fois avec quel courage vous avez marché à la tête du peuple contre les Tuileries et le Palais-royal,

„Bravant le fer, le feu des bataillons."

C'est vrai, mes amis, mais il y a déjà longtemps de cela, et depuis mes opinions philosophiques et politiques se sont formées, muries, rassies et modifiées ; aujourd'hui, j'ai horreur de la guerre. je ne pourrai résister à son horrible spectacle, il m'est de toute impossibilité d'obtempérer à votre désir et de me mettre à votre tête.

— Allons, assez blagué comme cela, et pas tant de cérémonies, que vous le vouliez ou non, vous allez marcher avec nous, citoyen, quand on a poussé les gens au combat et à l'insurrection, on se met à leur tête, et si vous ne le faites pas de bonne volonté, je vous le ferai bien faire de force, dit un vieux carabinier à la moustache blanche, noircie de poudre.

— Mais, citoyen, vous ne pensez pas à ce que vous dites, et je suis persuadé que vous ne me forcerez pas à marcher contre mon gré, et que vous n'oserez pas employer la violence contre moi, car alors je protesterai.

— Allons, protestez et que cela finisse, répondit le vieux grognard, nous n'avons pas de temps à perdre ici, empoignez-moi le citoyen F...., et s'il ne veut pas marcher de bonne volonté, employez la force.

Ce qui fut dit fut fait immédiatement, et le grand citoyen F.... fut obligé de marcher entre quatre insurgés qui, la bayonnette au bout du fusil, le conduisirent au poste de la rue de Cornavin, où transi de peur et la main aux oreilles, il resta caché et gardé à vue dans une chambre de derrière, jusqu'au triomphe du peuple.

Quand une fois la victoire fut complète, quand

les troupes ennemies eurent battu en retraite et que le gouvernement conservateur fut renversé, le fameux J.... se posa en héros, monta triomphalement à l'hôtel-de-ville, à la tête du peuple victorieux et ne manqua pas de s'emparer des meilleures positions, qu'il a eu le talent de conserver jusqu'à l'époque où se passent les faits que nous racontons. Il était encore alors membre du Conseil d'État.

M. le conseiller J...., quoique le plus vieux des adorateurs de Madame de S...., se montrait un des plus assidus et des plus empressés.

Comme les échos du Casino d'Aix, répercutés par la presse, avaient apporté jusque dans la puritaine cité de Calvin les bruits des scandales et des aventures galantes dont Madame de S.... était l'héroïne, M. J.... se constitua naturellement le défenseur officieux de la belle fugitive, espérant ainsi faire agréer plus facilement ses hommages, et surtout faire oublier ses soixante-cinq ans; à cette époque les *fidèles* de M. J.... ne l'appelaient plus que le *Grand-Père*, ou le *Grand-Citoyen*.

Donc, le Grand-Père s'en allait colportant partout les éloges les plus pompeux de la galante Maria de S.... Selon lui, c'était un modéle d'intelligence, de vertu, de talent, de cœur, de dévouement, une femme sans pareille; quant à ce que l'on racontait d'elle, c'étaient de pures calomnies inventées par les imbéciles, les envieux, les *méchants désintéressés,* la pire espèce de toutes, qui s'envont imaginant, répétant, colportant les plus odieuses, les plus absurdes inventions contre une *noble* jeune femme, digne au contraire de l'estime des honnêtes gens et de la sympathie des gens de cœur. Et, en rusé compère, afin de dépister adroitement les soupçons, qui commençaient à plâner sur la Cousine d'une Espagnole, au sujet du rôle infâme qu'elle jouait en exil, il avait le soin de dire que tous ces propos, prétendus calomnieux, émanaient de la police impériale. C'était là une façon ingénieuse d'oter à ces accusations tout caractère sérieux et véridique, et de représenter celle qui en était l'objet comme une ennemie du gouvernement impérial en butte à ses diffamations.

La plus grande intimité s'établit bientôt entre celui que l'on nommait le Grand-Père et celle que plusieurs journaux avaient qualifiée d'*aventurière perdue de dettes et de réputation.* Au bout de quelque temps, pensant sans doute qu'on avait oublié, à Genève, le mauvais effet produit par la divulgation de la vie scandaleuse de sa jeune protégée à Aix-les-Bains, M. J.... s'avisa de la conduire dans un bal de société, qui avait lieu dans les salons de l'hôtel des Bergues.

Madame la comtesse vint à ce bal, ainsi que c'était son habitude, dans une de ces toilettes excentriques, tapageuses et décolletées, comme elle en portait chaque fois qu'elle allait en soirée.

Cette nuit là, elle s'était surpassée pour ses débuts à Genève; elle avait une robe de dentelle de points d'Alençon colletant à peine au-dessus de la ceinture, laissant les épaules, les bras et même la poitrine complétement découverts; ses cheveux nattés étaient entremêlés de perles fines; un superbe solitaire brillait, comme une escarboucle au milieu de son front et une rivière de diamants scintillait autour de son cou. Sa robe était si légère et si claire qu'on apercevait au travers sa peau fine légèrement teintée de rose. Cette toilette transparente et vaporeuse lui donnait un attrait infini. Quand elle fit son apparition ainsi costumée et avec une belle parure de fleurs sur ses cheveux, tous les regards la dévorèrent, des murmures d'admiration chez les hommes, de dédain et de mépris chez les femmes l'accueillirent, son nom courut de bouche en bouche, les danses cessèrent. Madame de S.... soutint cet accueil avec un front d'airain et, sans se déconcerter ni se décontenancer, elle s'en alla prendre place pour le quadrille. Mais, au bout de quelques minutes, elle s'aperçut que la salle se vidait peu à peu; et, en effet, au bout d'un instant toutes les dames et toutes les demoiselles disparurent. Il n'y eut bientôt plus d'autres femmes au bal que Maria de S..., ses deux amies: Madame de L.... et la comtesse de M...., leurs cavaliers, M. le comte de P...., M. J..., leurs amis et quelques jeunes gens. Force fut alors à cette belle dame, à ses deux amies et à ses chevaliers servants de quitter le bal, qui se termina faute de danseuses. Madame de S...., très-humiliée s'enveloppa dans sa grande hermine, remonta dans sa voiture et regagna son hôtel d'un air de dépit.

Lorsque Mr. de P.... se fut retiré dans son appartement, et que Madame de S.... fut seule avec M. J..., celle-ci donna un libre cours à sa colère et s'en prit au Grand-Père de la mystification qu'elle venait d'éprouver.

— Savez-vous, Monsieur, que vos compatriotes sont de fameuses pies-grièches, qu'elles se sont conduites envers moi avec un grand sans gêne et une grossière inconvenance? Quoi, une grande dame, comme moi, fait l'honneur de venir danser avec elles, à toutes ces petites bourgeoises, à ces boutiquières, à ces horlogères et à ces bijoutières. toutes femmes de peu, parvenues de basse extraction, maniérées, guindées et empesées; et ces précieuses ridicules, prennent leurs grands airs pudibonds, affichent une pruderie déplacée, se sauvent à mon arrivée comme si j'étais atteinte de la peste ou de toute autre maladie contagieuse. Cette conduite de leur part est impardonnable, et c'est à vous, Monsieur, que je dois cet affront sanglant.

c'est vous qui m'avez conduite chez ces prudes ridicules, revêches et acariâtres et qui m'avez fait recevoir cet outrage humiliant. Vous auriez dû me prévenir, je serais allé chez elles en robe noire montante, en voile, en capuchon, et peut-être m'eussent-elles fait alors un meilleur accueil. Dans tous les cas je jure bien de ne jamais remettre les pieds chez ces mijaurées.

En proférant toutes ces plaintes, Madame de S.... était furieuse, elle avait ses nerfs et menaçait de tout briser.

Monsieur J.... voulut la calmer, la consoler; il chercha même à l'attendrir et à donner à son tête à-tête une tournure beaucoup plus intime; mais mal lui en prit. La dame qui est une véritable tigresse, une lionne furieuse quand elle est en colère, entra dans un accès de rage violent, déchira en morceaux sa superbe toilette, et jonсha le parquet des lambeaux de sa robe magnifique; ses colliers de diamants, ses tresses de perles, ses riches bracelets de pierres précieuses furent brisés par elle, foulés aux pieds. Après s'être ainsi denudée devant son adorateur épouvanté, elle se jeta frémissante de rage sur son lit, les lèvres couvertes d'écume, les yeux hagards hors de leurs orbites, en se tordant les bras et en se déchirant la peau avec ses ongles roses devenus violets.

A ce spectacle effrayant le Grand-Père, malgré

la beauté plastique de l'admirable échevelée, oublia vite son amour et sentit s'éteindre ses désirs; il eut peur de cette femme, qu'il prit pour une folle furieuse; il sonna les domestiques, leur dit d'aller à son aide, de lui donner les soins qu'exigeait son état prit son chapeau et sa canne. et s'enfuit rapidement.

Le lendemain, il n'était bruit à Genève que de la nouvelle équipée de la belle aventurière. Il y eut même un journal qui eut l'indiscrétion de raconter la chose en y ajoutant quelques réflexions malsonnantes pour la princesse. Les chevaliers servants de la dame, comme le héros de Cervantes, n'entendaient pas la plaisanterie, lorsqu'il s'agissait de la réputation de leur Dulcinée, ils demandèrent raison au rédacteur-en-chef de la feuille malencontreuse. Ce fut M. le comte de P...., l'entreteneur en chef de l'aventurière, qui se battit avec le journaliste irrespectueux.

Ces messieurs, qui s'étaient donné rendez-vous, se rencontrèrent à deux lieues de Genève, au pied du Mont-Salève, sur le territoire de la Savoie; le pistolet fut choisi pour arme de combat, les adversaires, les yeux bandés furent placés à quinze pas l'un de l'autre en se faisant face et armés de leurs pistolets chargés qu'ils tenaient en l'air; il fut convenu qu'au premier coup que leurs témoins frapperaient dans leurs mains ils feraient demi-tour à droite, qu'au second coup ils abaisseraient leurs armes et qu'au troisième ils tireraient. Cette recommandation fut exécutée ponctuellement, et quand les deux combattants firent feux ils se tournaient complètement le dos, de sorte que pour s'atteindre, à supposer que leurs armes eussent été dans une direction convenable, il aurait fallu que leurs projectiles se croisassent aux antipodes, fissent le tour complet du globe et revinsent auprès d'eux. Ce sont là des garanties contre les dangers du duel au pistolet et contre la maladresse des tireurs que nous recommandons à tous ceux qui auront des affaires d'honneur.

Le soir du combat *singulier* de son sigisbée, Madame de S..., étincelante et parée, rayonnante de plaisir et de satisfaction, fit son entrée triomphale dans une loge d'avant scène du théâtre de Genève avec un éclat inaccoutumé, au moment où la primadonna chantait son grand morceau. Le bruit que fit la belle Maria en causant et en riant avec une demi douzaine de Don Quichotte, qui l'accompagnaient interrompit la représentation qui fut un instant suspendue.

Les gamins du paradis, pour punir l'inconvenance de la nouvelle venue, lui firent un pied de nez et lui jetèrent des pommes cuites en lui criant: A bas le lorgnon, à bas l'aventurière!

Mais ces cris et ces injures ne déconcertèrent

nullement Madame de S..., qui braqua sur eux sa jumelle en bravant leurs cris et leurs projectiles. Quand elle eut ainsi fait suffisamment preuve d'audace et qu'elle fut satisfaite du tumulte qu'elle venait de causer, la comtesse s'étendit nonchalemment sur un sofa et donna sa main à baiser à un grand imberbe, blond-filasse, dont les cheveux, frisés comme des chandelles, encadraient d'une manière très-comique une longue figure de papier-mâché, sortant d'un grand col jaune empesé, qui lui poignardait les oreilles. Ce monsieur, grand, maigre et raide, ne ressemblait pas mal au Chevalier de la triste figure ou à Bertrand dans *l'Auberge des Adrets*. Il tendit son long cou, allongea son museau disgracieux, et déposa un baiser glacé sur la main gantée de la belle, pendant que les héros du duel, réconciliés après le combat, posaient en matamores devant la galerie, une main sur la hanche et en se frisant de l'autre la moustache d'une manière conquérante.

Ce soir là Madame de S.... eut un beau succès: elle enchaîna à son char triomphal l'imprudent journaliste qui avait osé la critiquer, et, pour le récompenser de sa miraculeuse, conversion elle lui accorda l'heureux privilége de passer le restant de la nuit avec elle, et le lendemain, quand il la quitta, il en était tellement enthousiasmé, qu'il publia dans son journal un article des plus élogieux en sa faveur en disant qu'il avait été induit en erreur sur son compte; qu'il le regrettait beaucoup, qu'elle était une personne charmante, délicieuse, dont la tendre intimité lui avait causé le plus grand bonheur; des éloges tels, en un mot, qu'ils en étaient compromettants, et que, pour tout autre que pour cette dame, une critique eut été préférable, Mais l'encens, quelque grossier qu'il fut, était toujours très-agréable à la comtesse trop compromise pour pouvoir l'être davantage quoiqu'on dise d'elle.

X.

L'Empoisonnement.

Le Grand-Père avait autrefois connu à Paris le célèbre auteur des *Mystères-du-Peuple*, aussi dès qu'il apprit que ce dernier était à Genéve, il s'empressa de renouveler ses relations avec lui en lui faisant une visite.

Eugène Süe accueillit naturellement avec bienveillance son ancien compagnon de plaisirs, qu'il avait fréquenté dans sa jeunesse lorsque, plus que millionnaire, il avait au tour de lui une meute empressée de suivants; camarades de la prospérité, amis des soirées de garçon et des petits soupers, dont M. J.... faisait partie. Les deux anciens compagnons de plaisir, en se retrouvant, après quinze ans de séparation, se rappelèrent tous les deux avec bonheur le temps passsé joyeusement et les gentils souvenirs de jeunesse, toujours chers et toujours riants. Le Grand-Père invita à dîner son ancien camarade parisien, et celui-ci accepta sans se faire prier.

Le dîner eut lieu rue du Mont-blanc, dans un splendide hôtel, plusieurs collégues de l'homme d'État genevois assistèrent à ce repas, auquel la comtesse de S.... avait aussi été invitée. Cette belle dame, placée auprès de l'illustre romancier, renouvela envers lui toutes les coquetteries qu'elle lui avait déjà prodiguées à Annecy et à Aix-les-Bains.

Le repas fut plein de gaieté et d'entrain, le grand citoyen et la charmante comtesse donnaient l'exemple de la joie et des gais propos, auxquels le citoyen Eugène Süe s'abandonnait avec toute la joyeuse facilité de sa nature expansive. Le soir, lorsqu'il rentra à son hôtel, il se sentit atteint d'une affreuse migraine et fut fortement indisposé toute la nuit; conme le lendemain matin il était encore très fatigué, il se décida à quitter Genève et à retourner à Annecy, pensant que l'air, la vue de la campagne, et surtout la reprise de son existence régulière et rangée, partagée entre la promenade et le travail, faciliteraient son rétablissement; mais malheureusement il n'en fut rien, loin de diminuer, le mal s'agrava à son arrivée à Annecy; le malade souffrait d'une névralgie, le lendemain il eut une fièvre intermittente, qui céda un instant à une énergique médication, et qui fut suivie d'un mieux sensible pendant deux jours.

Il en profita pour aller faire une promenade sur le lac d'Annecy avec son fidèle guide Ravio.

Le soir, lorsqu'il revint, Eugène Süe trouva la comtesse de S.... qui l'attendait chez lui; cette dame était, disait-elle. venue exprès de Genève pour s'informer de l'État de sa santé, lorsqu'elle apprit qu'il avait fait une promenade assez longue sur le lac, elle lui fit d'affectueux reproches.

— Vous avez eu tort, lui dit-elle, d'aller vous fatiguer ainsi, et vous pourriez bien vous être préparé une rechute.

— Je vous assure, Madame, que cette promenade m'a au contraire fait beaucoup de bien et que je me trouve mieux ce soir. Les senteurs parfumées de la rive, l'odeur balsamique des plantes des Alpes, la douce fraîcheur des bords du lac, la vue du spectacle grandiose qui s'étalait devant moi, le recueillement que j'éprouvais en face de la nature imposante et sublime, qui m'environnait pendant que je me berçais doucement dans ma barque, balancée mollement par les ondulations régulières du lac, m'ont fait grand bien, ont calmé mes sens, reposé mon esprit, rasséréné mon cœur, m'ont causé un mieux considérable, et je vous avouerai même que le grand air a aiguisé mon appétit et que je souperais volontiers; vous seriez bien aimable si vous vouliez me tenir compagnie et partager mon repas de solitaire.

— J'accepterai volontiers sans cérémonie, mais à une condition.

— Laquelle?

— C'est que vous ne me refuserez pas d'excellentes compotes et quelques bouteilles de vieux bordeaux que j'ai apportées dans ma voiture à votre intention.

— J'accède à vos désirs, belle dame, envoyez chercher les bonnes choses que vous me destinez, pendant que Jean va nous faire préparer à souper.

Bientôt Madame de S.... et Eugène Süe se mirent à table, la première fit boire les deux tiers d'un des flacons de bordeaux qu'elle avait apportés à son hôte, quand à elle, prétextant adroitement d'une enflammation d'estomac, dont elle disait souffrir, elle ne but que de l'eau; et elle eut aussi la délicate attention de prodiguer un pot de ses compotes à son hôte, qui en mangea beaucoup, tandis qu'elle ne le toucha que du bout des lèvres.

Le lendemain matin Eugène Süe fut très-mal, la fièvre était revenue, les maux de têtes avaient reparu très-violents, accompagnés de fréquents accès de vomissements; bientôt le malade fut en proie au délire, et quand arriva le docteur Maunoir, habile médecin de Genève, Eugène Süe était déjà à la dernière extrémité, et le célèbre praticien déclara que tout espoir de guérison était perdu.

Dans ses rares instants de lucidité le malade se plaignait de douleurs très-aigues à l'hypocondre gauche, et ce fut inutilement que le médecin fit appliquer dix-huit sangsues dans la région de la rate, les douleurs abdominales augmentaient toujours, ainsi que le délire et les accès de vomissements; une soif ardente dévorait le malheureux agonisant qui, chaque fois qu'il le pouvait, demandait à boire.

Enfin, trois jours après le souper qu'il avait fait avec Madame de S...., Eugène Süe mourut dans d'atroces douleurs avec tous les symptomes d'un empoisonnement. Malheureusement aucune précaution ne fut prise pour constater ce dernier; l'autopsie du défunt ne fut pas faite, les médecins, ses amis, faisant partie de la proscription et habitant Genève, étaient absents et ne furent informés que trop tard du malheur arrivé au grand écrivain.

Mais l'opinion publique ne se trompa pas sur la cause secrète de la mort prématurée de l'auteur de la *France sous l'Empire*, tout le monde l'attribua à un empoisonnement, et les soupçons tombèrent tout naturellement sur la femme avec laquelle il avait soupé trois jours avant son décès; car personne n'ignorait, surtout à Chambéry, à Annecy, à Aix-les-Bains et à Genève, le rôle odieux que cette dame jouait à l'étranger; elle était signalée par tous comme un agent secret du gouvernement impérial. Tous ceux qui la connaissaient voyaient en elle le bourreau, l'assassin, l'empoisonneuse du grand écrivain. Le célèbre Raspail ne l'a pas caché, il l'a dit ouvertement dans un de ses ouvrages de médecine. Pas un, de ceux qui connaissaient Eugène Süe, ne crut à sa mort naturelle; tous soupçonnèrent un empoisonnement. Nous-même, qui avions vu le grand écrivain un mois avant sa mort très-bien portant, nous n'avions jamais soupçonné que sa fin était si prochaine. Nous avons beaucoup regretté que ses amis, qui assistèrent sa à fin prématurée, surtout le colonel Charas, qui reçut son dernier soupir, n'eussent pas fait faire l'autopsie de son corps afin de constater avec certitude quelle était la cause de sa mort imprévue.

Nous aurions certainement insisté pour que l'autopsie fut faite, si nous avions pu nous rendre à Annecy lors de la mort d'Eugène Süe, mais malheureusement nous étions nous-même dans un état de souffrance des plus grave; une maladie imprévue et extraordinaire nous avait atteint subitement au moment où nous y songions le moins; après avoir soupé très-sobrement avec un de nos amis et sa famille. Le docteur de Nolhac qui nous a soigné ne comprit absolument rien à la cause du mal dont nous souffrions. Ce ne fut qu'au bout de trois semaines qu'il parvint à nous guérir, à force de soins, de précautions et de médicaments. Lorsque nous fûmes rétabli, l'auteur des *Mystères-du-Peuple* était mort de depuis plusieurs semaines. On comprendra facilement la douleur profonde que nous éprouvâmes à la nouvelle de la perte de cet excellent citoyen, auquel nous ne pûmes dire adieu et qu'il nous fut impossible d'accompagner à sa dernière demeure.

La mort d'Eugène Süe fut un véritable deuil public pour les habitants de la petite ville d'Annecy et des environs, car tous l'aimaient, l'estimaient et l'admiraient; et, malgré les persécutions et les tracasseries de la police, dès cinq heures du matin, le jour de son enterrement, une foule considérable, plus de trois ou quatre mille personnes, entouraient la maison mortuaire et stationnaient dans l'allée d'Albigny qui y conduit; un grand nombre d'entre elles avaient même passé la nuit à veiller dans la crainte qu'on enleva le corps de celui qu'elles aimaient, et beaucoup de proscrits étaient venus de Genève et de Chambéry pour rendre les derniers devoirs à leur illustre collégue.

La police locale comme toutes ses pareilles se montra mesquine et tracassière. Elle ne voulut pas accorder l'autorisation, que l'on avait sollicitée, d'inhumer l'illustre exilé au haut de la montagne, située derrière sa maison des *Barettes*, et où il avait témoigné le desir d'être enterré; l'autorité supérieure désigna le cimetière des protestants comme lieu de sépulture et ordonna que le service funèbre eut lieu à 6 heures du matin, contre tous les usages reçus, afin sans doute de diminuer le nombre des assistants. Mais, comme nous l'avons dit, plusieurs milliers de Savoisiens et une grande quantité de proscrits attendaient. quelques uns même depuis la veille, le convoi funèbre, pour rendre les derniers devoirs à celui qu'ils aimaient et qu'ils pleuraient.

Eugène Süe avait avant de mourir exprimé au colonel Charras le desir d'être enterré comme il avait vêcu, en libre penseur, sa volonté suprème fut scrupuleusement observée, il n'y avait à son convoi funébre ni prêtre, ni ministre d'aucun culte, ni emblême d'aucune religion. C'était l'enterrement d'un républicain, socialiste, rationaliste, conduit par des citoyens à sa dernière demeure, la foule silencieuse et recueillie suivait chapeau bas, les larmes dans les yeux, la dépouille mortelle de ce grand homme de bien, qui fut un ami de l'humanité, un apôtre de justice, qui consacra tout son beau talent, à l'instruction du peuple, tout son génie à la défense de la cause des prolétaires, des deshérités, et qui flétrit d'une façon indélibile leurs abrutisseurs et leurs oppresseurs, qni les signala au mépris public et à l'exécration universelle, et qui dénonça leurs manœuvres odieuses et leur conduite criminelle.

Arrivé au cimetière, le corps de l'écrivain populaire fut descendu dans sa fosse, mais pas un proscrit ne prit la parole pour lui dire un dernier adieu, la police avait, disait-on, défendu de prononcer l'oraison funèbre du défunt et il ne se trouva parmi les réfugiés personne pour enfreindre cet ordre arbitraire, pour le braver et pour faire l'éloge de ce grand mort; pour parler de ses qualités, de son talent, de ses vertus, de ses travaux, de ses œuvres colossales, de son dévouement, de sa résignation, de son courage, de son amour profond pour le peuple, des immenses services qu'il avait rendus, de ses souffrances, de son martyre et de sa mort. Tous ses concitoyens et ses collègues en proscription, ayant le colonel Charras à leur tête, restèrent muets sur le bord de sa tombe. Il se trouva cependant, parmi les nombreux Savoisiens qui l'avaient accompagné, un avocat de Chambéry qui rompit ce triste silence et qui prononça quelques paroles. Ce furent les seuls adieux faits à cette grande victime, à cet illustre martyr.

Les nombreux assistants, qui l'avaient accompagné à sa dernière demeure, se retirèrent profondément attristés devanf cette attitude glaciale qui leur serra le cœur.

La Cousine d'une Espagnole, accompagnée du poète P..., assistait à l'enterrement de sa victime avec le front impassible et l'audace inébranlable qui la caractérisaient.

Cette femme éhontée avait suivi dans une voiture armoiriée le convoi funèbre de celui qu'elle avait tué; un vide réprobateur s'était fait instinctivement au tour d'elle, on s'en éloignait comme d'une pestiférée, comme d'une maudite; les honnêtes et simples Savoisiens se la montraient avec horreur en disant: Voilà l'assassin du grand citoyen, c'est elle qui lui a fait prendre le poison dont il est mort, et elle est venue ici accompagner sa victime jusqu'au fond de sa tombe pour bien s'assurer qu'elle ne lui échappera pas, et bientôt, comme Judas, elle recevra le prix du sang du juste. Et tout le monde vouait cette misérable à l'exécration universelle et appelait sur sa tête le châtiment mérité de son crime. Mais, sûre de l'impunité, grâce aux hautes protections dont elle était entourée, elle bravait ces murmures et ces malédictions, elle contemplait d'un œil méprisant cette foule inoffensive et triomphait dans son infâmie en face de la tombe de sa victime.

Il y eut cependant un homme qui ne rougit pas de se montrer en public avec la comtesse de S...., ce fut le poète P..., qui l'accompagna dans sa voiture et qui partagea ce jour là avec elle la réprobation générale.

Tels furent les derniers devoirs rendus au grand romancier, qui a tenu un instant toute l'Europe suspendue à ses pages admirables, qui a captivé tant de lecteurs innombrables par les péripéties émouvantes de ses drames extraordinaires, et qui est venu s'éteindre prématurément dans un coin isolé de la Savoie hospitalière, où il a été inhumé dans la partie réservée aux réprouvés dans un cimetière de village. Et il a été défendu à ses collégues de prononcer une seule parole d'adieu sur sa tombe, la haîne de ceux qui l'ont proscrit, l'a suivi en exil et jusqu'au fond de sa fosse; là ne s'est pas même arrêté leur vengeance; lui mort, ils ont poursuivi les enfants de sa pensée; les *Mystères-du-Peuple*, cette œuvre monumentale, fruit de dix ans de durs labeurs, ont été saisis, condamnés et détruits, leur éditeur et leur imprimeur ont aussi dû subir l'amende et la prison; le ministère public a cependant daigné, attendu la mort de l'auteur pendant l'instance, abandonner les poursuites contre lui; ainsi, grâce à la générosité et à l'humanité du parquet, le gouvernement impérial n'a pas demandé l'extradition d'Eugène Süe mort, il ne l'a pas fait exhumer de sa tombe pour être brûlé et ses cendres jetées aux vents.

Il restera sur la terre d'exil jusqu'au jour du

triomphe de la liberté. La dépouille mortelle du proscrit ne doit pas rentrer dans la France profanée par le despotisme, souillée par le parjure, deshonorée par l'empire. La patrie doit être régénérée, dessouillée pour recevoir les cendres des martyrs.

Une souscription a été ouverte par les amis de l'illustre mort afin d'élever un modeste mausolée sur sa tombe; tous les prolétaires, tous les républicains-démocrates-socialistes s'empressèrent de souscrire pour une faible somme, et l'on eut bientôt réuni ainsi avec l'obole des pauvres plusieurs millers de francs; ce furent les citoyens Etienne Arago et Charras qui se chargèrent de faire construire le monument funèbre; mais il s'écoula plusieurs années sans que ce dernier fut fait, la Savoie était déjà annexée à la France et le mausolée n'était pas encore construit. L'est-il aujourd'hui? — Nous l'ignorons. Mais après tout peu importe; un tertre de gazon sur lequel poussent les blanches paquerettes et les bleus myosotis est bien préférable au lourd socle du monument de pierres. Pourvu qu'au jour du triomphe de la République, pour laquelle Eugène Süe a traveillé ,souffert et vécu, les républicains puissent retrouver la place où gisent ses cendres, afin de les rapporter en triomphe dans la patrie et de les déposer dans le panthéon populaire, c'est tout ce qu'il faudra. La mémoire des amis, des défenseurs et des éducateurs du peuple doit surtout être gravée dans le cœur des citoyens, et Eugène Süe vivra perpétuellement dans le souvenir des prolétaires, dont il a écrit la dramatique légende.

L'auteur des *Mystères-du-Peuple,* cette épopée sublime, restera comme le plus grand romancier socialiste des temps modernes, le plus célèbre vulgarisateur des idées nouvelles, l'historien le plus populaire de la vieille Gaule, l'auteur le plus démocratique et le plus révolutionnaire de notre époque, l'ennemi le plus acharné du trône et de l'autel, et le divulgateur le plus infatigable des trâmes secrètes, des principes pernicieux, des doctrines immorales, des théories perverses, du fanatisme implacable, de la superstition grossière, de l'avidité sordide et de la cruauté froide des jésuites et du clergé. Ce grand écrivain était un des apôtres les plus convaincus des doctrines socialistes qui doivent régénérer le monde par l'émancipation des travailleurs, l'abolition du paupérisme et du prolétariat, et l'extinction de la misère et de l'ignorance.

Eugène Süe a continué l'œuvre de Jean Hus, de Zvingli, de Voltaire de Rousseau et d'Owen ; il a pénétré plus profondément qu'eux encore dans la cause du mal qui dévore l'humanité. Il avait l'amour profond du premier pour le peuple et pour la vérité, il possédait le courage et l'incorruptibilité du second, la haine du catholicisme et la verve philosophique du troisième ; le sentiment démocratique, la délicatesse exquise, la sensibilité native et l'âme aimante du quatrième et les idées du dernier.

Comme ces grands hommes il a semé dans les masses la haine du despotisme clérical et royal, l'amour de la justice et du droit, et il a en-outre enseigné au peuple les moyens pratiques de briser la chaîne de misère, d'ignorance et de despotisme qui pèse sur lui. Il lui a indiqué la source des maux qui le rongent et les remèdes propres à les guérir. Il a passionné pendant vingt ans le monde par la lecture de ses romans socialistes. Ses doctrines, vulgarisées par ses œuvres si populaires et par le théâtre, ont pénétré partout : dans la mansarde de l'ouvrier comme dans cabane du paysan et dans la demeure du riche, elles ont semé partout les germes de rénovation sociale et contribué puissamment à élaborer l'œuvre de transformation que nous voyons s'accomplir aujourd'hui avec succès et qui aura définitivement triomphé demain.

Ce sont les écrits de cet auteur éminent qui ont préparé, en Suisse, la révolution de 1846 faite contre l'oligarchie, et qui ont délivré la partie catholique de ce pays du joug clérical et du Sonderbund jésuitique ; les œuvres d'Eugène Süe ont encore contribué puissamment au grand mouvement révolutionnaire-socialiste qui s'est produit en 1848 et qui, du même coup, faisait disparaître comme par enchantement la papauté et la royauté; ce sont encore les mêmes romans socialistes de l'auteur des *Mystères-de-Paris* qui ont fait germer et éclore, en 1848, ces idées de rénovation sociale et d'émancipation économique, que nous avons vu triompher alors, que depuis la réaction liberticide a étouffées dans le sang du peuple, qui surgissent de nouveau aujourd'hui et qui entrent si profondément dans la pratique.

Ce romancier populaire, que les électeurs républicains du département de la Seine avaient envoyé siéger à l'Assemblée-nationale, ce travailleur infatigable et dévoué qui a écrit, comme nous l'avons dit, la plus belle épopée populaire qui se puisse imaginer sous ce titre: *Les Mystères-du-Peuple*, à laquelle il a consacré dix-ans de sa vie, s'est vu emprisonner et proscrire par les malfaiteurs du deux décembre 1851; il est venu demander asile à la vieille terre des Allobroges afin de continuer son œuvre d'émancipation religieuse, politique et sociale, ce lutteur vaillant, élevé dans toutes les douceurs de luxe et de l'opulence, cet enfant gâté de la fortune, qu'une impératrice et un vice-roi ont tenu sur les fonds batismaux*, a aban-

---

* Eugène Süe a eu pour parrain et marraine Eugène et Joséphine de Beauharnais.

donné, pour le triste exil et le rude labeur de l'écrivain socialiste militant, toutes les douceurs de sa somptueuse existence, il a renoncé volontairement à toutes les faveurs du pouvoir qu'il eut facilement pu conquérir s'il eut voulu arborer son drapeau ou simplement se taire, comme tant d'autres.

Il était venu se recueillir et se tremper plus solidement encore dans la solitude ; sa grande âme était devenue plus stoïque, et il travaillait avec ardeur à son œuvre de régénération sociale, lorsque Madame de S.... vint le trouver et fut son mauvais génie. Cette femme perverse est arrivée à Annecy et ce grand homme courageux, bien portant, plein de sève et de talent, s'est bientôt étiolé, épuisé et éteint sous le regard de basilic de cette femme maudite, chargée de donner la mort à ce génie puissant et redouté, dont la plume effrayait à la fois le clergé et l'empire. Comme les Borgia, certaine famille d'origine italienne a de nos jours des poisons subtils et ceux qui la gênent ou qu'elle redoute ne vivent pas longtemps. On en a déjà eu de nombreux exemples depuis quelques années : Cavaignac, Charras, le Czar Nicolas, etc. sont morts fort à propos pour certaines gens et au moment où on s'y attendait le moins.

Comme eux, Eugène Süe a été frappé par une main mystérieuse, qui a glissé subtilement quelque dangereux poison dans ses aliments ; oui le grand écrivain populaire, le continuateur de l'œuvre de Voltaire, de Rousseau, le romancier socialiste, l'auteur de la *France sous l'Empire* est mort empoisonné; c'est la main gantée d'une jolie femme qui lui a donné le poison fatal. Il a été exécuté à la mode nouvelle, sans bruit, sans pistolet, ni poignard; mais il n'en a pas été frappé moins sûrement, ni moins promptement et son joli assassin secret, qui l'a tué en lui souriant, en lui faisant les yeux les plus doux et les mines les plus gracieuses, a été impérialement récompensé, il a eu parures, diamants et pension sur la cassette particulière.

Et ainsi mourront, comme Eugène Süe, tous les écrivains énergiques et incorruptibles qui oseront attaquer l'autel et le trône et dévoiler les infâmies de Loyola et de César. Ils seront tous les victimes des étouffeurs modernes de la pensée libre et indépendante, des chauffeurs du XIXme siècle, des assassins cléricaux et impériaux, des empoisonneurs patentés, brevetés, décorés et garantis d'impunité par les gouvernements; ils succomberont tous sous les coups des Torquemada des Jean Chatel, des Jacques Clément, des Ravaillac, des André Gérard du deux-décembre et du jésuitisme.

XI.
Mascula Sapho.

Après l'accomplissement du crime abominable que nous venons de raconter et dont l'impunité lui avait été assurée d'avance, la Femme proscrite retourna à Genève pour continuer le cours de ses déportements.

Les exhibitions au bal et au théâtre ne suffisaient pas à notre héroïne, on la rencontrait partout, le jour dans les rues, sur les quais, à la promenade, au jardin Anglais, à l'île Rousseau, à Plain-Palais, on ne pouvait se promener à Genève sans se croiser avec elle. Elle faisait louer une berline chez Koelicker pour sortir en voiture, elle la prenait à l'heure, elle affublait en chasseur un commissionnaire et le faisait asseoir à côté de son cocher, pendant qu'elle se prélassait nonchalamment étendue dans sa calèche, ayant devant elle un King-Charles placé sur une longue fourure blanche mouchetée de noir traînant jusqu'à terre; elle étalait alors ses plus belles toilettes, faisant des mines et de l'œil comme une fille entretenue, brûlant le pavé de Genève, s'arrêtant devant les magasins comme devant autant de stations, se faisant montrer les étalages, pour le seul plaisir de se faire remarquer des promeneurs et des chalands, marchandant tout et n'achetant rien.

D'autres fois elle se promenait à pied, fardée comme une courtisane, enveloppée dans une hermine semblable à la couverture de sa voiture balayant les trottoirs de la traîne immense de sa robe de soie violette, suivie de son caniche à l'attache et d'une vieille duègne qui se tenait respectueusement à distance; de quel côté que l'on aille se promener dans la ville on était toujours sûr de la rencontrer.

Il y avait alors trois femmes costumées de la même façon à Genève et qui vues à une certaine distance se ressemblaient beaucoup. L'une était une fille nommée Ida, nouvellement entretenue par le respectable Grand-Père, l'autre la maîtresse du consul anglais et la troisième la *Femme-proscrite* comme se faisait appeler notre héroïne. Quelle était la plus vertueuse de ces trois grâces? nous l'ignorons, mais dans tous les cas nous pouvons dire avec certitude que ce n'était pas la dernière.

Tous les soirs celle-ci sortait pour faire ce qu'elle appelait des études de mœurs, souvent à la tombée de la nuit, lorsque les promeneurs commençaient à devenir rares, on rencontrait une jeune femme à la démarche furtive, à l'allure suspecte, qui glissait rapidement sur le pont ou le quai des Bergues, faisant quelques signes ou quelques cliguements d'yeux quand un joli garçon ou un beau cavalier passait près d'elle, se retournant plusieurs fois pour s'assurer si elle était suivie et, quand elle en avait acquis la certitude, elle se dirigeait en toute hâte vers une sombre et profonde allée de traverse conduisant à la rue Rousseau. Arrivé là, le cavalier, qui suivait la belle, ne tardait pas à l'accoster et à solliciter d'elle la permission de la reconduire jusque chez elle.

— Très volontiers, monsieur, lui répondait une douce voix, car j'ai bien peur, je n'ose pas traverser seule cette affreuse allée.

L'inconnu offrait son bras, on l'acceptait et, après quelques détours dans les rues désertes et dans les allées tortueuses, dont il existe un si grand nombre à Genève, on arrivait bientôt dans un joli petit appartement, modeste et coquet, meublé avec une simplicité pleine de bon goût.

Le jeune homme était d'abord étonné de voir sa belle aussi bien logée, et il admirait ses manières pleines de distinction et d'élégance, il pensait déjà s'être trompé, et croyait se trouver chez une honnête jeune femme attardée qui n'avait accepté son bras que par crainte de parcourir seule la ville la nuit. Mais néanmoins il se proposait de pousser jusqu'au bout son aventure. A l'instant où il allait adresser la parole à sa gentille promeneuse, celle-ci lui dit:

— J'espère, Monsieur, que vous voudrez bien en récompense du service que vous m'avez rendu accepter sans cérémonie à souper avec moi? et, sans attendre la réponse, elle frappa sur un timbre placé devant elle. Au même instant une gentille soubrette apparut.

— Faites nous servir à souper immédiatement dit la belle inconnue.

— Je vous suis très-obligé de votre gracieuse invitation, répondit le cavalier, mais je ne sais si je dois accepter, car ordinairement, en pareille circonstance, ce n'est pas la dame qui offre à souper.

— Seriez-vous faché, pour une fois, de cette dérogation à la régle générale, quand c'est moi qui la fais, répliqua la dame avec un charmant sourire.

— J'aurai mauvaise grâce de l'être, Madame, aussi j'accepte avec grand plaisir et sans plus de cérémonies.

Le souper fut bientôt servi, et quelques instants après, le beau cavalier et son aimable hôtesse lui firent grand honneur. Le jeune homme fut empréssé et galant, la dame aimable et facile, il n'en fallait pas tant pour que bientôt, le champagne aidant, le tête-à-tête devint des plus intime.

Le lendemain matin, après une nuit de plaisir, le galant cavalier déposa un billet de 100 francs sur la cheminée de sa belle, mais, au moment où il sortait, la soubrette le lui rendit, en lui disant d'un air froissé :

— Voici cent francs que vous avez oubliés sur la cheminée, veuillez les reprendre. Heureusement que ma maîtresse ne les a pas vus, car elle eut été profondément blessée de votre procédé.

— Je n'ai pourtant pas eu l'intention de froisser sa susceptibilité, répondit l'inconnu, et je vous prie, si ma nouvelle proposition n'a rien d'inconvenant, de vouloir bien garder ces 100 francs pour vos épingles.

— Je vous remercie beaucoup, Monsieur, mais il m'est expréssément défendu de rien accepter.

— Eh bien, puisqu'il en est ainsi, je suis bien forcé de garder mon argent; mais, dites moi, votre maîtresse est donc une bien grande dame.

— Ne vous en êtes-vous donc pas aperçu cette nuit? dit la soubrette d'un air malin.

— Si, j'aurais dû m'en douter, à certaines choses, mais aujourd'hui les *filles* sont si avancées qu'elles sont presque aussi fortes que les femmes du plus haut parage, et qu'il est bien difficile de ne pas confondre ces dernières avec elles. Ne pourrai-je pas, avant de vous quitter, savoir le nom de votre belle maîtresse?

— Non, Monsieur, la chose est impossible.

— N'aurai-je pas au moins le plaisir de la revoir ?

— Peut-être, si elle a été contente de vous, si vous êtes discret et si vous tenez scrupuleusement la promesse que vous lui avez faite de ne pas chercher à la connaître et de ne revenir ici que si on ne vous fait appeler, car à la moindre indiscrétion ou à la moindre démarche de votre part pour revoir ou connaître ma maîtresse, vous pouvez être certain qu'elle sera à tout jamais perdue pour vous. Donnez-moi votre nom et votre adresse, et espérez si vous êtes discret et sage.

— Il faut bien faire comme vous voulez, dit le jeune homme en remettant sa carte, et il disparut en poussant un gros soupir.

Au moyen du procédé, de mœurs plus que faciles que nous venons d'indiquer, et du mystérieux petit appartement qu'elle avait loué dans un des quartiers les plus mal famés de la ville, Madame de S.... se passait tous ses nombreux caprices.

Si chaque soir, dévorée par une brûlante ardeur érotique, la Cousine d'une Espagnole, quand elle quitte son élégant hôtel, ne va pas, le sein nu et soutenu par une résille d'or comme Messaline, étaler ses charmes et les offrir à la lubricité, à l'obscénité et à la brutalité des débauchés les plus dégoutants, les plus abjects et les plus crapuleux, dans des bouges infects, sur des grabats repoussants, tout maculés, suintant la débauche, exhalant un acre et nauséabond parfum de virilité et réservés dans la Rome ancienne aux prostituées du plus bas étage. c'est que la Romeprote stante ne posséde pas de ces cloaques immondes, sans cela, la courtisane dépravée dont nous esquissons les mœurs honteuses n'eut pas manqué de les hanter.

Mais elle allait du moins dans des lieux de même nature, servant d'asile brillants et somptueux aux mêmes vices et aux mêmes excès. Si dans les bouges modernes les tapis soyeux, les glaces, les canapés, les lits moëlleux, les beaux candélabres, les bougies parfumées remplacent la lampe fétide et fumeuse, les couches malpropres et puantes des loges de la Rome des Césars, les mœurs de leurs habitués n'en sont pas moins infâmes. La prostitution est toujours la prostitution, l'orgie est toujours l'orgie, et ceux qui s'y livrent n'en sont pas moins méprisables, soit qu'ils se vautrent dans des lieux immondes ou dans des salons resplendissants de soie, d'or, de glaces, de lumières, et saturés de parfums. Le vice est encore plus hideux quand il est ainsi vu dans tout son dégoûtant éclat.

Madame de S.... allait souvent, toujours sous prétexte d'études de mœurs, dans ces lieux où on ne peut mettre les pieds sans se dégrader et s'avilir à ses propres yeux, et où, surtout une femme, ne peut entrer sans se deshonorer. Mais celle, dont nous parlons, est au-dessus des préjugés vulgaires; elle croit aux deux morales: à la morale faite pour le peuple, pour les travailleurs, les gens de rien, de bas étage, qui enseigne la décence, la pudeur, la chasteté, la fidélité conjugale et toutes les vertus privées et publiques, et à la morale des gens dits comme il faut, du beau, du grand monde, des salons et des cours, des alcoves et des antichambres, laquelle enseigne le goût des plaisirs, les habitudes d'oisiveté, de corruption, de dépravation, de débauche et de prostitution, qui font les délices de la haute société. Cette morale, aimable et facile, ainsi que la qualifient ses adeptes, Madame de S.... la pratique avec tous les raffinements de la plus exquise corruption et de la dépravation la plus grande. Elle abandonne le costume de son sexe et c'est habillée en homme qu'elle se livre à tous les excès les plus honteux et les plus contre nature, qu'elle réssuscite les mœurs de Lesbos et que, nouvelle Mascula Sapho, elle oublie son sexe pour usurper celui des hommes.

Les promeneurs du pont des Bergues ou de l'Ile Rousseau ont pu souvent rencontrer le soir et apercevoir à la lueur brillante du gaz, un jeune jouvenceau imberbe, au teint frais et rose, aux yeux pleins de charme, à la chevelure noire et brillante, couverte d'un chapeau de feutre élégant, fumant un manille parfumé, dont les spiraux capricieux s'échappent légers et flexibles de sa bouche aux dents blanches, aux lèvres pourpres; ils ont pu remarquer aussi, sa petite cravate brodée, au nœud artistiquement fait et orné d'un brillant, qui entoure son cou flexible, fin et gracieux; le coquet habit noir de ce jeune dandy est d'une coupe élégante qui fait ressortir la finesse de sa taille souple et bien prise, un gilet de satin brodé emprisonne et dissimule mal une gorge proéminente dont les rotondités délicates et indiscrètes cherchent à s'échapper de l'enveloppe de batiste et de dentelle de sa chemise brodée, et montrent même quelque fois leurs petits boutons roses aux regards indiscrets et curieux, qui plongent à travers l'échancrure du gilet; son pantalon de casimir noir dessine avec trop d'exactitude ses cuisses, ses hanches, un peu grosses pour un homme, et accuse certaines formes qu'on n'est pas habitué à rencontrer sous les plis de ce vêtement tout masculin; mais ces petites défectuosités sont compensées par une désinvolture toute masculine, un maintien assuré, un regard provocateur lorgnant les femmes avec insolence, et des allures des plus cavalières.

Ce jeune et joli garçon lorsqu'il a traversé le Rhône sur le pont des Bergues, prend le quai à gauche, se dirige sur la place du Molard et ne tarde pas à entrer dans un de ces temples de la débauche dont la réputation est malheureusement trop bien établie à Genève.

C'est dans ce sanctuaire impur que le jeune dandy se livre à ses goûts dépravés. Eh bien, si nos lecteurs pouvaient jeter un regard dans ce receptacle de vices honteux, ils reconnaîtraient à leur grande indignation que le jeune cavalier qui vient d'y entrer n'est autre que notre héroïne, la Cousine d'une Espagnole, déguisée en homme.

Ces faits monstrueux, ces mœurs contre nature, paraîtront sans doute invraisemblables à beaucoup de nos lecteurs, ils sont pourtant de la plus rigoureuse exactitude et de notoriété publique à Genève et en Savoie, et, loin de les exagérer, nous les amoindrissons encore afin de ménager la susceptibilité de nos lecteurs.

XII.
Les expulsés.

Quelques jours après les faits que nous venons de raconter, le 15 janvier 1858, Sacrovir Lebren était au Café de la Couronne, à Genève, avec plusieurs de ses amis, lorsque tout à coup une nouvelle extraordinaire circula.

On venait de recevoir une dépêche télégraphique annonçant que plusieurs Italiens avaient jeté des bombes sous la voiture de Louis Bonaparte, que les auteurs de cet acte: Orsini, Pieri, Rudioz et Gomez étaient arrêtés, qu'on avait saisi plusieurs des projectiles, et qu'un grand nombre de personnes avaient été blessées et tuées, mais que Louis Bonarte n'était pas atteint. On comprend facilement quel effet cette nouvelle produisit sur Sacrovir Lebren. Il regretta amèrement que cette tentative n'eut pas réussie et qu'elle eut amené l'arrestation de ses auteurs, et ce n'était pas sans une profonde douleur qu'il envisageait le sort terrible qui les attendait. Il conservait cependant l'espoir que la belle Italienne, qui accompagnait Orsini à Genève lors de l'entrevue qu'il eut avec elle, dans la maison où était né Jean-Jacques Rousseau, n'avait pas été arrêtée.

On comprendra facilement quelle grande agitation cette nouvelle causa parmi les proscrits politiques habitant Genève, qui considéraient la mort de Louis Bonaparte comme le signal de leur délivrance et du triomphe de la République. Lorsque Sacrovir Lebren se leva pour sortir du Café, un commissaire de police lui dit qu'il désirait lui parler en particulier ; Sacrovir s'en fut aussitôt avec ce fonctionnaire dans la chambre voisine où ce dernier lui demanda, s'il ne connaissait pas l'auteur d'un article contre le Grand-Père, publié récemment dans le *Pierrot,* journal charivarique, qui paraissait alors à Genève.

— Je trouve votre question au moins étrange, lui répondit Lebren, et je ne vous reconnais pas le droit de me l'adresser, néanmoins je vous répondrai, que non-seulement je ne connais pas l'auteur de l'article dont vous parlez, mais encore que je n'ai pas lu cet article et que j'ignorais même l'existence du journal dont vous venez de me citer le nom. Veuillez maintenant, monsieur, me dire dans quel but vous m'avez interrogé, et ce que je puis avoir de commun avec l'article en question?

— Je l'ignore moi-même, Monsieur, je suis en outre chargé de vous inviter à vous rendre demain, à onze heures, au bureau de Monsieur le conseiller d'État chargé du département de justice et police, qui désire vous parler.

— C'est bien, Monsieur, répondit Lebren, j'irai.

— Le lendemain Sacrorir se rendit en effet à l'hôtel de ville et demanda à voir le chef du département de justice et police, qui l'avait fait appeler. Mais, au lieu de ce magistrat, il rencontra le même commissaire de police, qu'il avait vu la veille, et qui, dès qu'il l'aperçut, lui dit sans préambule :

— Je suis chargé de vous annoncer que vous êtes expulsé du Canton, par arrêté du conseil d'État et que j'ai l'ordre de mettre cette mesure à exécution immédiatement.

— Veuillez me dire quel est le motif de mon expulsion ?

— Je ne le connais pas.

— J'ignore si ce que vous me dites est vrai, dans tous les cas je demande copie de l'arrêt d'expulsion pris contre moi ainsi que vous le dites.

— Cela est inutile, vous n'en avez pas besoin.

— Eh bien, puis qu'il en est ainsi, je refuse de marcher et je proteste contre toutes les violences dont vous vous rendrez coupable à mon égard.

— Je vais en référer avec mes supérieurs, dit le commissaire de police, mais en attendant entrez dans cette chambre, et il indiqua à Lebren la chambre voisine dans laquelle il l'introduisit; mais à peine celui-ci en eut-il franchi le seuil, qu'il se trouva en face d'un homme enchaîné, auquel on avait mis les menottes, et qu'il aperçut deux gendarmes, le sabre au poing, qui gardaient la porte. Il comprit qu'on l'avait placé près d'un malfaiteur et qu'il était retenu prisonnier, et cela sans qu'il sut quel en était le motif.

Au bout d'un quart d'heure le commissaire de police revint avec un ordre d'expulsion ainsi conçu:

„Le Conseil d'État de la République et Canton de Genève arrête d'expulser le sieur Lebren, réfugié politique français. Le Chancelier d'État, Marc Viridet."

— Je proteste contre cet arrêté d'expulsion, parce qu'il n'est pas motivé, ainsi que le veut la loi, répendit Lebren.

— Je n'ai pas mission de recevoir votre protestation, dit le commissaire.

— Eh bien, conduisez-moi devant le chef du département de justice et police, qui lui-même, m'avez vous dit hier, a demandé à me parler.

— Ce magistrat ne peut vous recevoir, j'ai l'ordre formel de vous expulser immédiatement et de vous faire conduire au chemin de fer; à quelle frontière voulez-vous aller?

— Je veux d'abord aller chez moi, afin de

prévenir ma femme et de prendre l'argent et les effets d'habillement indispensables dont j'ai besoin.

— Vous ne pouvez pas aller chez vous, je vous le répète, j'ai l'ordre formel de vous expulser tout de suite.

— Cette manière d'agir est arbitraire. Vous deshonerez votre république en vous conduisant ainsi; en Turquie ou en Mongolie on n'en ferait pas autant. Mais je vous ferai encore observer que j'ai déposé ici mes papiers pour avoir un permis de séjour dans votre Canton et que je ne veux pas partir sans qu'on me les ait rendus.

— Eh bien, venez avec moi au bureau des étrangers et on vous les rendra.

Arrivé au bureau des étrangers Sacrovir, qui connaissait plusieurs des employés, leur raconta ce qui venait de lui arriver, et leur exprima sa surprise de ne pouvoir connaître le motif de son expulsion et son indignation de ce qu'on ne lui refusait d'aller prévenir sa femme avant de partir.

— Si vous ignorez le motif de votre expulsion, lui répondirent ces bureaucrates, nous le connaissons tous: vous êtes accusé d'être l'auteur d'un article contre le Grand-Père et la belle Ida, la chaste comtesse, sa pupille, qui a été publié par le *Pierrot*.

— Ce n'est pas moi qui ait fait cet article que je

n'ai pas même lu, et j'ignorais jusqu'à l'existence du journal en question.

— Nous savons parfaitement que ce n'est pas vous qui êtes l'auteur de cet article, et que vous n'écrivez pas dans le journal qui l'a publié, et c'est précisément pour cela que l'on n'a produit contre vous aucun motif d'expulsion.

— Mais à supposer que ce fut moi, ce qui n'est pas, qui ait écrit l'article du *Pierrot*, il n'y aurait pas là, je crois, un motif d'expulsion, car on ne peut renvoyer un citoyen de la Confédération que s'il nuit à sa sureté intérieure ou extérieure, et je ne vois pas en quoi les détails publiés sur les relations de Mademoiselle Ida avec le Grand-Père peuvent compromettre la sureté de l'État.

— La mesure prise contre vous est aussi ridicule qu'odieuse, répondit le chef de bureau en remettant le passeport à Lebren, et j'en suis honteux pour mon pays.

Au moment où il sortait du bureau des étrangers, le proscrit expulsé rencontra dans un couloir le conseiller d'État chargé du département de justice et police, et il en profita pour lui demander une explication.

— Je suis content du hasard qui me fait vous rencontrer, dit Lebren, en abordant ce magistrat, car j'ai demandé inutilement à vous parler afin de connaître le motif de mon expulsion, qu'on n'a pas encore voulu me communiquer officiellement, je vous prie donc de vouloir me le faire connaître.

— Je ne puis vous fournir aucun renseignement à ce sujet, car l'arrêté qui vous concerne a été rendu en mon absence par le Conseil d'État, ayant moi-même refusé de prendre aucune mesure semblable contre vous. Veuillez donc croire que je ne suis pour rien dans l'acte rigoureux qui vous frappe, et que je n'y puis absolument remédier en aucune manière.

— On vient de m'assurer, Monsieur, que j'étais expulsé à propos d'un article du journal le *Pierrot*. Veuillez donc me dire, si c'est là le motif secret de mon expulsion, et si les renseignements que vous avez dû nécessairement prendre à ce sujet ont été favorables à l'accusation qui, dit-on, pèse sur moi.

J'ai, en effet, fait prendre des renseignements au sujet de l'article en question, et j'ai ainsi acquis la preuve que ce n'était pas vous qui en étiez l'auteur; c'est précisément pour cela que j'ai refusé de vous expulser.

— Je vous remercie, Monsieur, de la franchise de vos déclarations, dit Sacrovir en saluant, et il suivit de nouveau le commissaire de police qui le reconduisit dans son bureau.

— Vous venez d'entendre, Monsieur, la déclaration du ministre de justice et police, qui confirme mes dires et qui établit, que je ne suis pas l'auteur de l'article du *Pierrot* pour lequel on m'expulse; je proteste donc de la façon la plus énergique contre la mesure d'inique arbitraire et de violence dont je suis la victime, et je vous préviens que je ne céderai qu'à la force.

— J'ai contre vous un arrêt d'expulsion, rendu par le Conseil d'État, j'ai reçu l'ordre de le faire exécuter, je dois me conformer aux instructions qui m'ont été données, et puisque vous refusez de marcher de bonne volonté, je vais vous faire conduire par les gendarmes jusqu'à la gare où vous prendrez le chemin de fer pour Coppet, frontière du Canton de Vaud, sous la surveillance de deux agents de police.

— Vous pouvez, Monsieur, faire tout ce que vous voudrez, je ne céderai, comme je vous l'ai dit, qu'à la force.

Le commissaire de police fit alors appeler deux gendarmes et leur donna l'ordre de conduire Sacrovir à la gare du chemin de fer où deux agents de police l'attendaient pour l'escorter jusqu'à Coppet. Au même moment un autre agent de police, costumé en bourgeois, entra dans le bureau en disant:

— La voiture de Mademoiselle Caroline l'attend pour la conduire au chemin de fer. Et les deux gendarmes requis mirent les menottes à Lebren et l'emmenèrent avec eux, en lui faisant traverser toute la ville enchaîné comme un malfaiteur. Arrivé à la gare, les deux porte-bicorne lui ôtèrent ses chaînes et le remirent aux mains des agents de police.

En même temps que lui arrivait une voiture, de laquelle il vit bientôt descendre une jeune et jolie femme fort élégante, qu'accompagnaient deux messieurs aux figures patibulaires, qu'il était facile de reconnaître pour deux agents de police déguisés. La jeune dame monta dans un vagon de seconde classe, à la porte duquel ses deux argousins restèrent en surveillance.

Sacrovir était fort intrigué de ce qu'il voyait, il supposa naturellement que cette dame était aussi expulsée, et il résolut de faire le voyage avec elle, afin de connaître le motif de son expulsion. Il monta donc dans le même compartiment qu'elle, pendant que ses deux surveillants et ceux de la dame s'installaient dans le compartiment voisin.

A peine Sacrovir était-il assis qu'un autre voyageur vint prendre place à côté de lui, et grande fut sa surprise quand il reconnut dans le nouveau venu un de ses amis, le citoyen Eugène J...., directeur du journal le *Progrès*, dont Sacrovir était lui-même un des principaux rédacteurs.

— Comment, c'est vous, mon cher ami, lui dit Lebren, où donc allez-vous?

— Je vais à Lausanne, et vous?

— Moi, je vais hors du canton de Genève, duquel le Conseil d'État me fait expulser.

— Comment, vous êtes expulsé. je m'en doutais, mais je ne pensais pas vous rencontrer ici.

— Ah ça, vous vous en doutiez, dites-vous, mais qu'est-ce qui vous le faisait donc supposer?

— C'est toute une histoire que je vous raconterai à Lausanne, répondit Eugène J..., en jetant à la dérobée un regard sur la belle inconnue qui était assise près de lui.

— Je compte bien que vous ne l'oublierez pas, dit Sacrovir, qui avait compris que son ami ne voulait pas lui faire une confidence devant la dame étrangère.

Après quelques secondes d'hésitation, il s'adressa à cette dernière en lui disant:

— Pardon, Madame, vous venez de m'entendre dire que je suis expulsé du Canton de Genève, or, comme je ne voudrais pas que vous supposiez que c'est pour un motif non honorable, et que vous me considériez comme un malfaiteur, permettez-moi d'ajouter à la confidence que je viens de faire que je suis accusé, ô crime abominable! d'être l'auteur d'un article de journal irrévérencieux pour le respectable Grand-Père et pour une blonde Germaine, sa pupille, de pudique renommée.

— Je pensais bien, monsieur, puisque l'on vous permettait de voyager ainsi librement en secondes classes, que vous n'étiez pas un bien grand criminel, répondit la dame d'une voix douce et avec un gracieux sourire.

— Si vous m'aviez rencontré un quart d'heure plus tôt, dit Sacrovir, les menottes aux mains et la chaîne au cou, conduit à la gare entre deux beaux gendarmes, vous n'eussiez peut-être pas eu aussi bonne opinion de moi.

— Comment, ces misérables ont eu la cruauté de vous traiter ainsi?

— Oui, madame, mais cela est de peu d'importance, et je ne vous en ai parlé que pour répondre à votre observation. Mais me serait-il permis de vous adresser une question?

— Adressez, monsieur, je vous crois trop convenable pour ne pas être persuadée que vous n'abuserez pas de l'autorisation que je vous donne.

— Eh bien, madame, puisque vous voulez bien me le permettre, je vous demanderai si, vous-même, vous n'avez pas été en butte aux mauvais procédés de mes persécuteurs, car j'ai vu deux messieurs de fort mauvaise mine descendre en même temps que vous de votre voiture, et qui m'ont fait l'effet d'être les collègues de ceux qui me conduisent jusqu'à la frontière.

— Je dois vous avouer, monsieur, en toute sincérité, que vous ne vous êtes pas trompé et que, comme vous, je suis expulsée du canton de Genève et pour le même motif.

— Comment, madame, êtes-vous attachée à la rédaction du *Pierrot*, et seriez-vous aussi accusée d'avoir manqué de respect à la chaste Ida et au vertueux Grand-Père.

— Hélas! monsieur, quoique je n'aie jamais rédigé le moindre journal, je n'en suis pas moins expulsée pour avoir encouru la haine du Grand-Père et de sa belle.

— Mais cela dépasse toute croyance; comment, vous aussi, vous êtes poursuivie à cause de cette fille?

— Oui, monsieur, et voici pourquoi: Ida est du même village que moi, je connais ses parents, je sais tout ce qu'elle a fait depuis son enfance, et quand on m'a dit que M. J.... en avait fait sa maîtresse, et qu'il la faisait passer pour une comtesse, sa pupille, cela m'a beaucoup amusé, j'en ai ri de très-bon cœur et j'ai raconté quelques bonnes anecdotes sur cette jeune femme. Mais, mal m'en a pris, on m'a fait appeler à la police, et comme je suis étrangère on m'a expulsée sans aucune forme de procès.

— C'est une indignité, on n'a jamais rien vu de pareil.

— C'est absolument comme pour vous; mais je dois dire que je connaissais Ida et que je ne m'étais nullement genée pour raconter ce que je savais d'elle, ignorant qu'en agissant ainsi je me rendais coupable d'un crime d'État, tandis que vous vous n'aviez peut-être jamais entendu parler d'elle, et comme je connais l'auteur de l'article du *Pierrot*, qui a tant déplu ; puisque c'est moi qui lui ai fourni des notes sur Ida, je suis étonnée que l'on vous ait incriminé, et je ne puis m'expliquer comment on a pu commettre cette méprise.

— Eh bien, puisque vous l'ignorez, je vais vous l'apprendre, répondit Eugène J..., qui avait écouté attentivement les paroles de la jeune dame.

— Ah ça ! mon cher ami, est-ce que tu serais aussi initié à cette mystérieuse affaire et expulsé pour le même motif que Madame et que moi ?

— Comme je suis citoyen Suisse on ne peut m'expulser, c'est donc volontairement que je voyage, mais je me trouve cependant indiretement mêlé à cette affaire, et voici comment :

J'ai l'inconvénient d'avoir mon appartement sur le même palier que celui de Mademoiselle Ida. Il y a deux jours, en rentrant chez moi, j'ai rencontré le Grand-Père, qui montait les escaliers conduisant chez la belle, d'un air très-affairé et tenant à la main un numéro du journal le *Pierrot*. Comme la chambre de cette fille, dans laquelle M. J.... venait d'entrer, n'était séparée de la mienne que par une mince cloison en briques, et que ce monsieur parlait très-fort et avec beaucoup d'animation, j'entendis, bien malgré moi, tout ce qu'il disait. Permettez-moi de vous raconter le dialogue qu'il eut alors avec sa maîtresse, et pour ne rien lui oter de son charme pittoresque, je vais vous le répéter avec l'accentuation allemande très-prononcée de cette jeune Germaine, cela vous amusera.

— Lis ce journal, disait M. J..., à sa maîtresse, d'une voix courroucée, et tu verras comment on nous traite.

— C'est frai, mon pon ami, répondit la belle, on tit que je ne souis bas zune comdesse, que zédais chez Badame Apèle, et que tu as bris les 2,000 francs que m'avait enfoyé Ludwig. Pricand de zournaliste! ne bourrais-tu bas faire mettre ce geux en brison?

— Si, ma chère amie, mais il faudrait pour cela connaître l'auteur de cet article, qui malheureusement n'est pas signé.

— C'est pien tomache, car si on le gonnaissait, on le ferait mettre en brison.

— Oui, mais il y aurait peut-être un moyen de savoir son nom.

— Leguel?

— Ce serait d'appeler ton voisin, M. Eugène J...., de lui montrer cet article, et de lui demander quel en est l'auteur, car il doit le connaître.

— C'est pien facile, je connais peaucoup Monchieu Euchène, c'est un pien chentil cheune homme, il me tira pien s'il connait le bolichon qui a fait cet ardigle.

— Eh bien, je vais me cacher dans ta chambre à coucher, tu appelleras Monsieur Eugène J...., et tu lui demanderas le nom de l'auteur de cet article et quand tu le connaitras tu me le diras.

— C'est pien, mon pon ami, entre dans ma champre, je vais abbeler monchieu Euchène.

Quand M. J... eut disparu, la jeune Germaine se dirigea vers sa porte en disant:

— Monchieu Euchène, Monchieu Euchène!

Comme j'avais entendu toute la conversation avec le Grand-Père j'arrivais bientôt.

— Endrez donc, monchieu Euchène, me dit la jeune femme, je foudrais fous barler.

— Très-volontiers, mademoiselle, qu'y a-t-il pour votre service?

— Foici, monchieu, me dit-elle, en me montrant le journal le *Pierrot*, foici une gachette qui a buplié un ardigle gontre Monchieu J.... et gontre moi, fous, qui êtes chournaliste, bourriez fous me tire qui a fait cet ardigle.

Je lus avec attention l'article et je lui dis:

— C'est probablement le rédacteur du journal, M. Lebrun.

— Je fous remerchie peaucoup, Monchieu Euchène, de votre renseignement, dit la belle en me reconduisant jusqu'à la porte; dès qu'elle eut refermé celle-ci sur moi, elle retourna auprès de M. J.... qui était sorti de sa cachette, et qui l'attendait déjà avec impatience.

— Eh bien, que t'a-t-il dit, demanda ce dernier.

— Il m'a dit que c'était Lepr..., Lepr..., qui a fait l'article.

— Comment Lepr...., c'est Lebren que tu veux dire?

— Ia, ia! Lepren! oui, c'est Lepren qu'il a dit.

— Ah! je m'en doutais, répondit le vieillard, il me paiera cher son article, je le ferai expulser, la chose me sera facile, car il n'est pas citoyen Suisse; c'est un étranger, un proscrit.

— Je seraï pien heureuse si tu le mets à la porte, car ce bolichon a tit peaucoub de mal de moi et de fous.

— Oui, mais je l'en ferai repentir, je vais de ce pas à la police pour le dénoncer.

— Allez fite, mon pon ami, et vous me raconderez ce soir gomment fous afez fait, et alors je serai pien chentille bour fous, je ferai tout ce que fous foutrez.

— Oui, ma chère amie, dit le vieux Grand-Père en déposant un baiser sur la bouche de son adorée, ce soir je te raconterai comment la chose se sera passée et tu me donneras une tendre récompense.

Le soir j'ai bien écouté pour savoir ce que

dirait M. J...., mais je n'ai rien entendu que des baisers et des soupirs, et ce matin j'ai été appelé au bureau de police pour un article du Progrès, ce qui m'a empêché de te prévenir, et j'allais à Lausanne chercher un imprimeur pour mon journal, que j'ai l'intention de transférer dans cette ville afin d'éviter les tracasseries de la police de Genève. Mais nous causerons de cela plus tard, revenons à la belle Ida. Puisque Madame la connait beaucoup, elle serait bien aimable de nous raconter son histoire, qui nous ferait passer le temps fort agréablement, et qui pourrait plus tard nous être d'une grande utilité.

— Je vous la narrerai très-volontiers, répondit la dame, mais elle est un peu longue et je crains qu'elle vous ennuie, et, d'un autre côté, je serai aussi très-embarrassée pour vous donner certains détails malséants et très-difficiles à raconter.

— Nous vous en prions, madame, dites-nous cette histoire, vous pouvez être assurée que nous la trouverons toujours trop courte, et permettez-nous de vous dire aussi, que nous ne sommes pas d'une succeptibilité assez pudibonde pour que nous nous effarouchions à vos récits comme de jeunes catéchumènes. Nous ferons la part des difficultés du sujet, et nous vous en tiendrons compte, dirent Eugène J.... et Lebren.

Eh bien, puisque vous le voulez absolument, je vais vous narrer le plus convenablement possible cette histoire presque aussi graveleuse qu'un conte de Lafontaine ou de Boccace.*

* Tous les détails, que nous avons donnés dans ce chapitre et ceux qui suivent, sont rigoureusement vrais; nous avons connu les personnes dont il est question et nous pourrions citer leurs noms véritables s'il en était besoin. L'Auteur.

XIII.

La gardeuse de porcs.

Il était une fois, dit la dame expulsée, une jeune gardeuse de porcs de la Bohême; dès qu'elle eut atteint l'âge de puberté, elle rêva les plus hautes destinées, elle voulait épouser un monarque, elle avait entendu souvent raconter à sa grand' mère que les rois épousaient des bergères, la brave femme avait oublié de dire à quelle époque se faisaient ces mariages, et notre héroïne pensait que cette coutume populaire se pratiquait encore aujourd'hui; et, puisqu'elle était bergère, elle avait la principale condition requise pour épouser une majesté. Elle se berça longtemps de cette idée, et comme, après une longue attente, elle ne voyait pas venir auprès d'elle la moindre tête couronnée pour lui demander sa main, elle s'enfut à Hambourg, dans l'espoir de rencontrer l'époux qu'elle souhaitait; mais comme il fallait vivre, elle se fit provisoirement laveuse de vaisselle dans un hôtel, persuadée que dans une grande ville elle serait plus à même de rencontrer le monarque désiré. Mais hélas! il y avait déjà plusieurs mois qu'elle exerçait sa nouvelle profession, et aucun prince ne lui avait demandé sa main.

Elle attribua cette déception à sa profession et à son costume très-disgracieux, et elle pensa naturellement que, si elle était bien mise, les épouseurs ne lui manqueraient pas. Elle avait surtout remarqué souvent les toilettes mirobolantes que portaient les dames de la Rand, respectable matrone, bien connue à Hambourg, pour le joli gibier d'amour qu'elle a toujours à la disposition des amateurs. Mais, comment faire pour être admise au nombre des pensionnaires de cette honnête dame, et pour avoir d'aussi beaux atours que ses houris? Une vieille cuisinière, à qui la belle demanda des renseignements, et qui était fort experte en pareille matière, lui répondit que rien n'était plus simple que de se faire agréer par cette dame; qu'il suffisait pour cela de bien se laver, de se peigner, de s'habiller le mieux possible, et d'aller trouver la respectable Rand, et que pour peu qu'une fillette fut accorte et appétissante, elle était presque sûre d'être embauchée; alors les belles toilettes ne lui manquaient pas. Cette bonne dame Rand, aussi généreuse qu'honnête et vertueuse, se fesait un véritable plaisir d'ouvrir un crédit de quinze cents à deux mille francs à ses élèves afin qu'elles puissent se fournir auprès d'elle d'un costume complet d'une valeur maximum de trois ou quatre cents francs; elle ne leur demandait en échange que d'être aimables à toutes heures du jour et de la nuit avec de beaux messieurs, ses pratiques, et d'aller se promener en ville parées comme des madones dans leurs chasses, afin d'attirer les chalants. La jeune marmitonne fut très-contente de ces renseignements et de la facilité qui lui était offerte de se procurer de belles toilettes; elle était surtout enchantée du genre de travail attrayant dont elle serait chargée, si elle parvenait à se faire agréer par cette excellente dame Rand, véritable providence des jeunes filles qui désiraient se produire dans le monde. Elle se dit naturellement qu'il faudrait être folle pour rester à laver la vaisselle tous les jours, depuis 5 heures du matin jusqu'à dix heures du soir, en étant mal payée, mal logée, mal nourrie et mal vêtue, chaussée de sabots et couverte de haillons, tandis qu'il lui était si facile d'être bien logée, bien nourrie et d'avoir de belles toilettes, des robes de soie, des chals magnifiques, des beaux manteaux, des chapeaux à plumes et en dentelles, des gants, des bas de soie, des bottines en satin, etc., etc., et cela pour n'avoir qu'à se promener et à passer de douces heures avec des messieurs. C'était pour elle quitter l'enfer pour entrer en Paradis, elle ne comprenait pas qu'une fille sensée put hésiter un seul instant à accepter une pareille position quand elle lui était offerte. Et peut-être n'avait-elle pas tort, qui oserait la blamer de le faire?... quand on songe à quelle condition malheureuse sont réduites les jeunes filles pauvres qui veulent rester vertueuses. Aussi la jeune laveuse de vaisselle n'avait qu'une crainte: c'était de ne pas être agréée par Madame Rand.

Dès que ses occupations le lui permirent, elle s'enfut prendre un bain, elle mit ses plus beaux effets, et, leste et propette, elle alla trouver la vieille matrone qui devait faire son bonheur.

Celle-ci la reçut avec la morgue protectrice que prennent ces sortes de créatures envers les malheureuses, que la misère pousse auprès d'elles pour trafiquer de leur corps. Elle l'examina d'abord très-attentivement, elle se fit montrer ses cheveux, ses dents, ses mains, et poussa son investigation beaucoup plus loin encore.

Elle la questionna sur ce qu'elle avait fait jusqu'à ce jour, elle lui demanda son âge, et si elle avait toujours été sage jusqu'alors; car, qui le croirait, ces vieilles matrones tiennent beaucoup à avoir des filles immaculées; il faut des vierges à la prostitution comme au Minotaure de la fable pour en faire sa pâture. La virginité est côtée très-haut dans les lieux infâmes. Aussi quand Madame Rand se fut assurée que la jeune fille possédait ce rare avantage, elle l'agréa au nombre de ses pensionnaires, elle lui ouvrit immédiatement un crédit, et lui procura la toilette dont elle avait besoin pour remplir avec succès sa nouvelle profession.

Comme la jeune fille était rose, fraîche, grasse, appétissante et vierge, et que sa nouvelle patronne sut faire valoir avantageusement ses qualités précieuses et secrètes, elle obtint tout d'abord un grand succès, et, si elle n'eut pas l'honneur d'un caprice royal, elle vit plusieurs nobles personnages briguer la faveur de sa première possession : des comtes, des barons, des marquis et peut-être bien des princes, il y en a tant en Allemagne, étaient à ses pieds et se disputaient ses charmes.

Tous ces illustres personnages, qui la veille, lorsqu'Ida était honnête et lavait la vaisselle, seraient passés cent fois à côté d'elle sans daigner l'honorer d'un regard, maintenant qu'elle avait de belles toilettes, prix de sa honte et de sa prostitution, lui faisaient leur cour et mendiaient ses faveurs.

Telle est la moralité sociale, on méprise la vertu et le travail pauvres et en haillons, et on estime le vice grossier et fainéant lorsqu'il est couvert de beaux habits.

Un jeune comte allemand, qui s'était épris

de la belle, remboursa à Madame Rand les avances qu'elle lui avait faites, et partit avec la jeune femme pour la Suisse.

Ils vinrent tous les deux passer leur lune de miel dans la charmante petite ville de Vevey, sur les bords du beau Léman, et descendirent à l'hôtel du Lac.

Le jeune Allemand, tout entier à la possession des appas de son adorée, oubliait avec elle les soucis et les ennuis de la vie. Les deux amants étaient absorbés par leur amour, au milieu de la belle nature qui les entourait, en face des Alpes sublimes, dans les solitudes délicieuses des belles campagnes qui avoisinent la ville : à Montreux, à Clarens, à Chillon, au pied de la dent de Jament, ou sur le eaux limpides du lac, plus bleues et plus transparentes que l'azur du ciel. Mais au bout de quelques semaines de cette existence enchantée, ils furent tout à coup ramenés aux exigences de la réalité brutale ; le maître d'hôtel, beaucoup plus versé dans la connaissance des calculs de M. Barème, qu'adonné à la contemplation de la nature et aux extases de l'amour transcendant, présenta prosaïquement, sans préambule aucun, au jeune comte, la note des dépenses qu'il avait faites chez lui, en le priant de vouloir bien lui en solder le montant. L'amoureux, que sa gentille maîtresse avait presque mis à sec en lui faisant acheter des robes de soie et des cachemirs dans les beaux magasins de la ville, pria le maître d'hôtel d'avoir la bonté d'attendre quelques jours qu'il ait reçu de nouveaux fonds de ses parents auxquels il allait écrire de lui en envoyer, mais son créancier, en homme positif et méfiant, refusa de lui accorder le délai qu'il sollicitait. Dans cette facheuse occurence, le comte partit immédiatement pour l'Allemagne, afin de se procurer de l'argent, laissant inconsolable sa tendre compagne, à Vevey, en lui promettant, qu'aussitôt arrivé chez ses parents, il lui enverrait les fonds nécessaires pour payer l'hôtel et venir le rejoindre.

Mais les grands parents du jeune comte, furieux de la fugue et de l'escapade de Monsieur leur fils, lui refusèrent tout d'abord l'argent qu'il leur demandait; près de quinze jours, qui semblaient quinze siècles à la pauvre délaissée, se passèrent sans que la malheureuse vit rien venir; elle errait comme une âme en peine sur les bords du lac, dans les rues, ou dans les délicieuses promenades de Vevey; mais, hélas! toujours envain; les jours succédaient aux jours, et, comme sœur Anne, elle ne voyait rien venir. Que faire, que devenir? Le maître d'hôtel était chaque jour plus exigeant, et menaçait la belle désolée de la mettre à la porte en lui gardant tous ses effets d'habillement. Dans cette triste position, la pauvre Ida ne vit qu'un moyen de se tirer d'embarras, ce fut de faire en

Suisse ce qu'elle avait déjà fait en Allemagne: elle alla trouver, à Genève, une matrone de renom, Madame Adèle, et lui proposa de l'accepter au nombre de ses penssionnaires à condition qu'elle lui fournisse l'argent nécessaire pour payer ses dettes; sa jeunesse et sa fraîcheur décidèrent l'honnête industrielle à l'accepter au nombre de ses houris et à lui avancer les 1500 francs dont elle avait besoin pour solder son maître d'hôtel de Vevey.

— Comme on le voit par le récit de Madame, la traite des blanches ressemble beaucoup à celle des noires, dit Eugène J...., les premières comme les secondes se vendent à peu près le même prix. Seulement, on achète ordinairement les Africaines pour les faire travailler, tandis que les Européennes sont destinées à un usage beaucoup plus deshonorant. Mais les secondes sont aussi malheureuses que les premières, elles sont les unes et les autres le jouet, la chose, la propriété de ceux qui les ont achetées, elles ne s'appartiennent plus et doivent subir tous les caprices de leurs propriétaires.

— La traite des noires est heureusement presque entièrement abolie, dit Sacrovir, l'esclavage, dans quelques années, aura complètement disparu, mais la traite des blanches, mais la prostitution infâme, quand cesseront elles, quand seront-elles abolies? elles vont en augmentant d'une manière effrayante, bientôt elles auront envahi en grande majorité toutes les couches sociales. Il serait bien temps, croyons-nous, de faire disparaître ces plaies, dont les ravages suivent une progression constante et dévorent des millions de pauvres femmes.

— Vous avez raison, Monsieur, mais hélas! combien de temps se passera encore avant que cet affreux fléau ait disparu, répondit Madame Caroline; mais revenons à mon récit:

L'honorable Monsieur J..., qui passait la plus grande partie de ses nuits dans le harem de l'honnête Madame Adèle, ne tarda pas à y rencontrer sa nouvelle pensionnaire, il s'éprit bientôt pour elle d'une passion ardente, et la jeune femme oublia auprès de son vieux satyr en lunettes son amour pour le comte allemand, qui l'avait abandonnée à Vevey. Il y avait environ quinze jours qu'existait la liaison entre la jeune femme et le vieillard, quand le ministre de justice et police de Genève, un boutiquier, de la place du Molard, grossier, stupide et orgueilleux, reçut une lettre dans laquelle le jeune comte allemand, l'ancien amant d'Ida, lui envoyait deux mille francs en le priant de payer à Madame Adèle, les dettes de sa maîtresse et de remettre le surplus à la jeune femme, afin qu'elle vienne le rejoindre au plus tôt en Allemagne. Le grand justicier du Canton de Genève communiqua la lettre qu'il avait reçue au

Conseil-d'État. A sa lecture l'honorable aréopage partit d'un grand éclat de rire.

— Ce jeune Germain est bien naïf, dit M. J...., d'envoyer 2,000 francs pour qu'on lui retourne cette fille. Est-ce que, par hasard, il en manquerait en Allemagne? Il ignorait certainement que sa belle fait mes délices maintenant, car s'il l'avait su, il n'aurait pas eu la simplicité d'envoyer 2,000 francs pour qu'on lui retourne sa maîtresse, et comme ce jeune étourneau a plus besoin d'une leçon que d'une femme, je garderai la sienne et son argent; ce dernier servira à louer et à meubler un appartement à Ida. Et nous inaugurerons alors, le verre en main, l'installation de la belle, dont je ferai ma sultane favorite.

— C'est cela, répondit le ministre de la police, nous célébrerons tous ensemble et joyeusement la noce du Grand-Père avec la jeune Allemande, dans un copieux festin, auquel nous inviterons les aimables compagnes de la jeune épouse.

— Ce sera charmant, ajouta un célèbre conseiller d'État carougeois, aussi grossier qu'ignorant, chargé du département de la guerre et bien plus connu pour son adresse à la cible et sa dextérité à boire le vin d'honneur dans les tirs, que pour ses capacités administratives et ses talents militaires.

— Allons nous rire, exclama le ministre des travaux publics, célèbre viveur carougeois, nullité émérite et ivrogne de première force, qui eut certainement été beaucoup mieux à sa place à la présidence d'une société soulographique, ou à la tête de celle des Robustes-fainéants que dans le conseil d'État d'une république.

— Nous irons tous à votre noce, Grand-Père, et nous la célébrerons dignement avec les 2,000 francs du naïf amant de la belle Ida, dirent tous les magistrats-radicaux.

— Je vous demande aussi la permission de vous présenter Madame de S...., une femme charmante que quelques uns de vous connaissent déjà, ajouta M. J....

— Nous serons très-heureux de nous rencontrer avec cette aimable comtesse, si elle veut bien accepter notre invitation, répondirent tous les membres du Conseil d'État.

— Tout cela est incroyable, dit Sacrovir, et si je n'étais victime de ces gens et à l'occasion de cette drolesse d'Ida, j'aurais bien de la peine à ajouter foi à votre récit. Comment, il s'est trouvé un ministre de la justice capable de détourner ainsi de sa destination une somme de 2,000 francs, qui devait être employée à retirer du vice une jeune femme, et il y a eu un premier magistrat d'une république assez canaille pour s'appropier ces 2,000 francs et pour les consacrer à entretenir celle-là même qu'ils devaient racheter de la prostitution, et dont il a fait sa maîtresse? Et il y a eu toute une administration qui s'est faite complice de cette infâmie en la tolérant et en l'approuvant. et tout une presse qui a gardé un profond silence sur ces faits odieux? Un seul petit journal a osé en parler, et à cause de cela on a expulsé des innocents, et l'opinion publique est restée indifférente en présence de pareilles monstruosités. Cela est incroyable dans un pays libre.

— Oui, dit Mr. Eugène J..., ces faits sont une honte pour Genève, et comme l'a dit le journal le plus répandu du canton, ce dernier, sous l'administration actuelle, fait tache sur la Confédération.

— Quel spectale, quel exemple de moralité pour le peuple, que de voir ceux qui le gouvernent, ses élus, se livrer sans retenue à ces actes d'indélicatesse, d'impudeur et de violence, ajouta Lebren.

— Mais je suis persuadé qu'il porteront des fruits amers pour ceux qui s'en sont rendus coupables, et qu'aux prochaines élections pas un des fauteurs de ces abominations ne sera réélu au Conseil d'État.

— Je le crois, dit Lebren, car sans cela ce serait à désespérer de votre démocratie.

Pendant que cette conversation avait lieu le train était arrivé à Coppet, première ville du canton de Vaud; mais nos voyageurs expulsés ne descendirent pas, ils continuèrent leur voyage jusqu'à Lausanne; les agents de police qui les accompagnaient quittèrent seuls le convoi pour retourner à Genève, après avoir accompli leur honorable mission.

XIV.

Les noces du Grand-Père.

Le Gand-Père, afin de fêter dignement l'installation de sa gentille maîtresse, avait commandé un excellent dîner chez de Chevrens, un de meilleurs restaurateurs de la ville. A l'heure et au jour indiqués, tous les joyeux conseillers d'État, leur chancelier le prophète Elie, le poète Pipo, et toute une joyeuse nichée de nymphes de l'Adèle, conduites par leur respectable matrone, qu'accompagnait la comtesse de S..., étaient au lieu indiqué et prenaient place autour de la table somptueusement servie. La Cousine d'une Espagnole était costumée en impératrice, elle avait une belle robe pourpre, un diadême splendide sur la tête, une rivière de diamants au tour du cou, une broche et des bracelets s'assortissant avec le collier, et elle n'avait pas oublié non plus son éternel manteau d'hermine; Ida était rose et fraîche, et d'une santé florissante, elle avait une belle robe blanche, une couronne de fleurs d'orangers sur la tête, et un bouquet semblable sur son corsage, sans doute comme symbole de son innocence virginale?... Ce costume, quoique de circonstance, puisqu'elle célébrait sa noce avec le Grand-Père, ne manqua pas de soulever les réflexions et les observations les plus curieuses de la part des invités et surtout de ses compagnes.

— Nous ne nous serions jamais douté, disait l'une d'elle, il y a deux jours seulement, qu'Ida passerait à l'État de Vestale, car depuis longtemps elle a laissé éteindre le feu sacré.

— Vous voulez sans doute dire qu'il y a longtemps qu'elle l'a allumé chez moi, car je sens qu'il me dévore, répondit M. J..., et c'est justement pour cela qu'elle est digne d'être une prêtresse de Vénus.

— C'est égal, ajouta une autre dame, je trouve que les fleurs d'orangers, emblême d'innocence, de pureté et de chasteté immaculée, ne sont pas précisément à leur place sur le front de notre amie.

— Pourquoi cela, Madame, répliqua le Grand-Père, croyez-vous que vous êtes moins chaste que d'autres, pourvu que vous observiez une décence et une réserve convenables en public, je trouve que vous ressemblez parfaitement à celles qu'on est convenu d'appeler des honnêtes femmes, et il m'est avis que vous n'êtes pas plus corrompue qu'elles, car cela serait difficile. Souvenez-vous, comme l'a dit un philosophe chinois, qu'il y a trois choses qui ne laissent pas de traces:

Le poisson dans l'eau, l'oiseau dans l'lair et l'homme dans la femme.

— Ce Chinois là était un profond moraliste, répliqua une jolie brune, qui répondait au nom de Lucia, mais on n'en a pas moins fort peu l'habitude de venir chercher des vestales ou des vierges parmi nous.

— C'est le tort que l'on a, répondit le vieux Grand-Père, on pourrait trouver plus mal ailleurs, et j'espère bien que mon exemple sera suivi.*

Les convives, tout en causant, firent le meilleur accueil au dîner excellent du restaurateur de Chevrens qui s'était distingué, et ils sablèrent force bon vin et champagne en l'honneur de leurs hôtes.

Le vieux Grand-Père était d'une humeur charmante, et prodiguait les galanteries les plus empressées à son égrillarde Ida; M. T...., ministre des finances, que nous avons vu dans le boudoir de Madame de S...., était assis auprès de cette dernière et lui témoignait le plus grand empressement. Chacun des autres invités avait près de lui une

* Les paroles du Grand-Père sont textuelles.

jeune pensionnaire de Madame Adèle, et celle-ci, grande et grosse femme, qui aurait pu avec avantage entrer dans les cuirassiers, était échue en partage au jeune membre du Conseil-d'État, chargé du département de la guerre. Ce jeune héros en perspective faisait réellement preuve d'un grand courage en se chargeant de faire la cour à la vigoureuse matrone.

Le docteur F...., ministre des travaux publics, l'orateur de la bande, s'écria en élevant son verre plein de champagne mousseux :

— Messieurs et chers collégues, buvons au bonheur de notre aimable Grand-Père et de la tendre amie qu'il a choisie pour charmer ses loisirs et pour le rendre heureux en dehors du conjongo ; buvons aussi à cette tendre Ida, blonde fille de la Germaine, qui est venue sur les bords de notre lac bleu pour prodiguer ses trésors d'amour à notre respectable chef.

— Oui, bravo ! nous buvons tous à notre Grand-Père et à sa bien-aimée dirent tous les convives.

— Merci, mes amis, merci ! s'écria Mr. J..., en se levant avec Ida qu'il tenait par la main, et en portant à sa bouche la coupe qu'elle lui tendait après avoir bu dedans ; merci pour moi et pour ma bien-aimée, de vos bons souhaits, je suis certain qu'ils nous porteront bonheur. Mais permettez-moi, à mon tour, de porter un toast à Madame la comtesse de S..., l'illustre Cousine de l'Espagnole, qui a daigné nous honorer de sa présence; je bois à son bonheur.

Tous les convives vidèrent alors leurs verres avec empressement en s'écriant:

— A Madame de S....! à la Femme proscrite!

La belle Maria s'inclina modestement devant ces flatteuses manifestations et dit:

— Je vous remercie beaucoup de l'accueil bienveillant que vous me faites, auquel je suis très-sensible, et dont je m'efforcerai de me rendre digne en continuant de me consacrer à votre bonheur et surtout à celui de notre bien aimé Grand-Père.

Ces paroles furent accueillies par une nouvelle salve d'applaudissements.

— Permettez-moi, Messieurs, dit le ministre de la guerre, de porter une santé à Madame Adèle, à cette femme respectable, qui à su honorer et élever à la hauteur d'un sacerdoce sa profession si injustement décriée. A cette femme de sens, de goût et d'esprit, à qui nous devons le bonheur de posséder l'essaim de jeunes beautés qui charment notre réunion, et qui a éleve à un si haut degré son honorable industrie dans notre ville jadis d'un puritanisme ridicule.

— Oui, à cette aimable dame et à toutes ses charmantes élèves, qui sont le plus bel ornement de notre réunion! ajouta le prophète Êlie.

Tous les convives choquèrent alors leurs verres en criant: hourra! hourra!!

— Permettez-moi, dit alors le poète Pipo, de vous dire quelques vers de ma composition au sujet de l'heureux événement que nous célébrons aujourd'hui.

Après avoir consulté l'assemblée du regard, Pipo débita une pièce de vers analogues à la circonstance, et qui furent fort applaudits.

Pendant toutes ces scènes les libations allaient toujours leur train; les têtes s'échauffaient, les sens s'emflammaient, les brûlantes œillades, les baisiers lascifs s'échangeaient, et la fête commencait à dégénérer en orgie, lorsque la porte s'ouvrit; et Madame J..., l'épouse légitime de l'adorateur d'Ida, apparut tout à coup, menaçante et courroucée; la tête de Méduse aurait produit un effet moins pétrifiant. Tous les festoyeurs restèrent cloués à leur place, inertes, immobiles, inanimés; toutes ces dames, tout à l'heure encore si vives, si gaies, si rieuses et si folles, semblaient momifiées à la vue de Madame J.... Cette dernière, les yeux flamboyants, le regard étincelant de colère, les poings crispés, les lèvres pâlies par la fureur, cherchait du regard sa rivale détestée et son époux infidèle. La malheureuse Ida, plus morte que vive, se dissimulait le plus qu'elle pouvait derrière son coupable amant. Lorsque Madame J...

l'eut découverte au milieu de toutes les filles décolletées et demi nues qui l'entouraient, elle s'élança sur elle avec fureur, et l'attrapa par les cheveux, en s'écriant:

— C'est donc pour toi, misérable..., que mon mari m'abandonne? Tiens! tiens! voilà ta récompense! et à chaque exclamation de colère elle administrait un soufflet à la pauvre *fille*, dont les joues s'empourpraient sous la main vigoureuse de l'épouse courroucée, qui lui arrachait en même temps ses soyeux cheveux blonds par poignées.

La pauvre Ida avait beau crier pitié et miséricorde, l'épouse outragée n'écoutait que son courroux et frappait toujours plus fort sur sa malheureuse victime, dont le visage s'ensanglantait. Pendant ce temps-là, Monsieur J.... cherchait son chapeau et se préparait à fuir, mais sa femme, qui s'en aperçut, abandonna sa première proie et courut après son infidèle, elle le saisit aussi par les cheveux, lui brisa ses lunettes sur le nez du premier coup qu'elle lui porta, qu'elle fit immédiatement suivre de plusieurs soufflets et coups de poings, qu'elle lui appliqua vigoureusement sur la figure en lui disant:

— Tiens, attrape! misérable débauché, ivrogne, coureur de mauvais lieux, tu devrais rougir de mener à ton âge une pareille vie; c'est honteux! surtout pour un magistrat et pour un père de famille, qui doit donner le bon exemple à ses administrés et à ses enfants; et vous, messieurs, ajouta-t-elle, en s'adressant aux collégues de son époux, n'êtes vous pas honteux d'avoir une semblable conduite, de compromettre ainsi votre caractère officiel et votre qualité de père de famille dans une pareille société, avec des filles de joie et une matrone? Je voudrais, que vos femmes, vos enfants et vos administrés puissent vous voir ici, contempler le spectacle de vos vices honteux et de votre conduite crapuleuse. Et tout en disant cela, elle s'était emparée de la canne d'un des convives, dont elle frappait à coups rédoublés, à droite et à gauche, sur les femmes et sur les hommes, sans aucun égard; beaucoup, pour éviter sa distribution de horions, s'étaient blottis sous la table, pêle-mêle; ce que voyant, Madame J.... renversa cette dernière d'un grand coup de pied, tous les plats, les assiettes, les casseroles, les verres, les bouteilles, les couverts, etc., etc...., toute la vaisselle en un mot, roulèrent par terre et se brisèrent avec un horrible fracas; à ce bruit, à ce vacarme, aux cris de frayeur que poussèrent les dames, les voisins, croyant qu'il était arrivé quelques graves accidents ou quelques grands malheurs, accoururent effrayés; Madame J...., toujours furieuse, se tourna alors vers eux et leur dit:

— Vous arrivez fort à propos, entrez, Messieurs et Mesdames, voyez, regardez, admirez la vie édifiante que mènent vos honorables magistrats, pères de famille, ces dignes citoyens, ces respectables époux, passent leur vie dans la débauche et l'orgie avec des filles au lieu de consacrer leurs soins et leur temps à l'État et à leurs familles. Comprenez-vous par quels misérables vous êtes gouvernés?

Ce sont là les chefs, les pères de ce fameux parti radical dont vous êtes si fiers. Quand donc comprendrez-vous que ceux qui vous gouvernent ne sont que de vils égoïstes, des ambitieux vulgaires, sans cœur et sans âme, des jouisseurs rapaces et voraces, qui ne demandent qu'à faire la noce, qu'à se remplir les poches et le ventre, et à courir après les filles, mais qui n'ont pas le moindre amour ni le moindre dévouement pour le peuple; quand donc cesserez-vous d'accorder votre estime, votre confiance et vos votes à ces misérables?

Pendant que Madame J.... se livrait à ces récriminations, plusieurs convives parvinrent à s'esquiver, et le Grand-Père fut du nombre, d'autres parmi lesquels étaient les dames se réfugièrent dans les chambres voisines pour se dérober aux regards et aux colibets du public et pour réparer les désordres de leur toilette. La Cousine d'une Espagnole n'avait pas été plus épargnée que les autres, son joli visage et ses belles épaules portaient des marques nombreuses des attouchements peu délicats de la terrible épouse courroucée. La respectable matrone, Madame Adèle, avait aussi reçu sa cote-part de la distribution et avait un œil tout noir.

Quant à Madame J...., elle fit une sortie dramatique et triomphante, la tête haute et le regard assuré, au milieu des badauds qui stationnaient sur les escaliers et au tour de la maison.

Le Grand-Père et ses amis n'avaient pu s'expliquer comment Madame J.... avait été aussi bien informée du joyeux festin qu'ils célébraient pour l'installation de Mademoiselle Ida, ils croyaient avoir été victimes de la trahison de l'un d'entre eux, il n'en était rien cependant, et voici par quel effet du hasard Madame J.... avait connu leur réunion.

Le commissionnaire, qui était allé commander le dîner chez le restaurateur de Chevrens, avait dit qu'il venait de la part de Monsieur J..., en ajoutant qu'il fallait porter ce dîner rue Sismondi. N°. 2. Mais, hélas! les garçons du restaurant oublièrent l'adresse qui leur avait été remise, et au lieu de déposer les comestibles chez Mademoiselle Ida, ils les portèrent au domicile de Madame J..., rue du Mont-Blanc, où ils rencontrèrent l'épouse légitime du vieux libertin; cette dernière, qui n'avait pas commandé de dîner, comprit de suite qu'il y avait erreur et, comme elle savait déjà que son mari avait loué un appartement pour une drolesse, qu'il entretenait, elle dit aux garçons du restaurant :

— Vous vous êtes trompés, ce n'est pas ici qu'il fallait apporter tout cela, mais bien rue Sismondi, N°. 2, allez de suite à cette adresse.

Les garçons comprirent qu'ils avaient commis une erreur, et s'empressèrent de la réparer en portant le dîner à sa véritable adresse. Voilà comment Madame J.... fut informée de la fête que son époux donnait à ses amis chez sa maîtresse.

La scène scandaleuse que nous avons racontée fut bientôt connue de toute la ville de Genève; mais loin de dégoûter le Grand-Père de sa chère Ida, elle ne fit au contraire que le faire persévérer plus fortement dans son caprice pour l'ex-pensionnaire de l'Adèle. Il fit démentir dans le public, et traiter de calomnie par ses nombreux émissaires tout ce que l'on racontait d'elle et de lui; ses agents secrets assurèrent que Mademoiselle Ida était une jeune comtesse Allemande, pupille du Grand-Père, que ses parents avaient envoyée à Genève pour apprendre le français. Cette fable grossière, aussi puérile que ridicule et fausse, n'eut aucun succès. Tout le monde était fixé sur la noblesse de Mademoiselle Ida, sur sa pureté de mœurs et sur les rapports innocents qui existaient entre cette jeune prêtresse du sanctuaire de l'honorable Adèle et le vertueux et pudique Grand-Père.

Toutes ces scènes de mœurs, quelques hontenses qu'elles fussent et quelques extraordinaires qu'elles puissent paraître, sont de la plus rigoureuse exactitude, tous les faits qu'elles contiennent sont connus de tout Genève, et n'ont pas peu contribué à amener la chute du Conseil-d'État radical, qui depuis lors n'est plus au pouvoir et qui vient encore d'échouer aux élections de novembre 1867, malgré l'appui considérable que lui ont prêté les disciples de Loyola et les voix du parti catholique, dont le ban et l'arrière ban ont voté en masse pour lui.

QUATRIÈME PARTIE.

LE TRIOMPHE DU CRIME.

I.
Les suppliciés.

Pendant que ces faits honteux s'accomplissaient à Genève, d'autres mille fois plus navrants encore avaient lieu à Paris. Par une humide matinée de mars, une foule immense entourait la sinistre machine que les aides du bourreau avaient fait élever pendant la nuit sur la place de la Roquette; cette masse humaine attendait anxieuse le drame sanglant qui allait bientôt se dérouler sur la fatale plateforme.

Tout auprès des gendarmes et des soldats, qui entouraient l'échafaud, on voyait une jeune femme grande et belle, toute habillée de noir, d'une pâleur de linceul, un long voile couvrait ses beaux traits, ses yeux brillaient d'un éclat fébrile, rougis par l'insomnie, ses joues maigres et creusées par la douleur avaient la pâleur du lis; ses lèvres étaient crispées et séchées par le souffle brûlant qui s'échappait de sa gorge enflammée; des traces de larmes abondantes se voyaient de tout côtés sur son beau visage fatigué et défait; ses traits révélaient les angoisses de son âme, toute son attitude trahissait une douleur profonde et navrante; en regardant attentivement cette jeune femme on voyait qu'elle avait peine à contenir tout un abîme de douleur enfermé dans son âme, tout un océan de sanglots qui oppressaient sa poitrine, prêts à s'en échapper; on sentait que cette malheureuse était la proie d'un désespoir infini, que bientôt toute espérance l'aurait abandonnée pour toujours. Un léger tremblement convulsif s'emparait d'elle chaque fois que les ondulations de la foule s'agitaient comme des vagues mouvantes; on aurait dit alors qu'elle allait s'évanouir, sa pâleur devenait livide, elle se hissait sur la pointe des pieds, regardant avec angoisses et fixité du côté de la porte basse et étroite de la prison de la Roquette, par laquelle sortent les condamnés à mort, pour faire les derniers pas qui doivent les conduire sur le bord de la tombe béante, qui les attend de l'autre côté de l'échafaud; mais chaque fois la porte lugubre était restée fermée et immobile dans son ombre sinistre, et l'inconnue, affaissée dans sa douleur, continuait d'attendre, muette et désespérée, au milieu de cette foule avide de sanglants spectacles, plus passionnée pour le drame que sympathique aux héros qu'elle allait voir mourir.

Dire ce qu'éprouvait d'angoisses horribles, de douleurs atroces, de souffrances extrêmes, de supplices sans trève, cette femme, sombre comme la statue du désespoir, placée entre ces deux abîmes, qu'elle regardait tour à tour : la porte du cachot des condamnés à mort et l'échafaud, cette autre porte par laquelle on entre dans l'immortalité ou dans le néant, ces deux opposés qu'unit le couteau de la guillotine. Cette femme souffrait par toutes ses fibres, par tous ses nerfs, dans toutes ses chairs, et jusque dans la moëlle de ses os, qu'elle sentait se fuser sous l'action corrossive de sa douleur ; elle était suppliciée dans toutes ses sensibilités, dans toutes ses affections, dans son cœur, dans son âme, dans son amitié, dans le triple amour de la patrie, de la liberté, et de l'homme en qui elle avait placé toutes ses affections, toutes ses joies et toutes ses espérances. Eh bien, cette femme se disait, dans sa torture cruelle, que dans quelques instants, dans quelques minutes, dès que la porte fatale, qu'elle regardait, se serait ouverte, et que l'instrument horrible, qu'elle avait devant elle, aurait joué, tout ce qu'elle avait aimé au monde, l'homme en qui elle avait mis son amour, serait perdu sans retour ; qu'il n'en resterait qu'une mare de sang, un cadavre et une tête coupée. Cette femme inconnue, à cette idée, à cette angoisse se sentait frissonner des pieds à la tête, son sang se coagulait, sa moëlle se gelait, ses cheveux se hérissaient et blanchissaient; elle sentait son intelligence et sa mémoire l'abandonner, son cerveau se détraquer, toutes les frayeurs et toutes les terreurs l'assiéger, et pourtant elle tremblait encore que cette épouvante, que cette incertitude cessassent pour être remplacées par une laideur et une hideur cent fois, un million de fois pire encore, par l'affreuse réalité, qui la menaçait à chaque instant de faire son apparition épouvantable, et qu'elle aurait voulu ajourner, ne fut-ce qu'un instant, au prix de toute une éternité de souffrances atroces semblables à celles qu'elle endurait.

Mais cette malheureuse sentait qu'elle était la proie de deux forces terribles: l'inexorable et l'irrémédiable, qui allaient la briser, la broyer et l'anéantir jusqu'au bout avec la froide cruauté de la machine insensible et inconsciente; elle se sentait prise dans un engrenage fatal, dont les dents insensibles ne lui épargneraient pas une douleur, pas une torture. C'était avec un serrement de cœur inexprimable, qu'elle songeait au passé, avec un tremblement convulsif, qu'elle voyait le présent, et avec une effroyable terreur, que l'avenir lui apparaissait. Elle aurait voulu mourir, être engloutie, disparaître, s'anéantir dans les profondeurs du néant, ou plutôt ne jamais être née pour ne pas assister au présent et contempler l'avenir affreux et sanglant, qui allait bientôt se lever devant elle comme une monstreuse auraure d'horreurs.

Et pourtant elle était libre, cette femme qui endurait un si grand supplice entre cette geôle sombre et lugubre et cet échafaud sinistre, sur cette place maudite, où déjà tant de têtes avaient été coupées, où la terre avait bu le sang humain comme un vampire, où la boue était détrempée de la rouge liqueur qui recèle la vie; oui elle était libre, celle qui restait clouée à cette place terrifiante, elle pouvait l'abandonner pour se soustraire au milieu affreux dans lequel elle se trouvait, pour fuir la vue de l'instrument de supplice; pourquoi donc était-elle venue sur cette place de sinistre mémoire, pourquoi ne fuyait-elle pas, pourquoi y restait-elle, pourquoi endurait-elle plus longtemps le suplice auquel elle était en proie?

C'est que, dans quelques instants, celui dans lequel elle avait placé tout son amour, celui qui personnifiait pour elle le bon, le vrai, le juste, le grand, le généreux, le beau; l'homme de ses rèves, et de ses espérances, son idéal, celui qu'elle aimait, qu'elle adorait, allait sortir, entre des gendarmes, des soldats et des bourreaux, de cette porte basse que le condamné franchit sans espérance, qui ne s'ouvre qu'une fois devant lui, pour se refermer à jamais derrière ses pas, et le rejeter, comme d'un vomitorium, dans le cirque de la mort, dans le cercle inéxorable de l'échafaud qui, lui-même, dans quelques minutes, le plongera dans la tombe, dans le néant, dans l'inconnu, et le lancera comme une épave dans l'insondable et l'infini.

Telle était la position douloureusement dramatique, qui retenait cette femme clouée dans ses angoisses et dans son désespoir, au pied de cet échafaud, qui allait lui ravir tout son bonheur, et sur lequel allait bientôt rouler la tête du seul homme qu'elle eut jamais aimé.

Elle était venue donner un suprême regard d'encouragement, dire un éternel adieu à celui qu'elle adorait, et recueillir sa dernière pensée, son dernier souffle, son dernier sourire et son dernier regard ; elle était venue lui apporter une preuve irrécusable de dévouement et d'amour, voir couler sa dernière goutte de sang, être présente et l'encourager quand il serait sur cette limite extrême, qui sépare la vie de la mort, afin de lui murmurer encore : je t'aime ! quand le couteau fatal glisserait rapide comme l'éclair dans son étroite rainure.

Cette femme courageuse croyait, ainsi que le lui avait démontré un célèbre praticien, que le couperet de la guillotine, en séparant la tête du tronc, ne causait pas de suite la mort, que le cerveau, n'ayant pas été lésé, conservait toute sa lucidité ; que l'ancéphale, centre des facultés morales et intellectuelles, suffisamment et pour longtemps saturé de fluide nerveux, continuait de fonctionner encore parfaitement; que le patient voyait, percevait, pensait, jugeait, appréciait, ressentait et souffrait vivement après la décollation; qu'il avait surtout conscience du supplice, qu'il venait de subir; que la tête tranchée voyait le tronc sanglant et pantelant se débattre en soubresseauts formidables; qu'il avait connaissance parfaite de l'état où il était réduit lorsque son être était coupé en deux parties: l'une siège du cerveau, l'autre du cœur; que cette connaissance le torturait, lui causait des tourments inouis, indescriptibles.

Cette pensée glaçait d'épouvante la jeune femme, lui donnait des vertiges de douleur insondable.

Pendant qu'elle était en proie à ces appréhensions terribles, la lugubre porte, qu'elle avait fixée depuis longtemps déjà avec tant d'angoisses, s'ouvrit tout à coup béaute, et, dans son ombre sinistre et profonde apparurent, se dessinant resplendissants dans leur malheur, deux hommes à l'attitude pleine de fermeté et de granduer décelant le courage et le sang-froid en face de la mort. L'un d'eux avait la tête belle et fière, le front vaste et découvert, les yeux brillants, les traits d'une grande régularité, d'une beauté antique, et la démarche pleine de grâce et de distinction; il s'avançait calme, serien et le front haut devant la mort; c'était un illustre patriote romain; l'autre, courageux et intrépide, avait l'air brave et martial, sa figure, pleine de courage et d'intelligence, indiquait la fermeté et la résolution de l'homme d'action, il avait les traits plus accentués que son compagnon d'infortune, et bravait la mort avec autant de courage; il portait aussi la tête droite et fière et s'avançait en chantant, d'une voix vibrante, claire et sonore, les couplets de l'immortelle *Marseillaise* qu'il avait parodiée:

Allons, enfants de l'Italie,
L'instant suprême est arrivé.
Contre nous de la tyrannie
Le couteau sanglant est levé

. . . .
. . . .

Les deux condamnés étaient revêtus de la chemise des parricides et avaient les mains liées derrière le dos, le bourreau et ses aides, des gendarmes et des soldats marchaient à côté d'eux.

C'était quelque chose de navrant que de voir s'avancer ces deux victimes, costumées pour le sacrifice, avec la sérénité profonde que donne la conscience du devoir accompli.

Ces deux martyrs étaient: Orsini et Piéri.

Tous deux gravirent d'un pas ferme les marches de l'échafaud.

Lorsque Piéri arriva sur la plateforme, il chanta :

Amour sacré de la partie,
Conduis, soutiens nos bras vengeurs!
Liberté, liberté chérie
Combats avec tes défenseurs!
. . . .
. . . .

Quand il eut achevé le couplet, que tout le monde écoutait dans un profond recueillement, il s'avança sur le bord de l'échafaud et s'écria d'une voix forte et retentissante :

— Vive la République!

C'était la première fois, depuis huit ans, que ce cri s'élevait sur une place publique de la capitale.

Piéri embrassa ensuite son collégue Orsini qui lui dit :

— Adieu, ami, je vais te suivre.

— Adieu, je vais t'attendre dans la tombe, répondit Piéri, et il se livra aux exécuteurs. Une minute après, la tête de ce courageux citoyen roula sur l'échafaud, avec un flot de sang qui éclaboussa son ami.

Au moment où Orsini s'avança à son tour sur le bord de la plateforme pour acclamer une dernière fois la République, il aperçut une belle jeune femme, pâle, toute habillée de noir, dont les grands yeux brillants étaient fixés sur lui; il reconnut Cornélia; peu s'en fallut qu'il ne poussa une exclamation de surprise et qu'il ne s'écria: Adieu, amie, je vais mourir!

Mais il se retint, car ces simples paroles auraient certainement été considérées comme une faiblesse, il se contenta de murmurer un faible adieu et de faire signe, de la tête et des yeux, à celle qu'il aimait, qu'il allait la quitter pour toujours; puis s'arrachant à ce mouvement de sensibilité, qui ne dura que quelques secondes, il refoula deux larmes, que la vue de la jeune femme faisait perler dans ses yeux, et s'écria à son tour d'une voix assurée et forte:

— Vive la République!

Et, après un dernier regard à celle qu'il aimait, il se livra aussi aux exécuteurs, et bientôt sa belle tête tomba sous le couperet qui fit jaillir avec abondance son sang chaud.

Au même instant un cri déchirant, résumant toutes les douleurs de l'âme, retentit au premier rang de la foule; c'était Cornélia chancelante, les deux mains sur ses yeux, qui l'avait poussé lorsque le couteau en s'abattant sur le cou de la victime avait produit un bruit sourd et fait tomber la tête d'Orsini dans le fatal panier.

Peindre la douleur atroce qu'éprouva la jeune femme, serait chose impossible, le couteau terrible en tombant sur la tête de celui qu'elle aimait avait d'un seul coup détruit toutes ses joies et toutes ses espérances, tranché le seul lien qui la r'attachait à la vie, fait entrer le désespoir sombre dans son cœur et la nuit dans son âme.

Depuis que la tête et le corps de celui qu'elle aimait avaient disparu avec des flots de sang sous l'échafaud et étaient allés rejoindre le cadavre de Piéri, une grande terreur s'était emparée de la jeune femme; elle voyait en imagination, s'embrassant au fond du rouge panier, les têtes d'Orsini et de Piéri encore vivantes, desquelles s'échappaient des flots de sang, dont les cerveaux intacts fonctionnaient, avaient des idées claires, lucides, conscientes; elle se figurait quel supplice incommensurable, innarrable, devait éprouver cette partie capitale de l'être humain, en se voyant ainsi séparée du tronc, après l'éclair terrifiant du couperet et une chute horrible.

Ces deux têtes de suppliciés, en effet, pensaient, voyaient, entendaient, raisonnaient et souffraient puisque tous les organes du cerveau et de l'ouïe étaient intacts, et que le sang, la chaleur et le fluide nerveux n'avaient pas encore eu le temps de disparaître; elles comprenaient toute l'horreur de la position dans laquelle elles se trouvaient, plongeant dans leur propre sang, gluant et fumant, qui les aveuglait et les asphyxiait; avec la pensée elles cherchaient inutilement leurs mains pour essuyer leurs fronts couverts de caillots, pour laver leurs bouches, qui barbottaient dans la rouge liqueur, pour les aider à sortir du panier puant dans lequel elles étouffaient; mais les mains, qui ordinairement obéissaient à la moindre de leurs volontés, étaient absentes; les parties pensantes, intelligentes de l'être humain plongeaient ainsi dans l'horreur, elles se rappelaient alors qu'elles étaient séparées de leurs corps et de leurs membres, qu'elles avaient été jetées seules, isolées, sans secours, sans appui, après une douleur atroce et une secousse violente, dans l'isolement du reste de leur être, à tout hasard, dans la nuit d'un cloaque sanglant; elles entendaient au-dessous d'elles des soubresauts épouvantables, des coups de pieds et de poings heurtant le sapin, comme ceux d'un vivant enfermé dans un cercueil; ce vacarme affreux raisonnait d'une manière lugubre à leurs oreilles, elles étaient dans l'épouvante à ce bruit extraordinairement effrayant; puis, tout à coup, une idée sinistre leur traversait l'esprit et les glaçait d'éffroi; elles s'expliquaient le vacarme affreux qu'elles entendaient, elles en comprenaient la cause, c'étaient leurs corps pantelants qui se débattaient sous les étreintes de la mort, c'étaient leurs nerfs, leurs muscles, leurs bras, leurs jambes qui s'agitaient dans des convulsions atroces, comme les tronçons d'un reptil avant de se raidir pour toujours dans le froid de la mort; d'étranges idées passaient dans ces cerveaux séparés des corps; il leur semblait que ces derniers se débattaient pour se rapprocher d'eux, pour se souder aux coupures du cou; l'instinct de la conservation acquerrait une nouvelle force; à mesure que le sang coulait et que la vie s'échappait, le supplice augmentait dans une progression effrayante; une idée fixe, mais une idée à donner le délire à l'être le plus courageux et le plus insensible, torturait ces cerveaux, qui ne rêvaient plus que les soudures des troncs aux têtes; cela est possible, disait leur pensée surexcitée, cela peut se faire, doit se faire; car, enfin on ne peut pas laisser perdre tout le sang de nos corps qui se débattent pour rejoindre leurs têtes, on ne peut pas les laisser mourir; nous avons beaucoup souffert, nous avons enduré des tortures inouïes, sans nom, nous avons plongé dans un abîme de maux et d'horreurs indicibles, inconnus, mais enfin nous allons en sortir, nous allons ressusc iter, nous allons vivre encore; nous avons subi notre peine, la société n'a plus de pouvoir contre nous, nous avons le droit de vivre, nous voulons vivre, vite pendant qu'il en est temps encore, avant que notre sang ait tout à fait coulé, qu'on rapproche nos têtes de nos corps, que l'on mette ces dernières en place sur leurs sections sanglantes, et, comme les lèvres de deux amants, nos chairs vives vont se chercher, adhérer, se coller, se souder, et nous vivrons, nous serons sauvés; vite, crions au secours! et ces têtes coupées ouvraient la bouche, elles remuaient leurs langues, mais aucun son ne sortait de leurs gosiers; pour parler, pour appeler, pour crier, il leur aurait fallu des poitrines, et elles n'en avaient pas. O malheur! pensaient-elles, nous sommes perdues!

Mais tout à coup une main saisit les têtes aux cheveux, les soulève, les retire de leur bain de sang; avides de lumière, les yeux s'ouvrent aussitôt, et ils aperçoivent une foule immense, profonde, houleuse, agitée, comme une mer, des milliers de regards se fixent sur ces têtes sanglantes, dont les yeux grands ouverts contemplent, avec des anxiétés impossibles à dire, la multitude humaine qui se presse au tour de l'échafaud; les regards des décapités cherchent dans cette masse mouvante une personne amie, et celui d'Orsini aperçoit bientôt, devant lui, tous près de l'instrument du supplice, une jeune femme habillée de noir, plus pâle qu'une morte, qui le contemple d'un air hagard, éperdu; à la vue du sang qui coule goutte à goutte du cou, des cheveux hérissés, des traits affreusement contractés, de la face maculée de la tête coupée, que tient le bourreau, la jeune femme pousse un cri d'angoisse profonde, et tombe évanouie dans les bras des personnes qui sont auprès d'elle.

A cette vue la tête sanglante se contracte encore plus douloureusement, elle pense avec la lucidité extraordinaire du somnambule au corps inerte, dont l'esprit seul veille. C'est elle, c'est Cornélia, c'est celle que j'aime, se dit la tête du décapité, elle me croit morte, je lui fais horreur! Oh! supplice atroce, si je pouvais parler, je lui dirais que je vis, que je pense, que je la vois, que je l'aime toujours; oui je l'aime, et cependant je n'ai plus ni cœur, ni poitrine, mais son image vit dans mon esprit, elle est peinte dans mon imagination et quand mon sang, que je vois répandu de tous les côtés sur cet échafaud, aura coulé jusqu'à la dernière goutte, quand mes tempes ne battront plus, quand mes yeux seront fermés et que la mort aura gelé ma cervelle, l'image de cette femme adorée restera encore gravée sous mon crâne. Mais parmi ces milliers d'êtres avides et curieux de l'aspect des supplices, de la vue du sang, il ne s'en trouvera donc pas un pour mettre fin à l'horrible exhibition de ma tête coupée, pour l'arracher des mains odieuses de ce valet de guillotine, de ce pourvoyeur de la mort? Il ne se trouvera donc pas un seul être humain pour faire cesser mon supplice, pour rattacher ma tête à mon corps, pour me rendre à la vie?

Pendant que la tête du malheureux supplicié pensait tout cela, son sang coulait toujours, la chaleur vitale s'épuisait, la douleur physique augmentait d'une manière atroce, les yeux du patient, tout grands ouverts, s'enfonçaient dans leurs orbites, ses traits se contractaient toujours davantage et prenaient une fixité étonnante, ses joues, son front pâlissaient, ses lèvres devenaient livides, sa vue se troublait, il ne voyait plus qu'à travers un voile funèbre les spectateurs qui l'environnaient et la belle jeune femme pâle, évanouie au pied de l'échafaud; et, comme si un vertige universel eut saisi tous les spectateurs, il les apercevait tournoyer, tourbillonner dans une ronde vertigineuse autour de lui; puis, tout à coup, tout s'évanouit, il sentit une énorme secousse, un choc violent, un éblouissement, un étourdissement et une vive douleur, comme s'il se fut frappé la tête contre terre en tombant, et quand il revint à lui, il se vit dans un cercueil, auprès d'un corps; c'était le sien. Le croira-t-on dans cette position terrible, affreuse, une idée d'espérance vint encore se loger dans son cerveau; il crut que son désir ardent, son idée fixe se réaliserait et qu'il allait enfin sentir ses chairs vives, tranchées par le couteau de la guillotine, appliquées sur celles encore saignantes de son cou, et que la solution de continuité faite entre sa tête et son corps allait disparaître; mais hélas! il n'en était rien, la tête, jetée au hasard, dans la bière, avait la face tournée du côté du tronc, vis-à-vis de la coupure du cou; il voyait ainsi ses muscles, ses tendons, ses chairs, ses os, qu'avaient entaillé le couperet, suintant du sang rouge et en partie caillé, ce spectacle horrible fit dresser les cheveux sur son crâne; il ferma instinctivement les yeux pour ne plus voir; mais bientôt le couvercle de la bière fut abaissé, la nuit se fit dans le cercueil; puis il fut remué, emporté, balancé, jeté avec une négligence et une insouciance brutales dans une charette, ce nouveau choc lui causa des éblouissements terribles, il vit des milliers d'étoiles rouges scintiller dans sa nuit profonde. Qui pourra supputer les souffrances de cette tête vivante, chez laquelle la vie persistait beaucoup plus longtemps que dans le tronc placé auprès d'elle, qui commençait à se raidir et à se refroidir? mais bientôt les secousses, le cahotage et le bruit d'une voiture annoncèrent à ce cerveau conscient, enfermé dans le cercueil, qu'il était soumis à la locomotion lente et monotone de la charette des suppliciés; quand cette dernière s'arrêta, le cercueil en fut tiré brutalement et déposé à l'amphithéâtre. La tête, toujours vivante, fut prise par la main d'un praticien, déposée sur le marbre, la section du cou placée en contact immédiat avec la surface plane, polie et froide; la sensation qu'en éprouva le cerveau fut douloureuse et comme galvanique, un frisson parcourut alors la face du guillotiné, qui sa contracta à cette impression glaciale. Le dissecteur, après avoir contemplé avec attention cette belle tête de décapité, qui le regardait attentivement, resta un instant pensif et recueilli devant les yeux humides et profonds fixés sur lui, et, après quelque hésitation, il prit son bistouri et l'approcha de la tête; à la vue de l'acier aigu, affilé et luisant un frisson de terreur parcourut ce visage pâle, les paupières clignotèrent de terreur, l'opérateur s'arrêta un instant; puis, comme si tout scrupule l'eut abandonné, il appuya la pointe de son outil sur la tempe; aussitôt la tête inerte jusqu'alors fit presque un soubresaut, une goutte de sang perla sous l'acier aigu, et cette tête, que l'opérateur avait cru morte, lui sembla animée; les yeux, qui le fixaient de nouveau, lui apparurent pleins de vie sous les longs cils soyeux de leurs paupières. En effet, cette tête déposée sur le marbre de l'amphithéâtre et qu'on croyait morte, voyait, comprenait, percevait, jugeait, appréciait, ressentait et souffrait vivement toutes les immenses tortures qui lui étaient infligées, depuis plus d'un quart d'heure, et elle appréhendait celles dont elle était encore menacée par le tortionnaire d'un nouveau genre qu'elle avait devant elle. Comprendra-t-on jamais dans quel abîme de douleurs insondables, de tortures incompréhensibles, incommensurables, plonge la pensée de ce cerveau exhalté par la souffrance infinie? Les perceptions étranges, qui se produisent dans cette intelligence soumise à ce martyre, accroissaient son supplice de millions de douleurs aiguës et d'appréhensions terribles. Par un effet extraordinaire la lucidité de perception et de sensation augmente encore et, à mesure que la vie s'affaiblit, elle devient plus vive et plus douloureuse.

Comment peindre la torture qui se produit, lorsque le scapel, la scie grinçante, le bistouri pointu, entrent dans les chairs, dans le crâne, dans les os, dans la cervelle, dans la moëlle, dans l'ancéphale, coupent les muscles, les veines, les tendons, les artères, les cartillages, brisent et détruisent toutes ces matières organiques, qui servent au développement de la pensée. Ce supplice n'est-il pas cent fois pire encore que celui éprouvé par la décapitation? qui peut l'envisager, le sonder sans frémir jusqu'à sa moëlle?

Eh bien, cette torture, que n'avaient pas imaginé les bourreaux les plus cruels, est celle à laquelle sont soumis tous les décapités; c'est celle qu'ont éprouvée l'héroïque martyr dont nous parlons, ainsi que son courageux compagnon. Et cela non-seulement contrairement à tout sentiment d'humanité, mais encore en violation de toute légalité; car ces héros, pour lesquels on a dressé l'échafaud politique et que l'on a odieusement condamnés comme des assassins vulgaires, devaient, d'après la sentence inique qui les frappait être guillotinés; mais où est la loi qui leur impose après leur décollation le supplice bien autrement odieux et cruel de la dissection à l'amphithéâtre? Dequel droit ajouter au martyre, qu'ils ont déjà subi sous le couteau, la profanation et la mutilation des cadavres encore chauds, des têtes encore vivantes, pensantes, conscientes et percevantes? Devant ces souffrances inouies que les partisans de la peine de mort défendent leurs odieuses et abominables doctrines, s'ils en ont encore le courage et la cruauté?

Que la société dite civilisée, qui se livre à ces énormités cruelles et atroces, devant lesquelles reculeraient les sauvages et les cannibales les plus féroces, réponde si elle l'ose; et, si elle ne le peut, qu'elle conserve la malédiction et l'anathème justement mérités qui s'attachent à elle pour ces infamies et pour tant d'autres!

II.

Tuer un tyran n'est pas un crime.

Les hommes a qui l'on a infligé le supplice atroce, que nous venons de décrire, n'étaient pas des coupables, mais des hommes de bien, les plus vertueux d'entre les citoyens; ils se sont sacrifiés pour la délivrance de leur patrie; ils sont morts pour la liberté; ils ont voulu tuer un tyran; ce sont de grands martyrs.

Tuer un tyran n'est donc pas un crime?

Non, c'est l'action la plus vertueuse et la plus méritoire; les tyrans étant les plus abominables, les plus dangereux, les plus cruels et les plus féroces de tous les monstres? Les lions, les tigres, le panthères et toutes les bêtes carnassières, tous les criminels, tous les assassins, tous les bandits, ne sont que de doux agneaux et de petits saints à côté des tyrans; ceux-ci commettent plus de crimes dans une heure que tous les animaux féroces et tous les brigands de la terre pendant toute leur vie. Ils appartiennent à la classe des aventuriers, des escrocs, des voleurs, des assassins, des malfaiteurs de la pire espèce et des plus grands criminels; ce sont des hommes de proie, de carnage, de sac et de corde; tout l'Océan, comme dit Macbeth, ne laverait pas le sang dont il se sont sacrés.

Ils donnent un libre cours à tous leurs mauvais instincts, ils sont même forcé de le faire; car il faut qu'à chaque instant de leur vie ils soient prêts à tous les crimes pour atteindre ou défendre leur but; la trahison, le parjure, le meurtre, le pillage, la guerre civile, avec tout leur cortège d'horreurs, sont pour eux des moyens légitimes, qui leur servent et leur profitent; quand les tyrans règnent, le mal gouverne, et il se constitue autour d'eux la plus fameuse, la plus effroyable bande de brigands que l'on puisse imaginer, et surtout la plus puissante: la police, l'administration, la magistrature, le clergé et l'armée sont dans leurs mains des instruments d'espionnage, d'esclavage, de vol, d'abrutissement, de meurtre, de pillage, de despotisme, et de tyrannie. Le droit, l'honneur, la justice, la vertu, l'équité et le respect de la foi jurée sont considérés par les tyrans comme les plus grands crimes, parce qu'ils leur font obstacle, et sont pour eux des injures, des reproches vivants; tout ce qui les sert est bien, tout ce qui les gêne est mal. Ils sont amenés tout naturellement à commettre tous les forfaits, froidement, par calcul et par force; les crimes sont pour eux un besoin absolu, une nécessité impérieuse d'existence, leur élément indispensable, leur milieu, hors duquel ils ne peuvent vivre. Ils n'ont ni patrie, ni famille, ni affection, ni amitié, ni amour. Ils ne connaissent qu'une chose: leur intérêt. Le sentiment est remplacé chez eux par l'instinct, surtout par celui de leur conservation; au milieu de leurs forfaits et des embuches qui les environnent, échapper au châtiment de leurs crimes, tel est le but unique qu'ils poursuivent, vers lequel ils tendent de toutes leurs facultés, avec une force dont rien au monde ne semble pouvoir les détourner, ni même les distraire; comme la brute, ils ne connaissent d'autres obstacles que ceux d'une force supérienre à la leur; tandis que l'homme obéit à des notions de justice et de droit, aux impulsions de sa conscience, qui augmentent l'obstacle à ses passions violentes et diminuent l'intensité de l'instinct mauvais, le tyran, comme le carnassier, ne connait pas de freins, il céde à sa soif inextinguible d'ambition, à sa rapacité et à sa férocité; la société pour lui est une proie sur laquelle il se précipite pour la dévorer; ce qu'il dépense de patience, de ruse, d'audace et de persévérance, pour arriver à sa victime, n'a d'égal que l'instinct des bêtes féroces et sauvages. Le tyran rapporte tout à lui, il veut éclipser tout ce qui l'environne, rien ne doit atteindre son niveau de honte, d'abjection, de crime ou de stupidité; aucune vertu ne peut croître sous son ombre, dans son atmosphère corrompue; on ne respire autour de lui que crime et que servitude, et il n'y a de place que pour les spéculations de l'hypocrisie, de l'impudence, de la bassesse, de l'improbité, de la lâcheté et de la cruauté; elles seules vivent, prospèrent, s'épanouissent sous son règne, celui de la force et de la violence. Le soldat spadassin et félon, le courtisan flatteur, vil et prêt à tout, l'escroc éhonté, le magistrat coupable, le juge inique, le général vendu, l'administrateur concussionnaire, le député servile, le sénateur esclave et les courtisans impudiques lèvent la tête et apparaîssent au premier rang; ils ont déviné que leur règne, que leur jour sont venus. Tout le limon, toute la boue, toute l'ordure, toute l'écume de la société montent à la surface, et le tyran règne sur cette fange. Il dispose de tout: des biens, de la famille, de la liberté et de la vie des citoyens; il peut tout: élever, détruire des villes, conquérir des provinces, ravager des États, renverser ou édifier des empires; il peut tout, excepté obtenir les suffrages ou l'estime d'un homme de bien. Tous les crimes pâlissent devant le sien; c'est là son premier châtiment; on sait grâce à lui jusqu'où peut aller la bassesse, le servilisme et la lâcheté humaine; on voit tout un grand peuple courbé devant le plus vil et le plus criminel des hommes, dont la volonté, le caprice et le bon plaisir sont la loi générale et détruisent tout esprit public. Sous le règne de ce corrupteur, les citoyens ne sont plus que des machines, le tyran pense, parle et agit pour eux, et ils tombent bientôt dans la plus grande indifférence de tous ce qui devrait les intéresser. Le sens moral, le sentiment du juste et de l'injuste s'évanouissent; la conscience publique oscille comme une balance folle, entre le bien et le mal; le caractère national s'abaisse peu à peu; le génie du peuple et sa dignité disparaissent graduellement; la décadence et la dégradation se font; la vie s'amoindrit chaque jour; les facultés, les forces vitales s'éteignent, et bientôt le silence et l'inertie de la tombe remplacent le mouvement et la vie. C'est ainsi que tant de civilisations de l'antiquité se sont écroulées sous le souffle empesté, corrosif et mortel de la tyrannie, et qu'il ne nous est resté d'elles que des ruines. Carthage, Ninive, Babylone, etc., en sont des preuves nombreuses. Le despotisme des Césars a produit la décadence de Rome et le Bas-Empire; le pouvoir absolu de la papauté a continué l'œuvre des empereurs et dépeuplé la campagne romaine; et à Constantinople, les successeurs de Mahomet font la même œuvre de destruction. Les destinées et la vie des nations sont en raison indirecte de la durée et de l'intensité de la tyrannie qu'elles subissent; et si celle-ci se prolongeait trop longtemps, si les générations et les institutions libres disparaissaient, si elles étaient remplacées par celles nées sous le despotisme, si leur souvenir même se perdait, c'en serait fait de la nation, la décadence serait irrémédiable, la dégradation incurable et la mort viendrait bientôt. Il faut donc se hater de détruire les tyrans pour sauver les peuples. C'est cette œuvre salutaire qu'a voulu accomplir Brutus en tuant César, malheureusement il ne tua qu'un tyran, Auguste et ses successeurs continuèrent l'ère de dégradation inaugurée par le premier des Césars; c'est aussi cette œuvre de délivrance qu'ont voulu accomplir les deux martyrs que nous avons vu mettre à mort.

Si l'on étudie avec soin l'histoire des tyrans, surtout celle de ceux qui ont réussi à l'aide de la violence et de la trahison, du meurtre et du parjure, on reconnait facilement que leur destinée, à laquelle ils n'échappent jamais, se compose nécessairement *d'aventures, de crimes et de démence.* Ce sont là les trois degrés inévitables de leur existence. C'est par l'aventure qu'ils commencent leur entreprise, par le crime qu'ils l'accomplissent et par la démence qu'ils la terminent. Ils ne jouissent pas impunément du succès du crime quelque perverties que soient leurs consciences elles en sont troublées et leur raison en est toujours profondément ébranlée. C'est pourquoi, pour les tyrans comme pour tous les malfaiteurs il y a une démence qui ne les épargne jamais, qui vient les frapper à un moment donné et qui les conduit fatalement à leur perte. Tout les penseurs sont d'accord sur cette loi morale démontrée par l'histoire, l'observation et l'expérience, laquelle amêne infailliblement le châtiment de la tyrannie.

Le tyran usurpateur est voué fatalement à la démence par la lutte même dans laquelle il s'est engagé contre la morale, la justice et le droit. Combien d'entre eux n'ont-ils pas été arrêtés par le gibet ou par le poignard; combien d'autres, parvenus à saisir un instant le pouvoir, ont été pris de vertige et se sont précipités eux-mêmes dans l'abîme où ils devaient finir comme des aventuriers et des criminels? Faut-il citer César et la plupart de ses successeurs, Sylla, Charles VI, Aléxandre de Russie, n'étaien-tils pas en proie à la démence, et n'est-ce pas, pour lui échapper, qu'ils ont abdiqué pour se retirer dans la solitude et dans le cloître? Napoléon Ier, n'est-il pas tombé par la démence de son ambition démesurée, du faîte du pouvoir au bagne de Sainte-Hélène? Maximilien, qui vient d'être fusillé au Mexique, et sa femme folle, ne sont-ils pas deux autres exemples du châtiment réservé aux tyrans? Et qui sait quelle fin terrible attend les autres? Il est rare de rencontrer un tyran qui, comme Auguste, ait joué son rôle jusqu'au bout pendant un long règne, que cet empereur appelait lui-même une comédie. La démence est le vertige des tyrans. Quiconque plane dans les régions élevées du crime, tombe nécessairement dans les abîmes d'iniquités au-dessus desquels il tournoie et perd bientôt la raison.

Est-ce donc un crime que de punir ces brigands, qui tiennent les peuples dans leurs serres et dont ils font leur proie, et de hater ainsi l'heure de leur châtiment en délivrant et sauvant leurs victimes?

La réponse affirmative serait la négation de tous les principes de justice et surtout du droit de légitime défense, or, qui peut nier ce dernier, qui est l'instinct de la conservation, non-seulement écrit dans le cœur de l'homme, mais encore dans tous les codes, consacré par toutes les coutumes, chez tous les peuples. Or le tyrannicide, est-il autre chose que le droit de légitime défense du citoyen contre le voleur de ses libertés, contre celui qui l'opprime. La loi accorde le droit de défense à quiconque est attaqué au coin d'un bois, à celui à qui on veut prendre sa bourse; au mari outragé auquel on dérobe l'honneur de sa femme; peut-on refuser ce même droit à celui à qui on a dérobé le plus précieux de tous les biens : sa liberté, dont la perte entraîne celle de tous les autres, de tous les droits; car le tyran n'établit son pouvoir inique et odieux qu'en se rendant coupable de tous les crimes et de toutes les violences; avec lui les personnes, les biens, la liberté, la vie des citoyens ne sont pas en sûreté et peuvent à chaque instant devenir sa proie; or, d'après le droit de légitime défense, chacun n'est-il pas autorisé à courir sus à cet ennemi public, à ce danger perpétuel, avec lequel il n'est aucune sécuriré pour personne? Contre les tyrans le droit de défense existe pour tous les citoyens, ils peuvent les punir à la première occasion favorable. La révolte contre la tyrannie est un fait forcé, fatal, logique, nécessaire, elle devient le premier des devoirs étant le dernier des droits, le seul qui reste pour recouvrer les autres, pour rétablir l'ordre par la liberté.

Les tyrans, se sont eux-mêmes placés hors l'humanité par leurs forfaits, hors la loi, en les violant toutes, ils n'ont le droit d'en invoquer aucune pour leur protection; tout le monde a contre eux le droit de légitime défense, et peut leur courir sus, comme sur des êtres dangereux et nuisibles qu'il est prudent et urgent de renverser le plustôt possible dans l'intérêt et pour le salut de la société et de l'humanité. Et ceux qui les tuent, loin d'être des coupables sont des bienfaiteurs, des sauveurs, des libérateurs, qu'on doit remercier et honorer, auxquels on doit élever des statues, comme les Athéniens l'ont fait pour Harmodius et Aristogiton, et dont on doit conserver religieusement la mémoire afin que, comme celle de Brutus, elle serve d'exemple aux siècles futurs.

Comment, en effet, celui, qui a le bourreau sous lui, à son service, qui dispose de la force et domine la justice par le crime, qui ne se soumet point aux lois, qui se place au-dessus d'elles, qui les a toutes violées, qui s'est parjuré publiquement, qui a commis toutes les violences, toutes les trahisons, tous les crimes; comment ce criminel, qui a assassiné le peuple et qui lui a volé sa souveraineté, sa liberté et sa fortune, son or et son sang, pourrait-il invoquer la protection des lois comme un honnête citoyen, un membre de la communauté, qui observe, respecte et défend ces mêmes lois? qui oserait soutenir que ces deux hommes doivent être traités de la même façon? Le premier n'est-il pas un ennemi public des plus dangereux, qui doit être mis au ban de l'humanité, au nombre de ces bêtes sauvages et féroces qui ne vivent pas en société avec les autres, qui sont leurs ennemies et qui les dévorent, qui mettent à mort toutes celles qui sont plus faibles qu'elles, et qui sont à leur tour, et en toute justice, la proie de celles qui leur sont supérieures en force?

Le tyran en se plaçant lui-même au-dessus des lois, en mettant ses crimes à l'abri de l'atteinte des magistrats et de l'exercice de la justice, s'est ainsi garanti de toute espèce de punition légale, et il ne peut être châtié de ses crimes innombrables que par la main généreuse de quelque courageux citoyen qui, en le frappant justement, le punit équitablement de ses crimes et met un terme à ses forfaits. „Le pouvoir qui se place au-dessus des lois," a dit le Times, après le coup d'État du 2 décembre 1851, „appelle des châtiments en dehors des lois. Le tyrannicide, sourd à Dieu et aux hommes, ne voit que le criminel, ne considère que la peine. C'est Brutus quand il réussit, c'est un martyr quand il échoue. L'oncle (Napoléon Ier), avec le legs Cantillon, a fourni un terrible argument à ceux qui voudront dépecer le neveu." Si le droit qu'a tout citoyen, de faire justice du tyran, n'existait pas, il n'y aurait aucune sécurité pour la société et pour les individus; ils seraient toujours à la merci du premier brigand venu qui, par ruse ou par force, se serait emparé du pouvoir et placé au-dessus des lois. Cette justice sommaire, que tous les citoyens ont le droit et le devoir d'exercer contre les tyrans, est donc nécessaire, indispensable à la sécurité de tous pour atteindre les grands coupables, sans elle les tyrans seraient en sureté, garantis par la grandeur de leurs crimes. Les lois ne seraient alors que des toiles d'araignées, faites pour attraper les mouches auxquelles échapperaient les frélons et les guêpes, et l'on pourrait dire de toutes les Républiques ce que l'on disait de celle d'Athènes: que l'on y pendait seulement les petits malfaiteurs, mais que les grands étaient en sûreté et condamnaient les autres.

Il est donc utile et nécessaire que celui qui échappe à la justice sociale, tombe sous les coups de la justice individuelle; que celui qui brave impunément les arrêts de la Haute-Cour, rencontre dans la rue le châtiment qu'il a mérité; que celui qui marche armé contre tout le monde, trouve tout le monde armé contre lui.

„En vertu d'une loi supérieure, dit J. de Maistre, il y a toujours à côté de toute souveraineté une force quelconque qui lui sert de frein: c'est une loi, c'est une coutume, c'est la conscience, c'est une thiare, c'est un poignard.“ C'est surtout contre les tyrans que cette „force,.... ce poignard,“ dont parle l'écrivain savoyard sont utiles.

Cicéron disait aussi: „Nous avons le droit de guerre envers ceux contre qui nous n'avons pas de loi, et puisqu'il y a deux voies pour décider les différents; l'une par le jugement et l'arbitrage, et l'autre par la force; l'une est pour les hommes et l'autre pour les bêtes; nous devons avoir recours à la dernière, quand la première ne peut rien obtenir et, quand la justice sociale ne peut être faite, d'après la loi de nature chaque homme doit être son propre magistrat et se faire justice à soi-même.“

„La loi, dit Grotius, qui m'empêche de poursuivre mon droit autrement que par le cours ordinaire de la justice suppose évidemment que la loi a du pouvoir, et que la justice peut être faite.“

Ne serait-ce pas une anomalie choquante qu'un homme eut le droit d'en tuer un autre lorsqu'il est attaqué sur la route par un malfaiteur qui tombe sous le coup de la loi et qui peut être puni par elle; tandis qu'il n'aurait pas le droit de tuer un tyran, ce larron public, qui vole en gros; cet assassin, qui tue en masse, verse le sang à flots, dans la rue, qui prends l'or au tas publiquement, qui viole en armes le sanctuaire de la loi; aux coups duquel tout le monde est exposé et que nulle loi ne peut arrêter dans ses forfaits; ne serait-il pas monstrueux que ce malfaiteur redoutable, à qui rien n'est respectable, à qui rien n'est sacré, fut sain et sauf, inviolable, tout puissant, sacrosaint? Ne serait-il pas désolant si l'on pouvait dire: Tant que ce criminel disposera de la force, tant qu'il sera tout-puissant, il sera innocent; nul n'aura plus de droit sur lui; il n'y aura plus pour l'atteindre qu'une révolution dans une quinzaine d'années et au prix du sacrifice de milliers d'hommes; jusque là et moyennent cette prime sanglante il est assuré, garanti par les pouvoirs existants, et quiconque réclame ou tente justice contre lui est un assassin, un scélérat, un faiseur d'attentat, un ennemi de la religion, de la famille, de la propriété, de la société, de la morale, de l'humanité, qu'il faut mettre à mort. Cette manière de raisonner ne peut prévaloir, c'est celle des exploiteurs et des tyrans, ainsi que l'a dit Félix Pyal.

Quoi, on aurait le droit de tuer l'homme isolé, qui vient seul, ou accompagné d'un petit nombre, attaquer notre propriété ou notre vie, et l'on n'aurait pas le droit de tuer aussi le brigand qui, à la tête d'un million de soldats et d'un million de fonctionnaires publics attente journellement à notre bourse, à notre liberté, et qui est une menace permanente pour notre existence. S'il en était ainsi, et si ce n'était que le nombre des adhérents qui fit la différence entre le voleur-assassin que l'on doit punir et celui que l'on doit respecter; il est utile que ce nombre soit fixé afin que l'on sache où fini le malfaiteur et où commence le prince? Dérober, extorquer, voler, assassiner, c'est ce que les tyrans appellent gouverner; dévaster, incendier, piller, violer, massacrer un pays et un peuple, c'est ce qu'ils nomment rétablir, faire régner l'ordre. Aussi, s'il est toujours juste de tuer le voleur dont nous ne pourrions avoir justice autrement, il n'est pas seulement juste, mais il est encore glorieux, et c'est bien mériter de l'humanité que de délivrer le monde de ce voleur de tous, de ce forban, de ce pirate, de ce brigand universel, sous qui et pour qui les moindres malfaiteurs à son service pillent, butinent, assassinent et saccagent tout. Il serait à souhaiter qu'il y eut quelque moyen de détruire à tout jamais cette race dangereuse de tyrans, qu'il se trouvât quelqu'un pour crever cet ulcère, tuer cette hydre, couper toutes les têtes de ce monstre, pour abattre ces hommes sanguinaires, rapaces et féroces qui ne vivent pas seulement pour le malheur mais encore pour la honte, le deshonneur, la dégradation et la décadence des nations qu'ils oppriment.

Mais dans tous les temps, chez tous les peuples la mise à mort du tyran a été approuvée et, chez beaucoup, encouragée, récompensée et honorée.

Xènophon nous raconte que les Grecs, qui ne souffraient pas que les meurtriers entrassent dans les lieux consacrés au culte, érigèrent dans leurs temples des statues à ceux qui avaient tué des tyrans, estimant qu'il était à propos de placer leurs libérateurs parmi leurs dieux. Cicéron fut témoin oculaire des honneurs qu'on faisait à de tels hommes. „Les Grecs, dit-il, attribuent les honneurs divins à ceux-là qui tuent les tyrans. Qu'ai-je vu dans Athènes et dans les autres villes de la Grèce? Quelle religion récompense de semblables hommes? Quels hymnes, quels éloges, avec lesquels ils les ont consacrés à l'immortalité et presque déifiés? Dans Athènes, par la loi de Solon, la mort n'était pas seulement décrétée contre le tyran qui opprimait l'État, mais contre tous ceux qui avaient pris quelque charge et qui avaient eu quelques emplois pendant que la tyrannie subsistait.“ Et Platon nous dit que, si le tyran ne pouvait être chassé en l'accusant devant les citoyens, ils s'en défaisaient par de secrètes pratiques.

Chez les Romains, suivant la loi Valéria, on pouvait tuer quiconque prenait la magistrature sans le commandement du peuple. „La République, dit Montesquieu, armait le bras de chaque citoyen contre le tyran, le faisait magistrat pour le moment et l'avouait pour sa défense.“ Plutarque dit que cette loi était beaucoup plus sévère et qu'il était permis, sans qu'il y eut de jugement rendu, de tuer celui qui n'avait fait qu'aspirer à la tyrannie. De même, la loi consulaire qui fut faite après la suppression de la tyrannie du décemviriat, déclara qu'il était permis de tuer celui qui veut entreprendre de créer des magistrats sans appel au peuple. Les Romains avaient appris des Grecs, avec le reste de leur philosophie, quel était le remède naturel contre un tyran, et ils n'honoraient pas moins qu'eux ceux qui en firent l'application et qui, comme dit Polybe, „n'étaient ni les pires, ni les moindres des citoyens; mais les plus généreux et ceux de la plus grande vertu.“

Ainsi furent la plupart de ceux qui conspirèrent contre Jules César; ce dernier crut lui-même que Brutus était digne de lui succéder dans l'empire du monde, et Cicéron, qui était surnommé le père de la patrie, quoiqu'il n'eut pas participé à la mort de César, affecta néanmoins d'y avoir contribué, afin d'avoir au moins la gloire d'être considéré comme un des conjurés. „Quelle action, ô Jupiter! dit-il, a jamais été faite dans cette ville, voir même dans le monde, qui fut plus glorieuse et plus digne d'une éternelle mémoire! Je souffre volontiers que l'on me comprenne dans ce dessein.... Tous les gens de bien, autant qu'il était en leur pouvoir, ont tué César. Ce n'est pas un crime que de tuer un tyran; quelques uns ont manqué de suffisance, d'autres de courage, d'autres n'en ont point eu l'occasion, mais personne n'a manqué de bonne volonté pour le faire.“

Montesquieu, en approuvant le meurtre de César, dit: „Le crime de César, qui vivait dans un État libre, n'était-il pas hors d'état d'être puni autrement que par un assassinat?“

Shakespeare a dit de Brutus: „C'était le plus honnête de Rome, ce que les autres pouvaient faire par envie, il l'a fait pour le bien de tous; la nature l'avait créé d'éléments si dignes qu'elle pouvait s'en enorgueillir et dire au monde entier: c'était un homme!" M. Disraeli, le ministre anglais, a dit la même chose que Shakespeare, en parlant de Brutus: „C'était un héros, c'était un homme!"

Lamartine a dit en racontant la mort de César: „Le poignard est le coup d'État du peuple."

Le poète Milton a été plus loin encore que les précédents: il était d'avis „qu'il fallait tuer non-seulement tous ceux qui sont rois, mais encore tous ceux qui peuvent l'être."

Après Milton le républicain, voici M. de Maistre le royaliste ultramontain qui est du même avis: „Partout où le souverain exerce le droit de punir directement, il faut qu'il puisse être jugé, déposé et mis à mort; et s'il n'y a pas un droit fixe sur ce point, il faut que le meurtre d'un souverain n'effraie ni ne révolte aucunement les imaginations; il faut même que les auteurs de ces terribles exécutions ne soient point flétris dans l'opinion publique et que des fils organisés tout exprès consentent à porter le nom de leurs pères. C'est ce qui a eu lieu en effet; car tout ce qui est nécessaire existe."

Machiavel, cet évangéliste des tyrans et cet éducateur des peuples, qui ne l'ont pas même compris, fait aussi l'éloge des tyrannicides:

„Aucun tyran, dit-il, ne peut se garantir du fer d'un citoyen, s'il ne dépose la clamyde.

„Que veut dire assassinat politique? L'acte d'un prince qui manque à ses devoirs, qui gouverne par l'espionnage et s'élève par le sang, n'est-il pas un assassinat politique? Qu'est-ce au contraire que l'acte des Brutus, des Pélopidas, des Tell? Ces hommes ne sont-ils pas les libérateurs de leur patrie?"

Voici encore un royaliste, un député de la droite, M. Solar de la Marguerite, qui tient le même langage: „La tyrannie est exécrable, dit-il, le tyran est hors la loi, contre lui la rébellion n'est plus rébellion, c'est la juste résistance de l'humanité outragée. Un roi peut être tué sans crime s'il use tyranniquement du pouvoir royal."

Nous pourrions citer encore Plutarque, Coletta, Muratori, Alfieri, Foscolo, Monti, Pétrarque, Dante, Moïse, les Saints Pères, Grégoire le Grand, Saint Thomas, les pères Jésuites, le père Suarez, Lord Grey, le professeur Newman de l'université d'Oxford, Stuart, Ditton Lodge, Warrington, les Montagnards, les Girondins, les membres des Cinq-Cents, la Convention-nationale et la Législative, la plupart des philosophes, qui tous étaient partisans du tyrannicide. Les livres religieux comme les profanes n'ont-ils pas soutenu aussi la même théorie? La Bible, ne dit-elle pas: Dent pour dent, œil pour œil. Le Christ, lui-même, quand il a dit dans l'Évangile: celui qui se servira de l'épée périra par l'épée, n'a-t-il pas sous-entendu que celui qui se place en dehors des lois sera mis hors la loi, et que le tyran, coupable d'assassinat politique, sera assassiné? Les constitutions de la grande Révolution française et les droits de l'homme, n'ont-ils pas tous proclamé le droit d'insurrection, or l'assassinat du tyran n'est-il pas l'exercice par un seul individu de ce droit le plus sacré?

L'Assemblée Constituante de 1848, en confiant la Constitution „à la garde et au patriotisme de tous les citoyens,“ n'a-t-elle pas donné à ces derniers le droit et imposé le devoir de défendre le pacte social contre le tyran, même avec le poignard? Mais les souverains eux-mêmes, les fondateurs de la Sainte-Alliance; ont aussi enseigné et ordonné le tyrannicide, n'ont ils pas dit, en 1814, lors de l'invasion: „Les puissances déclarent que Bonaparte s'est placé hors des lois civiles et sociales, et que, comme ennemi et perturbateur de la paix du monde, il est livré à la vindicte commune, et que chacun a le droit de lui courir sus et de le mettre à mort?“ Les Grands-Corps de l'État, le Sénat et le Corps-législatif n'ont-ils pas décrété la même chose? Et Napoléon Ier, lui-même, n'a-t-il pas approuvé la doctrine de l'assassinat politique quand, dans son testament, il a légué une pension à Cantillon qui avait voulu assassiner Wellington? Il a même eu le soin de joindre la théorie à la pratique en disant: „Cantillon avait autant de droit d'assassiner Wellington, que cet oligarque de m'envoyer à Sainte-Hélène pour y périr.“

Ainsi, comme on le voit, le droit naturel, le droit social, celui de légitime défense, la justice, la raison, la morale, les philosophes, les orateurs, les législateurs, les poètes, les historiens, les penseurs, les jurisconsultes, les souverains et jusqu'à Napoléon lui-même ont approuvé le tyrannicide.

Voici maintenant l'opinion d'un journal Anglais sur le cas spécial, qui a amené la condamnation à mort et l'exécution des deux martyrs que nous avons vus monter sur l'échafaud:

„Orsini n'était pas un ami du désordre, mais un ennemi de l'oppression, comme tout Anglais doit l'être, un martyr de la liberté, aussi actif, constant et dévoué qu'il s'en puisse voir dans la glorieuse liste des héres du monde, sans en excepter même notre Hampden et notre Elliott... Que ferions-nous d'un homme qui attenterait à notre liberté, que nous n'avons pas même conquise, comme les Romains de 1848, mais qui nous vient de nos pères? Ne honnirions-nous pas quiconque hésiterait à frapper le tyran? Ne saluerions-nous pas l'homme de cœur qui le premier le tenterait le mieux? Et s'il échouait, d'autres n'essaieraient-ils pas? N'abreuverions nous pas le sol de notre sang plutôt que de nous soumettre? Et si à la fin le despote vivait et régnait, ne régnerait-il pas sur la tombe des Anglais plutôt que sur les Anglais eux-mêmes? Or si les Anglais estiment la liberté le plus grand des biens, comment refuseraient-ils leurs sympathies à ceux qui en sont privé, qui la désirent, et qui jugent leur action nécessaire pour s'affranchir, en acceptent le danger et la responsabilité?... Que les Anglais libres et justes gardent donc leur indignation pour celui qui tue pour monter sur le trône, et non pour celui qui monte sur l'échafaud pour la liberté; l'un en sureté dans son palais, faisant faire à ses agents l'œuvre homicide, ensanglantant Paris, surpassant tous les conspirateurs et assassins, et après tout cela flétrissant et exécutant l'autre qui, sans ambition ni méchanceté personnelle, agit par seule conviction de délivrer son pays. P. Stuart, Ditton Lodge, Near Warrington."

(Morning-Advertiser, du 3 février 1858.)

Ainsi donc ces deux hommes à qui on a tranché la tête étaient des innocents, des héros, des martyrs; „c'étaient, comme disait Shakespeare, les plus honnêtes de Rome." Orsini et ses compagnons ont fait ce que le *Morning Advertiser* dit que tous les Anglais feraient s'ils étaient dans le même cas qu'eux, ce que conseille de faire l'opinion générale de tous les hommes, démocrates ou royalistes, citoyens ou sujets, libres ou esclaves, particuliers rois ou empereurs, grands ou petits, païens ou Chrétiens, depuis les Grecs et les Romains du temps d'Harmodius et de César, jusqu'aux Anglais contemporains de Shakespeare, de Milton, de M. Disraéli, du *Morning Advertiser* et du *Times*. Les deux martyrs Italiens ont été jurés, juges et bourreaux du crime commis contre la République romaine, la souveraineté du peuple et le droit des gens. Et comme garantie de leurs triples fonctions, ils ont livré chacun leur tête. Ils ont engagé leur conscience et leur vie. On peut croire avec certidute au *droit* de ceux qui meurent pour le prouver; quoique individuel il est aussi sûr que le collectif. La certitude et la garantie qui lui manquent du côté du nombre et de la forme, il les compense et au-delà par la conviction et le sacrifice. Il faut un sentiment plus profond du droit pour inspirer un tyrannicide que pour faire un jurisconsulte, un législateur, un juré ou un juge. Celui qui engage sa tête avant de commettre une action aussi grave que celle de frapper un tyran, réfléchit profondément et il ne se décide que quand il a bien muri et bien pesé sa décision, et que quand il a acquis la conviction certaine qu'il va commettre une action vertueuse et se sacrifier pour une bonne cause. La justice privée ne se substitue pas légèrement à la justice publique, elle coûte trop chère pour agir sans les plus grâves motifs; elle ne vient qu'à défaut de l'autre, lorsqu'elle est nécessaire, que la loi et la vindicte sociale ne peuvent atteindre les coupables.

Nul ne tue par goût et par plaisir; ce que le tyran fait pour conquérir le pouvoir, pour le conserver, le libérateur, le vengeur le fait par amour de la liberté. Le devoir a ses amants passionnés comme le pouvoir; la liberté a ses adorateurs comme le despotisme. Les extrêmes se touchent; le mal a avec lui son remède, homéopathie pure; vaccin contre virus, antidote contre poison, ammoniaque contre venin; la tyrannie comme la rage peut se guérir par le fer et par le feu; mais il faut que la cautérisation soit profondē. Certes on a bien raison de frémir devant la violence du remède, mais on est forcé de l'employer, il y va du salut et de la liberté de la société; puis c'est le seul moyen connu jusqu'à ce jour, il n'y en a pas d'autre. L'attentat engendre forcément, fatalement, logïquement l'assassinat; il force ce dernier à le punir de ses crimes, à le châtier; il transforme les victimes en vengeurs; il perpétue l'œuvre abominable de l'extermination, il établit un flux et un reflux de sang qui fait horreur; mais l'exécration doit s'adresser à la cause et non à l'effet; les tyrans engendrent les justiciers: Hipparque et Hippias ont fait Harmodius et Aristogiton; les Césars anciens et modernes ont produit Brutus, Staub, Milanollo, Pianori, Orsini, Berezouski, etc., et il en sera heureusement toujours de même tant qu'il y aura des tyrans qui attenteront aux droits et à la vie du seul souverain, le peuple, qui érigeront la'ttentat en système, l'assassinat en régime, le coup d'État en constitution, et qui régneront par le droit de la force, la grâce du sabre, la raison du silence, la liberté de la geôle, de l'exil, du bagne et de la mort. Le pouvoir du tyran sera toujours l'attentat en arme contre le droit désarmé, l'assassinat cuirassé, armé de pied en cap contre les citoyens sans défense; le guet-apens le plus perfide, le plus féroce et le plus atroce; l'attentat de confiance, celui du serviteur, du commis contre le maître; du représentant contre ses électeurs; de l'enfant contre sa mère, un parricide enfin!

N'est-il pas de toute justice que chaque citoyen ait le droit de défendre, comme il peut, sa mère, la patrie, la République, la liberté, l'humanité contre le parricide?

C'est envain que les complices et les esclaves des tyrans insultent leurs justiciers; personne ne croira que les infâmes et les lâches sont ceux qui jouent leur tête contre celle de l'ennemi, qui risquent leur vie à coup sûr, qui la sacrifient pour le service du droit, certains d'être tués en tout cas: sur place s'ils réussissent, sur l'échafaud s'ils manquent; qui croira jamais que les généreux, les braves, les courageux, les honorables, les magnanimes, les respectables sont ceux qui par amour du pouvoir, de la caisse, des jouissances grossières, du trône élevé dans le sang, hissé sur des monceaux de cadavres, lancent leurs troupes ivres sur les foules désarmées, sur des multitudes inoffensives, font massacrer, comme sur les boulevards, le 4 décembre 1851, les enfants, les vieillards, les femmes et les hommes, sans distinction de sexe et d'âge; bombardent, comme à Rome, à Paris, au Mexique, mettent tout à feux et à sang, volent, violent, pillent et massacrent tout, sans pitié ni merci, mettent les hommes en sanglantes et sombres coupes réglées: déportent, transportent, fusillent, guillotinent, exterminent, dépeuplent et font chez les nations libres le travail sans espérance des Danaïdes, vidant les peuples dans les déserts brûlants, empestés et sans fins, ces immenses antichambres de la mort, où règne la guillotine sèche ayant pour valets la fièvre et le typhus.

Mais, si nous passons du cas général à celui spécial relatif aux deux martyrs Italiens dont nous avons raconté l'exécution, nous démontrerons facilement qu'ils avaient doublement le droit pour eux contre l'oppresseur étranger à leur patrie. Ils avaient deux causes à défendre: la patrie et la liberté. Ils ont donc deux fois raison contre le tyran étranger, contre cet agresseur, qui n'est pas de leur pays, qui n'avait sur eux aucun titre, qu'ils ne connaissaient pas, qui est venu les opprimer avec une force étrangère comme lui, qui rend sa domination doublement odieuse et antipathique. Ce qu'ont fait ces deux hommes pour délivrer leur patrie a été glorifié comme une action héroïque chez tous les peuples. Mucius Scévola qui, au dire de Plutarque, était le plus vertueux des Romains, n'a-t-il pas tenté d'assassiner Porsenna? Judith s'est prostituée à Holopherne, afin de pouvoir le tuer impunément, la nuit pendant son sommeil, et l'Église l'a placée au nombre de ses saintes, afin de la glorifier; Staub a voulu assassiner Napoléon Ier, sa mémoire, comme celle de Carl Sand est restée chère à l'Allemagne, et le sang de ces deux martyrs a enfanté l'armée de la délivrance; les fils de la libre Helvétie sont fiers de leur ancêtre le meurtrier du tyran Gesler, et se nomment encore aujourd'hui avec orgueil les enfants de Tell; le grand poète allemand Schiller a célébré le courage du pâtre d'Uri, et la légende héroïque de l'albalétrier d'Altorff a inspiré à Rossini son chef-d'œuvre, le plus bel ornement de notre scène. Le serment du Grütli, par lequel trois pâtres d'Uri, de Switz et d'Unterwald jurèrent d'affranchir leur patrie et de tuer les tyrans, est encore aujourd'hui un des plus beaux exemples que l'histoire transmette aux peuples pour leur inspirer l'amour de la liberté et la haine de l'oppression, et les Suisses en conservent religieusement le souvenir. Tous les peuples ont leurs héros et leurs martyrs de l'indépendance et de la liberté, dont ils gardent précieusement la mémoire et qu'ils donnent en exemple au monde. Quand le poignard des tyrannicides ne leur suffisait pas ils employaient d'autres procédés non moins violents, tous les moyens possibles leur étaient bons pour se soustraire à la tyrannie. Quand Napoléon Ier envahit la Russie, les Moscovites firent la guerre avec le feu et brûlèrent leur capitale pour sauver leur patrie; les Hollandais rompirent leurs digues, inondèrent leur pays pour submerger leurs ennemis et conserver leur indépendance; les Espagnols se défendirent à coups de couteaux, transformèrent chacune de leurs habitations en une forteresse et luttèrent jusqu'à l'extermination; les Napolitains et les Siciliens organisèrent le brigandage contre les oppresseurs étrangers; les Vêpres siciliennes avaient déjà prouvé jusqu'où pouvait aller la haine d'un peuple, poussé au désespoir, contre la domination étrangère; les Sultans de

Janina et de Saint-Jean-d'Acre semaient dans l'air les germes de la peste, qu'ils avaient conservés précieusement dans les plis de riches fourures, et faisaient appel au terrible fléau pour qu'il combatte avec eux. Tous les peuples trouvaient toutes les armes licites contre la tyrannie.

Qu'on cite un tribunal, un pouvoir, une puissance qui puisse faire respecter le droit des peuples, leur liberté et leur indépendance et punir ceux qui violent ces dernières et alors les tyrannicides désarmeront, ils viendront demander, à cette cour suprême et souveraine, justice des violences et des iniquités. Mais tant qu'il n'en sera pas ainsi, tant que le faible pourra être victime du fort, tant que les crimes, les plus odieux, les plus infâmes contre le droit des nations et le droit des gens pourront être commis, l'assassinat comme l'insurrection seront les plus sacrés des droits, les plus impérieux des devoirs. Où est la justice, où est la police européenne qui peuvent s'opposer aux exactions et aux invasions des tyrans? Que ceux qui se plaignent des attentats commis contre ces misérables indiquent un autre moyen que le poignard, pour obtenir justice et on renoncera à ce dernier. Mais, jusque là, les opprimés continueront d'employer la seule arme qui leur reste, et ni les menaces, ni les lois, ni les prisons, ni les bagnes, ni les échafauds, ni les fusillades n'y feront rien;

entre les tyrans et leurs victimes il n'y a pas de paix possible, c'est entre eux une guerre d'extermination, un combat à outrance, une bataille continuelle sans merci ni pitié, il n'y a entre eux ni régicide, ni tyrannicide, ni attentat, ni même droit révolutionnaire et d'insurrection, mais simplement droit commun, droit des gens et de légitime défense.

La république romaine, comme la république française et la république Mexicaine ont été détruites, assassinées par surprise et trahison, au mépris de toutes les lois et des constitutions, du serment solennel, en pleine paix, sans provocation ni agression; les citoyens romains la vengent, c'est leur droit, ils tirent des coups de pistolets, ils jettent des bombes, à ceux qui les ont fusillé et bombardé, qui leur ont volé leur souveraineté et leur liberté, qui pourra trouver à redire à cette conduite équitable, si ce ne sont ceux intéressés à éviter la punition de leurs crimes?

La guerre continue entre la république romaine et ses assassins, l'attentat n'est pour rien là dedans.

Son ennemi, son destructeur n'est pas l'Empereur des Romains, il n'est ni roi d'Italie comme Napoléon Ier, ni roi de Rome comme Napoléon II; ni les Italiens, ni les Romains ne sont ses sujets, ils ne l'ont pas élu, bongré malgré; ils ne lui ont pas donné, à l'aide de la terreur, de la fraude, des gendarmes, des prêtres et de la police, cinq ou six millions de voix, ils ne lui ont pas octroyé par leurs votes le droit de les tuer physiquement et moralement. Il est leur ennemi, il est en guerre, en guerre ouverte avec eux, c'est lui qui leur a oté leur gouvernement libre, issu mieux que le sien du suffrage-universel.

Ce sont l'invasion et l'occupation étrangère qui leur ont imposé par la force Pie IX, exclu de la souveraineté temporelle, comme Charles X, Louis-Philippe, le roi de Naples, etc.... Ce sont-elles qui leur imposent outre le pape, les cardinaux, les jésuites, les inquisiteurs, le gouvernement des prêtres, tous les fléaux de l'Italie et de l'humanité; ce sont-elles qui ont réinstallé par la force la papauté, cette peste noire qui a plus fait de victimes que le choléra. C'est sans foi ni loi, en vertu du droit du plus traître et du plus fort qu'elles les ont occupé militairement pendant 17 ans, avec dix mille fusils, cent canons, des bombes et de la mitraille, est-ce qu'il n'est pas permis aux républicains romains d'employer quatre poires fulminantes contre une pareille force et un semblable matériel de guerre; serait-ce trop? est-ce manquer aux devoirs et outrepasser les droits des belligérants, que de se battre avec quatre bombes contre dix mille, cent mille, un million? Est-ce une lâcheté de la part de quatre hommes, armés de revolvers et de quatre projectiles, de venir attaquer leurs ennemis, dans leur capitale, au milieu de leurs gardes, de la police, des soldats, d'une armée de six cent mille hommes et d'un million de fonctionnaires? Les républicains romains avaient-ils traité de la paix, fait une trève, une suspension d'arme, un armistice avec leurs ennemis? n'étaient-ils pas au contraire à l'état de guerre et n'avaient-ils pas le droit de la leur faire? Les quatre Italiens de la rue Lepelletier étaient des combattants et non pas des assassins, on aurait eu au plus le droit de les faire prisonniers de guerre, mais jamais celui de les assassiner. Est-ce que Mazzini a fait guillotiner plusieurs centaines des ennemis de la République romaine, faits prisonniers par lui, qui étaient venus attaquer Rome par trahison, en se disant amis, dans de mensongères proclamations?

Non, il les a traité avec humanité et il les a mis en liberté sans condition.

En exécutant deux des quatre malheureux patriotes Romains vaincus et désarmés, leurs ennemis se sont conduits comme des sauvages et rendus coupables d'assassinat. Ni le réquisitoire du procureur général, ni la main de l'exécuteur des hautes œuvres n'ont pu absoudre les bourreaux ni flétrir les victimes.

„*Le crime fait la honte et non pas l'échafaud.*“

Tout l'acide corrosif, toute la bave des Chaix-d'Est-Ange ne sauraient avoir d'action sur les fronts purs des martyrs faits de ce vieux tuf romain, vrai carrière de héros. Ils n'ont ni sali, ni entamé ce marbre antique, qu'entoure l'auréole de ceux qui meurent pour la liberté. Ils sont couchés dans le cercueil deux, sans compter Pianori qui les avait précédés avec courage, l'un est trombé en chantant un hymne guerrier, l'autre en méditant sur l'avenir de la patrie; ils sont morts en soldats et en sages, tous deux en martyrs.*

Mais ils sont restés grands, il sont restés purs; l'échafaud pour eux est un piédestal plus élevé que la colonne, et du haut duquel ils rayonnent dans l'histoire. Leurs noms sont inscrits en lettres d'or dans le Panthéon des grands hommes, dans le martyrologe populaire, à côté de ceux de Brutus, le plus honnête des Romains et d'Harmodius, le plus vertueux des Grecs.

---

* Voir l'admirable brochure du citoyen Félix Pyat: *Lettre au parlement et à la presse.*

III.

La promenade sur le Léman.

Les bombes Orsiniennes eurent un immense retentissement en Europe, elles furent un avertissement pour celui à qui elles avaient été lancées, elles lui signifièrent que l'Italie voulait être libre, et que tôt ou tard la République romaine, détruite par les armées étrangères, serait vengée. Cette sommation fut entendue par celui-là même à qui elle était faite. Louis Napoléon Bonaparte, l'ancien affilié des ventes italiennes, se décida, dans la crainte du poignard des patriotes, à reprendre son ancienne politique de conspirateur de la *Jeune Italie* et à continuer l'œuvre qu'il avait commencée, dès 1831, dans les Romagnes, lorsqu'il combattait en qualité de volontaire contre les soldats du pape et de l'Autriche, avec son frère aîné qui mourut à Forli; l'expédition d'Italie fut décidée; mais il s'agissait donc de s'allier à l'Italie contre l'Autriche et de se ménager des compensations et des agrandissements dans le cas où l'unité italienne parviendrait à se constituer. Comme, dans cette circonstance, il s'agissait non-seulement de s'entendre avec le gouvernement italien, mais encore de violer les droits de la Suisse, le gouvernement impérial pensa tout naturellement qu'il ne pouvait avoir de complice plus dévoué à Genève, que son ancien compère, le célèbre *Grand-Citoyen*, qu'il ne serait, sans doute, pas difficile d'entraîner dans cette conspiration contre la Confédération Helvétique; surtout en se servant pour cela des grâces séduisantes et de l'adresse de l'aimable Madame de S..... Cette rusée et insinuante diplomate femelle fut donc chargée d'agir auprès de M. J...., et elle ne tarda pas à répondre à ses patrons, que les ouvertures qu'elle avait faites à cet homme d'État suisse avaient reçu le meilleur accueil, et que ce dernier ne demandait pas mieux que de seconder les vues du gouvernement français, pourvu qu'on veuille bien lui permettre tous les ménagements qu'exige le soin de sa popularité; il déclara qu'il désirait surtout s'entendre directement avec M. de Cavour et un représentant du gouvernement impérial. Il fut alors décidé que le premier ministre de Victor-Emmanuel, lors de son retour de Plombières, où il était alors avec Louis-Napoléon Bonaparte, irait à Genève, où il se rencontrerait avec un prince bien connu pour son prétendu dévouement à la cause des nationalités, et qu'alors M. J.... pourrait traiter directement avec eux, et fixer les conditions de son concours à l'annexion de la Savoie à la France.

Quand la belle Ida apprit quels hôtes illustres allaient venir visiter la ville de Genève, elle se fit acheter de nombreuses et belles toilettes par son entreteneur en chef, afin de paraître dignement devant le cousin de l'Espagnole et le premier ministre du roi *galantuomo.*

Elle ambitionnait surtout d'avoir un costume semblable à celui de la comtesse de S...., dont le riche manteau d'hermine blanche mouchetée de noir l'avait séduite et captivée. Mais hélas! ce fut envain qu'elle parcourut tous les magasins de Genève pour en acheter un pareil, elle ne put en trouver; or, Mademoiselle Ida n'était pas femme à se décourager pour si peu et à renoncer à son désir; elle voulait absolument avoir son manteau d'hermine et, coûte que coûte, il lui en fallait un. Elle ne laissa donc aucun repos au Grand-Père jusqu'à ce qu'il consentit à aller à Paris avec elle pour lui acheter le fameux manteau. Le vieux Grand-Père voyant, qu'il fallait accéder à ce caprice, et que c'était le seul moyen de pouvoir vivre en bonne intelligence avec son exigeante et volontaire maîtresse, se décida à partir avec elle pour la capitale de France, afin d'acheter la fameuse hermine tant désirée. Il arriva dans la gare de

Mâcon une scène assez comique au couple voyageur et qui mérite d'être racontée. Un monsieur, qui avait eu précédemment, moyennant finance, la douce faveur de plusieurs entretiens très-intimes avec la trop aimable Ida, lorsqu'elle était pensionnaire de la respectable Madame Adèle, la reconnut au buffet, et pendant que le Grand-Père était sorti, il adressa la parole à son ancienne connaissance en la tutoyant; mais cette dernière qui jouait à la grande dame, depuis qu'elle se faisait passer pour une jeune comtesse Allemande, pupile du grand citoyen qui la protégeait, se fâcha tout rouge de l'inconvenance grande de son ancien galant, qui osait la tutoyer; pendant que cette altercation avait lieu, M. J... survint, et à son tour se mit fort en colère, menaçant le malencontreux poursuivant de la police, cette dernière accourut alors et le monsieur indiscret, pour se tirer d'affaire, raconta ce qu'était autrefois la dame, dans quelles circonstances il l'avait connue et pourquoi il s'était permis de la tutoyer. A cette déclaration, faite à haute voix, la belle et son illustre protecteur devinrent la risée générale et durent, honteux et confus, remonter dans le train.

Arrivés à Paris, ils purent alors se procurer le manteau d'hermine tant désiré, auquel le Grand-Père ajouta une robe de soie violette, garnie de dentelles; un chapeau de satin blanc, orné de plumes et de fleurs, de manière à former un costume tout-à-fait semblable à celui de la comtesse de S..., dont la chaste Ida ambitionnait depuis longtemps les atours. A son retour à Genève, le Grand-Père en homme prudent et précautionneux, comme il convient à son âge, voulut prendre une voiture de place pour reconduire sa chaste compagne chez elle; mais cette dernière ne l'entendait pas ainsi, elle obligea son galant cavalier à lui donner le bras et à la reconduire à pied à son domicile. Le respectable Grand-Père fut forcé d'en passer par là et de s'afficher devant tous les passants avec sa dulcinée, qui se pavanait orgueilleusement dans son manteau d'hermine en balayant la rue à dix pieds en arrière avec la traîne de sa robe de soie violette.

Le vieillard courbé par l'âge, enveloppé dans son vieux pardessus crasseux, donnant un bras à sa compagne, ayant sous l'autre un vieux parapluie et tenant à la main le sac de nuit et le manchon de Madame, dissimulait mal son dépit sous ses lunettes, qui dérobaient à moitié son regard d'oiseau de proie. Les gamins à la vue de ce couple disparate et ridicule le poursuivirent de leurs huées et de leurs cris, en disant: Bonjour Grand-Père! bonjour, Madame la drolesse, bonjour, vertueuse comtesse!

Pour se soustraire à cet accueil enthousiaste,

les deux amoureux hatèrent le pas et arrivèrent tout confus au domicile conjugal.

Ce fut quelques jours après cette équipée ridicule que les illustres voyageurs, que l'on attendait à Genève, arrivèrent. Monsieur le comte de Cavour descendit à l'Hôtel du Lac, où M. J... et ses amis que nous avons vus à dîner chez Ida organisèrent une sérénade en l'honneur du ministre diplomate qui venait de Plombières, où il avait traité de la cession éventuelle de Nice et de la Savoie à la France. Chose aussi triste que curieuse à constater. Ce sont précisément les prétendus grands patriotes et grands citoyens suisses, les chefs du radicalisme genevois qui encourageaient, soutenaient et applaudissaient les hommes d'État étrangers qui préparaient la violation des droits de la Suisse dans la Savoie du nord, par la cession éventuelle qu'ils faisaient de ce territoire à la France. Lorsque Monsieur le comte de Cavour fit son apparition sur le balcon de l'hôtel du Lac, entouré de MM. Chalet-Venel, Fontanel, Tourte, Fazy, etc., il fut salué par les acclamations de la foule des stipendiés et des embrigadés du radicalisme, vile cohue de soulographes et de paresseux entretenus aux frais de l'administration, aboyeurs jurés et embrigadés, serviles créatures du Conseil d'État.

Monsieur le comte daigna prononcer un speech en faveur de l'indépendance italienne, et ses paroles vagues et insignifiantes furent naturellement applaudies par les badauds. Un seul, mais énergique coup de sifflet retentit au milieu de la foule et s'éleva en signe de protestation contre les vendeurs, et les livreurs de peuples, qui osaient alors se poser en champions de la liberté et de l'indépendance des nations.

C'était Sacrovir Lebren, rentré depuis quelques jours à Genève malgré l'arrêt d'expulsion qui le frappait, qui avait eu le courage de faire entendre cette énergique protestation au milieu du concert de lâches applaudissements qui s'exécutait alors.

Parmi un essaim de belles dames que l'on admirait à l'une des fenêtres de l'hôtel, et qui prodiguaient leurs encouragements aux orateurs du balcon en agitant leurs mouchoirs ou en battant des mains, on remarquait la Cousine d'une Espagnole et Mademoiselle Ida, vêtues toutes deux du même costume composé de leurs éternelles hermines blanches et de leurs robes de soie violette, dont nous avons déjà parlé, et pour lesquelles elles professaient une si grande prédilection.

M. Chalet-Venel et M. Tourte succédèrent comme orateurs à Monsieur le comte de Cavour, ils parlèrent tous les deux de liberté et d'indépendance italienne, mais ils se gardèrent bien de dire à quel prix et à l'aide de quelle alliance elles devaient être achetées, c'étaient là de ces hontes qu'on ne peut avouer; ce ne fut que plus tard, comme nous le verrons, qu'elles furent connues.

Le lendemain, le prince des nationalités étant arrivé à Genève eut une longue entrevue avec M. le comte de Cavour, M. J.... et plusieurs autres chefs du parti radical, dans laquelle on fixa l'attitude que devait tenir le canton de Genève en face des éventualités que lui préparaient les projets d'indépendance italienne et d'annexion de la Savoie à la France; il fut convenu que le pouvoir radical, tout en protestant ostensiblement, afin de conserver sa popularité, contre toute espèce de projet annexioniste de la Savoie du Nord à la France, le protégerait néanmoins secrètement de tout son pouvoir.

M. J...., afin de fêter dignement ses hôtes illustres, les invita pour le lendemain à faire une promenade sur le beau lac de Genève, le ministre italien s'excusa en disant qu'il ne pouvait différer plus longtemps son départ étant attendu à Turin pour les affaires les plus urgentes.

Mais le prince des nationalités fut plus accommodant et il accepta l'invitation qui lui était offerte. L'illustre personnage dont nous parlons avait l'honneur, (si toute fois honneur il y a), d'appartenir à une des familles de notre époque les plus célèbres dans les annales de la tyrannie, son père, un des plus illustres débauchés des temps modernes, avait été roi, sa sœur, adultère cynique, vivait publiquement en concubinage avec un personnage important. Quant au prince, après avoir été longtemps proscrit et très-malheureux, il est aujourd'hui largement titré, renté et doté ; plus d'un souverain envierait son opulence ; il habite un palais, et il a épousé une princesse d'une des plus anciennes familles de l'Europe. Ce prince ambitieux a successivement convoité plusieurs trônes, mais hélas ! tous ont disparu devant lui avec la rapidité des étoiles filantes, depuis ceux de Toscane, de Naples, du Mexique, des États-Unis du Sud, de Hongrie, de Pologne, de la Confédération Danubienne, de Westphalie, etc., jusqu'à ceux de Grèce, de Moldavie et de Valachie. Pauvre prince ! malheureux César déclassé ! espérons que la fortune se lassera de lui tenir rigueur et qu'il montera un jour sur le trône de France qu'il convoite aussi.

Mais en attendant que ces destinées merveilleuses s'accomplissent, son Altesse prend son mal en patience et se contente d'une dotation de plusieurs millions, de magnifiques châteaux, de propriétés princières, dont une est située en Suisse sur les bords du lac Léman. Ce prince fortuné et bien né possède plusieurs yachts superbes pour ses innombrables voyages dans les mers du nord, dans la méditerranée, dans l'Océan, sous les pôles et sous les tropiques, car le prince a la manie des voyages; il est grand-amiral; il va tour à tour de Paris à Londres, à Naples, à Lisbonne, en Égypte, aux États-Unis; on le rencontre partout, les journaux sont pleins des annonces de ses nombreuses périgrinations.

Il a été général, on l'a vu trembler de peur et être plus souvent sur la selle, qu'en selle sur son cheval; à une bataille fameuse, le bruit du canon lui produisit absolument l'effet d'un violent purgatif.

Il a été chargé depuis longtemps de nouer des intrigues sur toute la surface du globe, d'ourdir la trame, de tendre l'immense filet de la politique dite des nationalités, dans lequel il espère prendre les peuples de l'Europe pour les enchaîner au despotisme. C'est pour cela qu'il est venu à Genève, s'entendre avec le comte de Cavour, M. J.... et ses amis Clapka et Kossuth, bien connus depuis dix ans par leurs accointances avec le Palais-royal, leurs intrigues politiques et leurs nombreux voyages dans toutes les parties de l'Europe; que la correspondance Havas annonçait avec un retentissement et un luxe de dépèches qui, s'ils sont flatteurs pour l'amour propre de ces messieurs, n'ont rien assurément du secret qui convient aux conspirateurs.

Le Grand-Père invita ses illustres hôtes à une promenade sur le lac de Genève, afin de célèbrer dignement leur présence, d'arrêter définitivement les importantes décisions qu'ils avaient prises et de sceller le pacte qu'ils venaient de conclure pour l'asservissement des nations et surtout pour celui des peuples libres. Plusieurs notabilités du grand parti radical se joignirent à ces intrigants, entre autres: un professeur d'histoire naturelle le docteur V....*; un ex-directeur de la police, plus connu pour ses soulographies pyramidales et ses excès en tous genres que par les soins qu'il accordait à son administration; un procureur général, fauteur des débauches les plus immondes, auprès duquel les juges qui voulurent violer la chaste Suzanne au bain et ceux que Cambyse fit écorcher vivants pour avoir vendu la justice étaient des modèles de chasteté et d'intégrité. Tous ces grands hommes d'État, célèbres radicaux, protecteurs des peuples, défenseurs des nationalités, amis de la liberté, louèrent le bateau l'Helvétie sur lequel ils s'embarquèrent avec l'illustre Prince des Nationalités qu'accompagnait une actrice célèbre de la capitale,

* Le même qui vient d'être nommé, président du comité permanent du Congrès-de-la-Paix, à Berne; on comprend combien ce choix est heureux, et quelles garanties négatives il offre aux vrais amis de la paix, de la liberté et de l'indépendance des peuples.

Mademoiselle J.... qu'il avait eu la judicieuse idée d'amener en villégiature avec lui. La Cousine d'une Espagnole, la gracieuse Ida et toute une nichée des jolies nymphes de Madame Adèle, maîtresse d'une maison de conversation à Genève, faisaient aussi partie de cette joyeuse expédition. Toutes ces aimables prêtresses de Vénus étaient destinées à charmer les illustres marins d'eau douce, qui ne s'embarquaient jamais sans biscuits et sans gibier d'amour.

Quand le vapeur fut au milieu du lac, les aimables invitées, dans un costume charmant et léger, dont notre mère Eve eut été jalouse, laissant admirer des formes engageantes et attrayantes, descendirent au salon des premières avec leurs cavaliers, où une table somptueusement servie les attendait; chacun de ces messieurs plaça une de ces dames près de lui, le Grand-Père s'était naturellement réservé la fraîche Ida, le prince Mlle J...., le général C.... la comtesse de S.... et les autres convives avaient choisi chacun une des courtisanes engagées pour la fête. Tous les promeneurs des deux sexes firent le meilleur accueil au dîner excellent qui leur était servi. Pendant ce temps-là le steamer, déroulant son panache de fumée, continuait à fendre majestueusement les eaux bleues du lac, dont l'azur bouillonnait sous sa proue, un soleil éblouissant resplendissait dans un ciel sans nuage et lançait des gerbes de lumière, dont les rayons se brisaient sur la surface polie du lac, qui les répercutait comme un grand miroir en jets de flamme et en millions d'étincelles. Ce scintillant spectacle donnait mille charmes au ravissant tableau qui se déroulait sous les yeux; une nature privilégiée, exceptionnellement belle, centuplait encore la beauté de ce panorama sublime.

Tout autour de la plaine liquide, à la surface aussi polie que la plus belle glace de Venise, se déroulait, comme une immense bordure de quarante ou cinquante lieues de pourtour, un encadrement de villages, de villes, de coteaux, de collines, de montagnes, de glaciers, étalant tous les attraits charmants et imposants de la nature la plus gracieuse, la plus brillante, la plus parée, la plus fleurie, et toutes les beautés sévères, les sublimités majestueusés, la splendeur effrayante, le grandiose incommensurable des sites alpestres. Deux mondes encadrent ce tableau : le monde jurassique aux teintes harmonieuses et tendres, dont la végétation luxuriante et la flore parfumée, émaillées de mille et mille couleurs, s'étalent sur la rive droite du Léman comme une brillante mosaïque, et le monde alpestre, de cristal et de granit dont les gigantesques dents, les molaires énormes, les glaciers éternels, les sommets inaccessibles, les pics infranchissables se dessinent grandioses à l'horizon, revêtent toutes les couleurs de l'arc-en-ciel, s'enveloppent tour à tour dans d'immenses draperies de pourpre, d'or, d'azur ou de dendelles, se confondent avec les nues capricieuses et fantastiques, dont ils empruntent souvent les formes bizarres et les couleurs éblouissantes.

De l'arrière du bateau on apercevait au loin, brillante comme une citée orientale, inondée de lumière, la jolie ville de Genève coquettement assise entre le Salève et le Jura, les pieds baignés amoureusement dans les eaux limpides de son lac, qui s'échappent, rapides et impétueuses, en bouillonnements d'azur et de neige, et en chutes nombreuses, impatientes de former un fleuve.

L'ancienne cité de Calvin, autrefois prude et austère; la patrie de Jean-Jacques, aux quais admirables, aux hôtels somptueux, aux palais de tendre molasse que le temps se charge de durcir, aux ponts pittoresques, aux jardins magnifiques, aux promenades admirables, étale aujourd'hui, comme une courtisane, aux yeux des étrangers ravis, ses admirables parures, ses montres précieuses, ses bijoux inimitables, ses riches joyaux, produits de son industrie, et toutes les grâces natives, les charmes séduisants, dont la nature prodigue envers elle l'a douée. Peu à peu, à mesure que le vapeur fend l'onde bleue, la vision charmante diminue à l'occident, tandisqu'à l'orient grandissent à vue d'œil les dents de Morcle, et du midi deux canines énormes dont la grande machoire du Valais est armée à son orifice, ces deux dents menaçantes semblent garder l'entrée profonde et étroite du Canton, qui ressemble parfaitement à une gueule immense.

Sur la rive de Savoie, dans une échappée de vue, entre les montagnes du Faucigny, vis-à-vis de la jolie petite ville de Nyon, apparaît tout à coup, majestueusement, dans un horizon de cristal, le Mont-Blanc, ce doyen des Alpes, blanchi sous les neiges éternelles, dont le sommet se perd dans les cieux, et qui contient dans ses flancs immenses des mers de glace aux vagues immobiles, s'entrouvrant en gouffres immenses avec d'effroyables craquements, d'où s'échappent des torrents impétueux et formidables, formant des cascades poudreuses, au bruit effroyable semblable au roulement du tonnerre; plus loin, au-dessus des rochers à pic de Millerie, aux pieds desquels Rousseau soupirait d'amour pour la belle Héloïse, la dent d'Oche élève sournoisement sa tête chauve qui domine les verts plateaux et les gros paturages qui l'environnent.

Sur la rive suisse, on voit dans le lointain, Rolle, Morges, Ouchy que domine Lausanne avec ses vieux clochers; Lutry, Cully sont coquettement assis aux pieds des beaux vignobles de la côte vaudoise et mirent leurs blanches maisons, leurs frais ombrages dans les eaux limpides du Léman ; Vevey, la gracieuse cité, aimée des touristes et des étrangers, scintille au soleil, comme une coupole orientale, en face du petit port de Saint-Gengolph, situé sur la côté sarde, qui se dessine timidement sur le fond d'ombres qui l'environne et disparaît presque sous les immenses montagnes au pied desquelles il se cache furtivement; Clarens, Montreux, Veytaux, séjours renommés par la douceur du climat, la beauté des sites et la richesse de la nature, offrent aux voyageurs leurs frais ombrages, leurs hôtels coquets et grandioses, leurs vins dorés de la côte et le chaleureux et pétillant Yvorne; le sombre château de Chillon, illustré par la lugubre légende du malheureux Bonivard, qui est resté huit longues années enchaîné à une colonne, dans une salle basse, ne pouvant faire que quatre pas, n'ayant d'autre siége qu'un socle de pierre, d'autre couche que la dalle dure, froide et humide qu'il a usée sous ses pas et qui a conservé l'empreinte de ses pieds. Aujourd'hui encore, le vieux castel, qui se baigne dans le lac avec ses trois cours, ses ponts levis, ses tourelles et ses machicoulis, ses murailles crénelées, ses portes bardées de fer, ses cachots, ses salles de torture et ses oubliettes, a conservé un cachet effrayant; il s'avance imposant et sinistre dans le Léman et rappelle au touriste que ce pays, cet eden, aujourd'hui si fortuné et si riant, était autrefois un enfer, que les tyrans l'avaient doté d'une géhenne; qu'il avait sa Bastille, son mont Saint-Michel, ses prisonniers, ses suppliciés et ses martyrs. Derrière le vieux donjon, la dent de Jamant s'élève comme un vieux chicot au-dessus des montagnes du Joran et invite les hardis touristes à aller visiter sa cime escarpée et dénudée; enfin Villeneuve, l'hôtel Byron et le Bouvret apparaissent gais et riants à l'entrée de l'obscure et sombre vallée du Rhône, gorge profonde et étroite qui se prolonge jusqu'aux pieds du Simplon et du St. Gothard, encaissée entre les cimes neigeuses des Alpes et les déserts de glace, séjour des frimas et des autans, des ouragans, des avalanches, des orages et de la foudre. Tel était le spectacle grandiose dont nos voyageurs du bateau l'Helvétie pouvaient jouir. Mais que leur faisaient la splendide nature et ses merveilles innombrables, ses harmonies sublimes, sa poésie grandiose, mélancolique et féerique? Les cœurs de ces hommes étaient fermés depuis longtemps aux joies si pures que cause la contemplation des beautés natuelles, leurs sens blasés et émoussés ne s'éveillaient plus à leurs fraîches inspirations, depuis longtemps l'amour du beau, du juste et du sublime n'avait plus d'écho dans leur âme. Pendant que le steamer qui les portait poursuivait sa course dans des flots d'onde et de lumière, dans un milieu d'éblouissements féeriques, de scintillements vertigieux, dans lequel le ciel et l'eau se confondaient en un seul océan d'azur, les personnages corrompus dont nous parlons n'avaient plus au cœur que le démon de l'ambition qui les rongeait et les torturait, et dans l'âme que les sordides passions qui la dégradent. Ils s'étaient réunis sur ce navire sous prétexte de s'entendre pour concourir à la défense des nationalités et au rétablissement des frontières dites naturelles, mais, en réalité, pour négocier la traite des peuples, pour conclure et sceller un pacte infâme avec le plus odieux des despotisme, celui qui se cache sous le masque de la démocratie, et qui a pour idéal l'égalité dans la servitude. Ce qu'il fallait à ces natures dégradées, à ces hommes blasés, ce qui pouvait seul les charmer, c'était la coupe pleine où scintille l'Yvorne doré ou le champagne mousseux, le Koenigsberg ou le Malvoisie; ce qui les séduit ce sont les beautés faciles, qui les accompagnent sur le bateau, dont les verres choquent leurs verres, les lèvres cherchent leurs lèvres, et qui offrent leurs charmes en pature à leur lubricité. Les faveurs de ces charmeresses, payées à prix d'or, peuvent seules réveiller leurs sens blasés et leurs désirs éteints. Mais ce qui les préoccupe surtout, c'est l'objet de leur réunion, qu'ils ne perdent jamais de vue, comme nous le verrons bientôt.

IV.

Le nouveau serment du Grütli.

Après l'orgie, tous ces hommes perfides et débauchés s'occupèrent enfin de l'objet de leur réunion qu'ils n'avaient pas oublié.

— Ainsi, c'est convenu, disait le prince, en s'adressant au Grand-Père et en continuant une conversation déjà commencée depuis un moment, nous pourrons compter sur vous pour tromper la vigilance de vos chers confédérés et les attirer dans le piège que nous leur préparons, car vous seul pouvez les persuader que nous agissons dans leurs intérêts.

— Comptez sur moi pour cela, mon prince, je vous réponds du succès de mon entreprise, mes dévoués partisans ont en moi une foi absolue et croiront aveuglement et sur parole tout ce que je leur dirai.

— Oui, mais il n'en sera probablement pas de même de ces ours mal léchés de Berne qui, dans leur grossière rusticité suisse, s'imaginent encore faire respecter des traités datant de près d'un demi siècle, et auxquels ils ont la simplicité de croire. Vou avez dû bien rire hier quand le rusé Cavour a eu l'aplomb de se faire donner ici une sérénade par vos chers radicaux, et cela précisément en arrivant de Plombières, où il à conclu avec Napoléon III le traité secret par lequel Victor-Emmanuel cède la Savoie à la France en violation de la neutralité suisse.

— J'ai ri de bien bon cœur, répondit le Grand-Père, de l'aplomb de ce cher Cavour qui, après le bon tour qu'il venait de jouer à la Suisse, en trafiquant de ses droits sans son consentement, osa, sur mon conseil et mes instances, se présenter du haut du balcon de l'hôtel de l'Écu-de-Genève, comme un défenseur des nationalités opprimées et se faire applaudir par les badauds, qui ne comprirent rien à cette facétie aussi osée que spirituelle. Aussi était-ce en me tenant les côtés de rire, que je me cachais derrière Cavour, pour admirer tout à mon aise l'incommensurable de la sottise et de la bêtise humaine. Ah ! mon cher, croyez moi, cette dernière est une veine féconde, une mine inépuisable, une Californie des Californies, et nous pourrons encore l'exploiter longtemps sans l'épuiser.

— Je le crois, parbleu, bien, dit le prince, quand on voit les prétendus descendants de l'arbalétrier d'Altorff, acclamer nos diplomates rusés et trompeurs et leur faire des ovations populaires on ne doit plus douter de rien.

— Prince, c'est à moi que nous devez ce phénomène heureux et étrange. Depuis la glorieuse révolution de 1846, qu'on a faite malgré moi, mais dont j'ai su habilement m'attribuer tous les bénéfices et tout le mérite, j'ai complétement transformé les citoyens de la vieille république de Genève, je les ai si bien habitués depuis longtemps à me croire sur parole, que je leur dirai, comme j'ai l'intention de le faire, que François Joseph est le libérateur de l'Italie et que Mazzini est son ennemi le plus dangereux qu'ils ajouteraient foi à cette énormité.*

— Oh ! cette plaisanterie là est un peu forte, répondit le prince et nous ne la prendrons au sérieux que sous bénéfices d'inventaire.

— Vous pouvez me croire, mon seigneur, répondit le Grand-Père, demain paraîtra dans la Revue de Genève un premier article dans ce sens.

— Alors je vous crois, dit le prince, et puis-

* Historique. — *La Revue de Genève* a effectivement publié une série d'articles contre l'illustre patriote Italien, dans lesquels elle soutenait cette thèse, aussi odieuse que ridicule : que le citoyen Mazzini était l'ennemi le plus dangereux de l'Italie et l'agent le plus utile de l'Autriche.

que vous exercez un empire aussi puissant sur vos compatroites, veuillez ne négliger aucune occasion de l'employer d'une façon utile à notre cause; car dans les circonstances exceptionnelles où votre Canton se trouvera bientôt, votre influence nous sera de la plus grande utilité; nous aurions besoin, par exemple, qu'au moment où l'annexion de la Savoie du Nord à la France aurau lieu, il y eut à Genève des forces fédérales suffisantes pour empêcher tout mouvement populaire qui pourrait se produire et entraîner les citoyens à des actes d'hôstilité contraires à nos intérêts.

— La chose est bien facile à obtenir, répondit le Grand-Père, je ferai organiser une expédition contre l'annexion de la Savoie du Nord à la France en prévenant à l'avance les autorités fédérales et les autorités sardes de manière à ce que cette manifestation soit immédiatement comprimée et à ce qu'elle fournisse au gouvernement de la Confédération un prétexte pour envoyer des milices fédérales dans le Canton afin de l'occuper militairement.

— C'est très-bien imaginé, dit Madame de S..., avec un signe approbateur, et cela vous fournira l'occasion de faire arrêter les meneurs les plus dangereux et les plus turbulents qui donneront tête baissée dans le piège que vous leur tendrez.

— J'approuve en tous points votre projet, répondit le prince et je vous recommande de ne pas manquer de le mettre en pratique.

— Comptez sur moi, vous connaissez mon dévouement à la grande cause que nous servons tous et qui, si elle triomphe, assurera à tout jamais notre prospérité et notre bonheur; puis prenant une coupe pleine de vin d'Ivorne, que lui tendit la Cousine d'une Espagnole, cet horrible vieillard se leva en ajoutant encore.

— Messieurs, je bois au succès de notre entreprise, à la réussite des projets grandioses conçus par le plus grand homme de notre époque, qui joint au génie de Machiavel la profonde dissimulation de Louis XI et de Philippe II, le chatolique. A l'homme éminent qui exploite avec tant de succès la grande question des nationalités et des frontières naturelles, au moyen de laquelle nous aurons bientôt l'Empire du monde!

— Oui, Messieurs, je porte un toast à ce génie puissant et fécond. Il faut qu'il sache qu'il a des amis tout dévoués à Genève, toujours prêts à le servir et à tout sacrifier pour lui; quant aux droits de la Suisse sur la Savoie du Nord, il peut se les approprier quand il voudra, il n'a qu'à les prendre, nous les lui abandonnons de grand cœur, persuadé, que nous sommes, qu'il saura récompenser convenablement nos services et notre zèle, et pour mieux cacher notre jeu nous continuerons d'endormir les badauds de Genevois par les protestations du patriotisme le plus pur; nous renouvellerons avec eux, s'il le faut, le fameux serment du Grütli, pour qu'ils continuent à avoir confiance en nous et pour pouvoir mieux les trahir; mais, quoique nous disions et quoique nous fassions, nous resterons toujours sincèrement et secrétement dévoué à notre œuvre commune, jusqu'au jour où nous pourrons crier sans crainte: Vive Gesler! Mort à Guillaume Tell!

Tous les convives tendirent alors leurs coupes, qu'ils choquèrent les unes contre les autres, en répétant:

— Vive Gesler! mort à Guillaume Tell!

C'était quelque chose d'affreux à voir, que ces hommes de proie, que ces misérables ambitieux, que ces négriers des peuples, que ces trafiquants de chair humaine, jetant en chœur ce cri sinistre:

Vive Gesler! mort à Guillaume Tell!

Le Grand-Père surtout était effrayant de cynisme et de laideur; ses cheveux gras et grisonnants étaient ramenés en avant, et collés sur ses tempes et sur son front plat et fuyant, comme celui d'une vipère; derrière ses lunettes, brillait son regard faux et oblique, comme celui du hibou craignant la lumière et se voilant par intervalle sous ses paupières fébriles; son nez en forme de bec de chouette se dilatait sous les nausées alcooliques de l'ivresse; sa bouche plissée par la dissimulation et le mensonge cachait ses coins obliques sous une moustache en crocs, tordue par les contractions de l'impatience et de la colère; un sourire faux, terne et décoloré errait incertain sur ses lèvres minces et livides, il avait le menton court et presque absent indice de ruse, d'hypocrisie, de couardise et de lâcheté; ses formes grêles, ses bras longs, son port mal assuré et courbé par l'astuce, comme celui du traître et du malfaiteur, trahissaient ses habitudes de dissimulation et de trahison.

Chose extraordinaire, cet homme, dont l'extérieur annonçait tous les défauts et tous les vices, dont la voix grinçante avait les tons dissonnants et discordants d'une vieille scie rouillée et grinçante, était parvenu depuis quatorze ans, à force de ruse, d'astuce, d'hypocrisie et d'audace à capter la confiance du peuple; il est malheureusement un exemple frappant du pouvoir funeste que les natures les plus méprisables et les plus perverses exercent quelque fois sur les masses confiantes et généreuses.

Voici en quels beaux vers, un poète de nos amis, Monsieur Stanislas de Charnal l'a dépeint:

„Histrion impudent, cachant sous l'artifice
„Du masque radical, l'égoïsme et le vice,
„Cet homme c'est Judas, immonde vieillard,
„Vrai bâtard de Priape, usé, fourbu, paillard,

„Visqueux comme un crapaud, tout fange et pourriture,
„Ce sac à saletés possède une figure,
„A claquer chaque fois qu'on le trouve en chemin,
„Si l'on ne craignait pas de se salir la main.
„Sans le sou, sans crédit, soutenu par l'Adèle,
„Il vit tant bien que mal, grâce à la M....;
„Agent de Bonaparte et du fameux Plonplon,
„Il est aussi payé par l'Empire selon
„Ses hauts faits de mouchard et ses secrets services;
„Cet homme: c'est Judas! ne l'oubliez pas, Suisses!

Nous ne raconterons pas à nos lecteurs les scènes de honteuse débauche et de hideuse luxure, qui suivirent ensuite ce conciliabule liberticide lorsque les dames furent rappelées et vinrent prendre part à l'orgie, qui dura une grande partie de la nuit; le bateau alors vira de bord, la proue fut mise sur Genève, juste au moment où le soleil venait de se coucher sur les cimes du Jura, dans un ciel enflammé, étincelant comme une fournaise; l'horizon à l'occident était de ce rouges incandescent qui fait que chaque molécule d'air ressemble à une étincelle métallique chauffée à blanc, l'atmosphère était semblable à une poussière enflammée.

A l'Orient les hautes montagnes qui encadrent le tableau se coloraient d'une teinte pourpre de la base au sommet et se reflétaient dans le lac, qu'on aurait pris pour de la fonte de fer liquide, de la gueuse échappée de quelque haut-fourneau ou pour de la lave brûlante, vomie par un volcan, le bleu Léman, devenu vermillon, ressemblait à un lac de bitume ardent.

A mesure que le soleil baissait, les eaux et le pied des montagnes se décoloraient, et l'ombre envahissait le tableau; au moment où l'astre du jour disparaîssait à l'horizon, les monts, il y a une minute, brillant des plus vives couleurs, étaient sombres et noirs, ils ressemblaient à des charbons éteints dans les ondes du lac, leurs sommets seuls rougissaient encore en attendant que l'ombre les eut envahis. Puis, tout à coup, par un phénomène extraordinaire, le ciel au couchant se colorait d'une teinte d'un rouge de pourpre des plus foncé et, par un retour imprévu, les montagnes, qui faisaient face à cette espèce d'aurore boréale, prenaient des nuances analogues; la nappe liquide se teignait de nouveau d'un rouge sanglant, dans certains endroits les flancs des monts semblaient couverts d'une draperie violette et veloûtée, et dans d'autres de larges taches de sang ou de tapis de pourpre; ces couleurs étaient admirables de richesse, de ton, d'éclat et de beauté; mais hélas! elles duraient à peine une minute ou deux; la brillante illumination naturelle et l'auréole splendide, qui avaient une seconde fois éclairé l'atmosphère après le coucher du soleil, disparaissaient peu à peu, et les teintes merveilleuses, qui s'admiraient sur le lac et sur les monts étaient couvertes par l'ombre qui montait; bientôt il ne restait plus d'éclairés que les sommets, puis, tout à coup, ceux-ci rentraient eux-même dans l'obscurité générale qui couvrait tout le premier plan du tableau; cependant, si on jetait un coup d'œil à l'horizon lointain, on voyait la grande chaîne des Alpes, aux sommets perdus dans les profondeurs du ciel, et semblables à une dentelle rose artistement et délicatement découpée; mais bientôt cette frange transparente devenait à son tour la proie de la nuit, les géants des Alpes: le Mont Blanc, le Mont Rose, le Mont Cervin, etc..., seuls avaient encore conservé leurs sommets éclairés, puis, tout à coup, ils s'éteignaient à leur tour. La nuit avait vaincu la lumière; les grandes ombres des montagnes abruptes, de la Savoie du Nord bordaient une des rives du lac et l'autre se dessinait en sombres ondulations moins effrayantes; à l'horizon obscur, dans le lointain, on voyait briller les lumières des villes de Vevey, Lausanne, Thonon, Evian, tandis qu'au ciel scintillaient les étoiles poétiques. Le vapeur poursuivait sa course dans l'obscurité, pendant que l'orgie se continuait dans ses flancs; il était deux heures du matin lorsqu'il franchit la jetée, à l'extrémité de laquelle scintillait le phare électrique, à l'entrée de la rade de Genève; tous les voyageurs, après le débarquement, trouvèrent une somptueuse hospitalité dans l'hôtel du Grand-Père, où un excellent repas ranima leurs forces épuisées par la débauche; ce ne fut que le soir que les messieurs se séparèrent de leurs dames, et que la Femme-proscrite, très-satisfaite du cavalier que le hasard lui avait donné, le quitta pour rentrer chez elle.

V.

La République dans la Savoie du Nord.

La guerre d'Italie eut lieu peu de temps après les conciliabules dont nous venons de parler, et le gouvernement impérial ne tarda pas à réclamer le prix de l'appui qu'il avait prêté à Victor Emmanuel, et, comme tout le monde l'avait prévu, Nice et la Savoie furent cédées en compensation au gouvernement désintéressé qui combattait pour une idée.

L'annexion ne la Savoie du Nord à la France était une violation flagrante des droits de la Suisse, et compromettait gravement son indépendance, en livrant les territoires qui l'avoisinaient, à son dangereux et puissant voisin, aussi le projet annexioniste rencontra-t-il de nombreux adversaires chez les citoyens suisses, très-attachés à leur indépendance et à leur liberté, et chez tous les républicains; l'esprit public était très-monté à cet égard, et le Grand-Père et ses complices redoutaient un mouvement populaire anti-annexioniste, qui aurait eu d'autant plus de chance de succès que les populations savoisiennes elles-mêmes étaient opposées à leur réunion à la France, qui les aurait soumises au despotisme impérial. Naturellement la plupart des proscrits politiques, habitants le canton de Genève étaient des plus opposés à la violation des droits de la République suisse; ils considéraient, avec raison, le projet de cession de la Savoie du Nord à la France comme une première atteinte portée à la liberté et à l'indépendance du pays qui leur avait servi de refuge.

M. J..., qui, comme nous l'avons vu, désirait exciter une manifestation contre le projet annexioniste, avec l'intention de la faire avorter pour compromettre le Cantons de Genève et la Confédération suisse, envoya un de ses plus fidèles et de ses plus dévoués serviteurs, son âme damnée, le prophète Elie*, que nous avons déjà vu chez la belle Ida,

* Ce personnage devenu depuis un des organisateurs des massacres du peuple de Genève, à Chante-Poulet, du 22 août 1864, a été, après ce crime, obligé de se sauver devant la réprobation de ses concitoyens; il est allé, dans le Canton de Berne, rédiger un journal annexioniste. Eh bien malgré tous ces antécédants déplorables, qui le croirait, il a été nommé secrétaire du comité permanent de la Ligue de la Paix, à Berne. Un pareil choix est bien fait pour en détacher tous les gens de cœur et d'honneur.

auprès d'un des adversaires les plus décidés de la politique impériale annexioniste, le citoyen Sacrovir Lebren; Elie lui exposa, en termes pathétiques et d'une voix larmoyante, tous les dangers qui menaçaient la Confédération Suisse et la République de Genève, en lui demandant son concours et celui de ses amis pour l'aider à défendre ces dernières.

— Le Conseil fédéral, lui dit-il, a écrit au Conseil d'État pour lui dire d'exciter par tous les moyens dans la Savoie du Nord des manifestations anti-annexionistes, favorables à la proclamation de la République et à l'adjonction du Chablais et du Faucigny à la Confédération Helvètique, comme vingt-troisième Canton.

Je crois que c'est là une bonne politique, lui répondit Lebren, mais quel est à cet égard l'opinion du Conseil d'État du Canton de Genève?

— Le pouvoir exécutif du Canton est de l'avis de celui de la Confédération, et il est décidé d'appuyer de toutes ses forces toutes les manifestations républicaines qui se produiront dans la Savoie du Nord.

— Très-bien, mais quels sont les moyens d'action que les autorités suisses entendent employer pour soutenir et faire triompher les mouvements favorables à la Suisse, qui pourraient se produire dans la Savoie du Nord?

— Le gouvernement fédéral, répondit Elie, a

mis 20 mille francs à la disposition du Conseil d'État genevois pour les premiers besoins de la manifestation, et dont je puis disposer dès aujourd'hui;* il a promis en outre, dès qu'un mouvemeut républicain favorable à la Suisse se sera produit en Savoie, d'envoyer à son aide, des milices fédérales, qui occuperont ce territoire neutralisé, conformément aux traités internationaux, et d'un autre côté le Conseil d'État du Canton mettra à la disposition des bons citoyens, qui voudront prendre part au mouvement anti-annexioniste qui se prépare, l'argent, les armes, les munitions et tous les moyens d'action dont il peuvent avoir besoin, et il enverra, s'il le faut, les milices cantonales dans la Savoie du Nord pour soutenir la manifestation républicaine.

— S'il en est ainsi, répondit Lebren, et si vous avez des preuves à l'appui de vos dires, je crois qu'un certain nombre de mes amis se joindront à moi, pour aller exciter en Savoie le mouvement projeté.

— Voici, dit Elie, une dépêche du conseil fédéral au Conseil d'État du Canton de Genève, qui confirme mes assertions, et il montra en effet une

* Tous les détails que nous donnons ici sont de la plus rigoureuse exactitude, et les paroles que nous rapportons sont textuelles.

dépêché dans ce sens, à sacrovir Lebren. Ensuite, si vous voulez nous prêter votre concours, mon frère César vous accompagnera ; le président du Conseil d'État, lui-même, vous fera remettre des armes et des munitions,* et moi je vous donnerai des lettres de recommandation pour nos amis de Thonon et de Bonneville, qui vous attendent ; je tiens en outre à votre service tout l'argent indispensable à vos frais d'expédition.

— Eh bien, si cela est vrai, répondit Lebren, venez ce soir à huit heures à la brasserie Nusser, à Plain-Palais, je vous attendrai avec une vingtaine de mes amis tous républicains dévoués, et nous nous entendrons sur ce qu'il y a à faire dans les circonstances actuelles.

Le soir, la réunion projetée eut lieu, et il fut décidé que Sacrovir et une vingtaine de ses amis accompagnés de César D...., alors directeur du bureau des étrangers, partiraient pour Bonneville, dans la Savoie du Nord, afin de se mettre en rapport avec les citoyens savoisiens de la localité pour faire proclamer la République dans le Chablais et le Faucigny et la réunion de ces deux provinces à la Confédération Suisse, en qualité de

---

* Tout ceci est de la plus grande vérité, le Conseiller d'État qui a fourni les armes et les munitions est Monsieur C.... V...., qui vient de donner (en 1867) sa démission de membre du Conseil fédéral.

vingt-troisième Canton. Les citoyens Suisses, présents à la réunion, s'engagèrent à aider l'expédition des moyens matériels dont ils disposaient. Elie, vice chancelier d'État et son frère César promirent, au nom du gouvernement de Genève, qui leur avait, disaient-ils, donné mission pour cela, de faire occuper militairement les deux provinces du Chablais et du Faucigny dès que leur peuple aurait proclamé la République et leur réunion à la Confédération helvétique, en qualité de Canton libre indépendant et souverain.

Un orateur populaire, alors très-aimé et très-influent à Genève, John Perrier, s'engagea dans le cas où les promesses faites par Elie, au nom du Conseil fédéral et du Conseil d'État, ne seraient pas tenues de convoquer une assemblée populaire et de marcher avec tous les citoyens armés dans la Savoie du Nord pour soutenir la réunion librement proclamée, de cette province à la Suisse, et sa constitution en 23me Canton républicain, libre et souverain.

Il fut ensuite décidé que l'on ferait de suite imprimer et publier des proclamations engageant le peuple Savoisien à secouer le jong honteux du roi, dit *galantuomo*, qui le vendait et qui voulait le livrer au despotisme impérial, à refuser de sanctionner le marché honteux dont il allait être victime, et à proclamer la République savoisienne et son union à la Suisse.

Tous les membres présents à cette réunion s'engagèrent sur l'honneur, comme jadis les vieux Suisses lorsqu'ils prétèrent le serment du Grütli, à observer consciencieusement la promesse solennelle qu'ils venaient de se faire mutuellement.

Le soir Sacrovir Lebren et ses amis accompagnés de César D..., munis de proclamations, de drapeaux fédéraux, d'armes et de munitions, partirent pour Bonneville, où ils arrivèrent le lendemain matin.

César et Lebren s'enfurent de suite trouver plusieurs citoyens de Bonneville auprès desquels Elie était venu quelques jours auparavant, et qui étaient prêts, à ce qu'avait assuré ce dernier, à faire insurger Bonneville et toute la Savoie du Nord, aux cris de: vive la République, vive la Confédération Suisse!

Les citoyens chez lesquels les nouveaux arrivés se rendirent leur firent très bon accueil; mais, contrairement à ce qu'Elie avait assuré, ils leur dirent qu'ils étaient seuls avec trois ou quatre amis pour aider au mouvement révolutionnaire, qu'ils n'avaient pas eu le temps de rien organiser de sérieux; ils leur promirent en suite de convoquer tous leurs amis et leur donnèrent rendez-vous dans une heure chez l'imprimeur de la *Savoie du Nord*, journal antiannexioniste. Dans la réunion indiquée, Lebren, César et les citoyens de Bonneville discutèrent sur ce qu'il y avait de plus apportun et de plus convenable à faire pour atteindre le but qu'on poursuivait.

Lebren proposa de s'emparer de l'hôtel de ville, de proclamer la République et la réunion de la Savoie du Nord à la Suisse.

Les citoyens Savoisiens répondirent, que lors des voyages qu'Elie avait fait auprès d'eux il leur avait promis que les milices fédérales occuperaient la Savoie du Nord, pour sauvegarder les droits de la Suisse conformément aux traités, dès que les troupes françaises entreraient à Chambéry, et que dans ce cas ils avaient promis que toute la Savoie du Nord accueillerait les milicies confédérées comme des libératrices, et proclameraient immédiatement son union à l'Helvétie mais que cependant, et bien que les Français fussent à Chambéry depuis plusieurs jours, pas un seul milicien Suisse n'était entré sur le territoire sarde, et que parconséquent les habitants de ce petit pays, malgré tous leurs désirs ardents de devenir citoyens d'un pays libre ne pouvaient seuls, isolés et sans appui, se mettre en guerre ouverte avec un État aussi puissant que la France; et qu'ils croyaient agir prudemment en ne se compromettant pas avant que les Suisses soient venus chez eux pour les protéger.

César répondit que les milices fédérales étaient toutes prêtes dans le canton du Valais à franchir la frontière de la Savoie, et qu'elles attendaient pour cela que les Savoisiens aient proclamé leur union à la Confédération helvétique, et qu'alors elles viendraient défendre leurs nouveaux confédérés contre toute agression étrangère.

— S'il en est ainsi, répondit Lebren, il est facile de nous mettre tous d'accord, il nous suffira pour celà de proclamer ici la République et l'union à la Suisse, et les milices fédérales entreront de suite en Savoie pour soutenir le nouvel ordre de choses et le but que nous poursuivons sera atteint.

— Oui, répliquèrent les Savoisiens, cela serait faisable si nous étions ici en nombre suffisant pour tenter l'aventure, mais nous ne sommes qu'une demi douzaine qui pourrions nous joindre à vous, que voulez-vous que nous fassions? et qui nous répond que quand nous nous serons compromis la Suisse tiendra la nouvelle promesse qui vient de nous être faite en son nom, et qu'il n'en sera pas de celle-ci, comme de celle qu'Elie nous avait faite, et qui ne s'est pas encore réalisée.

— Si la Savoie compte sur la Suisse et cette dernière sur la Savoie pour prendre l'imitiative du mouvement, dit Sacrovir, il y a une chose certaine, c'est que ni l'une ni l'autre ne feront rien et que, pendant ce temps là, les ennemis de leur indépendance et de leur liberté triompheront, et comme ce n'est pas pour atteindre ce beau résultat que nous sommes venus ici il est urgent, indispensable que nous agissions desuite, et que nous mettions en pratique les moyens révolutionnaires que je viens de vous proposer.

— Nous ne vous suivrons pas sur ce terrain dangereux, citoyen Lebren, dit un des habitants de Bonneville, et, si nous voulions le faire, nous ne le pourrions, car nous ne sommes pas assez nombreux pour cela.

— Eh bien, reprit avec persistance Sacrovir, les habitants de la Savoie du Nord étant partisans, comme vous le dites, de leur réunion à la Suisse, si nous exécutons la mesure hardie que je vous propose, je suis certain que la grande majorité de vos concitoyens applaudira et viendra se ranger de notre côté.

— Beaucoup comme nous ne demanderaient pas mieux que de le faire, mais ils seront retenus par la crainte de ne pas réussir.

— C'est ce que nous verrons, répondit Sacrovir, car il ne sera pas dit qu'une bonne occasion se sera présentée de faire triompher la république et d'aider une population à échapper au despotisme et que nous n'en aurons pas profité.

Plusieurs compagnons de Lebren l'approuvèrent en disant, que ce serait une honte pour eux que de ne pas même essayer de proclamer la République, que c'était dans cette intention qu'ils étaient venus et qu'ils ne voulaient pas s'en aller sans l'avoir tenté; et, malgré l'opposition des quelques Savoisiens présents, il fut décidé par Lebren et par ses amis qu'ils agiraient vigoureusement. En conséquence ils se rendirent tous sur la place de l'hôtel de ville; et, comme c'était un dimanche jour d'élection, il y avait beaucoup de monde, Sacrovir fit d'abord afficher et distribuer les proclamations qu'il avait apportées avec lui, puis il s'adressa à la foule, lui expliqua dans quel but ses amis et lui étaient venus à Bonneville, il fit une peinture des plus sombre de l'avenir qui attendait la Savoie du Nord si elle était soumise au despotisme impérial par son annexion à la France, et il expliqua les nombreux avantages qu'elle aurait si, au contraire, elle savait conquérir son indépendance et sa liberté en proclamant la République et en s'unissant à la Confédération-suisse.

Les Savoisiens présents sur la place l'applaudirent en disant tous qu'ils voulaient être citoyens Suisses libres et républicains.

Lebren, encouragé par ce bon accueil, ajouta alors qu'il dépendait d'eux de réaliser leurs vœux et leurs désirs, qu'il fallait se mettre de suite à l'œuvre et proclamer la République.

— Oui! oui! nous voulons tous faire partie de la République-suisse, crièrent les Savoisiens.

— Eh bien pour cela mes amis il faut d'abord

proclamer la République. Voulez-vous que la Savoie du Nord soit une république démocratique, que ceux qui sont de cet avis lèvent la main ?

— Oui, oui ! dirent les paysans en levant tous la main.

— En conséquence du vote libre et spontané que vous venez de faire, au nom du peuple souverain, je déclare la Savoie du Nord constituée en République démocratique.

— Bravo, bravo ! c'est cela, vive la République !

— Voulez-vous que la République savoisienne, que vous venez de proclamer fasse partie de la Confédération-suisse comme 23e. canton ?

— Oui, oui !

— Eh bien, que ceux qui sont de cet avis lèvent la main.

— Tous les habitants réunis sur la place levèrent alors la main.

— Au nom du Peuple, dit encore Lebren, je déclare la République de la Savoie du Nord réunie à la Confédération Helvétique comme vingt troisième Canton.

— Bravo, Bravo ! et vive la République ! cria la foule.

— Oui mes amis, vive la République ! et à bas la royauté, dit Lebren, en prenant le buste de Victor-Emmanuel, qui décorait l'hôtel de ville, et en le jetant sur les pavés de la place, où il se brisa en mille morceaux, qu'il en soit ainsi fait de tous les tyrans, ces oppresseurs et ces vendeurs de peuples.

Une nouvelle et immense exclamation de vive la république accueillit cet acte plein d'apropos.

Maintenant, leur dit Lebren, pour éviter des pertes de temps et des discussions toujours longues, qui peuvent vous être nuisibles dans les circonstances graves dans lesquelles vous êtes, et où toute votre énergie doit être employée à défendre votre indépendance, votre liberté et l'œuvre nouvelle que vous venez d'établir, vous feriez bien d'adopter d'abord la Constitution républicaine du Canton de Genève, sous réserve de la réviser aussitôt que votre nouvelle république sera bien assise.

Vous pourrez ainsi faire de suite adopter votre entrée dans la Confédération-suisse et vous aurez droit à la protection de tous vos confédérés. Voici cette Constitution, je vais vous en donner lecture, et si elle vous convient vous pourrez la proclamer sauf à la réviser le plus tôt possible.

Quand Lebren eut terminé la lecture de la Constitution genevoise, le peuple l'applaudit et déclara l'adopter provisoirement pour son pacte fondamental.

Lecture lui ayant aussi été donnée de la Constitution fédérale, il déclara l'appouver et promit de s'y conformer et de la respecter en bon et fidèle confédéré.

— L'œuvre que vous venez d'accomplir en quelques minutes, dit Sacrovir, si vous savez la défendre et la conserver, portera plus de fruits salutaires et vous sera plus utile, que tous les siècles de despotisme que vous avez passés sous l'odieuse monarchie. Vous êtes redevenus des hommes libres, des citoyens d'une même patrie égaux et frères, montrez-vous dignes de cet heureux résultat, en persévérant dans la voie de la justice et du droit. Travaillez avec courage à votre reconstitution politique et sociale, car il vous reste beaucoup à faire, surtout sous le dernier rapport; appliquez-vous à détruire les deux grandes plaies, l'ignorance et la misère, que vos tyrans se sont complus à entretenir chez vous, afin de vous opprimer plus facilement. Après être devenus des citoyens libres, soyez encore des travailleurs libres. En attendant, que vous atteignez ce résultat important, organisez-vous, nommez une commission directrice, chargée de remplacer l'administration royale, qui trahit vos intérêts et vous vend à l'étranger; choisissez parmi vous les citoyens les plus probes, les plus honnêtes, les plus dévoués les plus intelligents et surtout les plus sincèrement attachés à la République, et dont les principes et les opinions vous soient connus.

Mes amis et moi, nous sommes venus ici pour vous inspirer l'initiative nécessaire dont vous aviez besoin, pour vous indiquer la bonne voie, dans laquelle vous êtes maintenant, c'est à vous de la suivre, et de marcher d'un pas ferme, avec courage et persévérance, vers le but que nous vous avons indiqué ; notre tâche est achevée ici, nous allons vous quitter pour continuer autre part notre œuvre d'émancipation politique et sociale.

Tous ces honnêtes Savoisiens, remercièrent Lebren et ses amis et leur témoignèrent de la façon la plus sympathique et la plus affectueuse leur amitié et leur reconnaissance; c'est avec des larmes de joie dans les yeux que Sacrovir et ses compagnons quittèrent ces braves gens et reprirent la route de Genève. Pendant que les événements que nous venons de raconter s'accomplissaient César et un Italien, son ami, qui l'avait accompagné, tremblants de peur, se cachèrent, et ne furent retrouvés que le lendemain par leurs camarades.

VI.

La trahison du Grand-Père.

Pendant que ces faits s'accomplissaient à Bonneville, d'autres, d'une nature toute opposée, avaient lieu à Genève.

Madame de S.... s'en allait trouver M. J..., dans son hôtel, et lui communiquait un télegramme qu'elle venait de recevoir.

— Voyez, lui disait-elle, ce qui se passe en Savoie, voici une dépêche que je viens de recevoir de César et par laquelle il m'informe, que la République et l'union de la Savoie du Nord à la Suisse ont été proclamées à Bonneville, aux applaudissements du peuple assemblé devant l'hôtel de ville et cela sans rencontrer la moindre opposition de la part de l'autorité.

— Eh bien, je le sais, qu'y a-t-il donc là de si extraordinaire ?

— Comment, ne comprenez-vous pas ce que

cela a de facheux et de contraire à nos projets, et est-ce en laissant s'accomplir de semblables tentatives que vous servez la grande politique à laquelle vous avez promis votre appui?

— C'est précisément dans l'intérêt de cette politique que j'ai encouragé de toutes mes forces les manifestations qui vous alarment si fort.

— Comment, vous avouez avoir encouragé les actes anarchiques, qui viennent de s'accomplir à Bonneville, et vous osez me dire que c'est dans l'intérêt de notre cause que vous l'avez fait, vous me croyez donc bien peu au courant de la politique pour vouloir ainsi m'abuser.

— Mais je vous promets, belle dame, que je n'ai jamais eu l'intention de vous en imposer et, si vous m'aviez laissé m'expliquer jusqu'au bout, vous sauriez déjà pourquoi je me réjouis des événements qui viennent de s'accomplir à Bonneville.

Depuis quelque temps, l'opinion publique, à Genève et en Suisse, devient chaque jour de plus en plus hostile à l'annexion de la Savoie du Nord à la France, encore quelques semaines et il m'aurait été impossible de maîtriser ce courant d'idées qui me déborde, et il est certain que bientôt il serait devenu si fort et si violent, qu'il eut entraîné tout le monde, et que ce n'est pas seulement une vingtaine d'individus qui serait allé à Bonneville ou à Thonon pour faire soulever le peuple en faveur de son union à la Suisse, mais que la grande masse de mes compatriotes en auraient fait autant; vous comprenez combien une pareille éventualité était dangereuse; or en excitant indirectement et secrètement la manifestation qui vient d'avoir lieu et en la faisant faire par quelques inconnus étrangers au Canton et à la Suisse, je me suis reservé la faculté de pouvoir facilement jeter du discrédit sur elle et la faire comprimer. Par mes soins l'autorité royale a été prévenue à temps de ce qui allait se passer et, à l'heure qu'il est, il est probable que cette échauffourée est déjà comprimée, que tout est rentré dans l'ordre, que l'autorité légitime du roi est rétablie et que les meneurs ont été arrêtés et, comme ils sont presque tous proscrits français, ils seront transférés à Chambéry, livrés à la police française et transportés à Cayenne; par ce moyen je serai enfin débarrassé de ce maudit Sacrovir Lebren, que je rencontre, toujours et partout, en travers de mes projets, et qui est revenu à Genève malgré le décret d'expulsion dont je l'ai frappé. La terreur salutaire et la réaction violente que cet événement produira en Savoie et même en Suisse, calmeront les esprits, oteront à tout le monde l'envie de recommencer une semblable aventure et nos amis pourront alors accomplir leur œuvre annexioniste en toute sécurité.

— J'admire, mon cher maître, votre machiavélisme, mais vous pourriez bien ainsi jouer un jeu dangereux, car il y a toute apparence que jusqu'à présent cette expédition a parfaitement réussi, et on ne me dit pas du tout que Lebren et ses compagnons aient été arrêtés, on m'assure, au contraire, qu'ils sont en route pour Genève, et que le mouvement révolutionnaire républicain fait de grands progrès et qu'il a le plus grand succès.

— On vous aura écrit cela immédiatement après que la République venait d'être proclamée. mais depuis il s'est sans doute passé beaucoup d'autres choses, et je gagerai bien qu'à l'heure qu'il est le mouvement est comprimé.

— Je ne partage pas votre croyance je connais Lebren, c'est un homme d'action et d'intelligence, qui ne manque ni d'audace ni d'habileté; il exerce une grande influence sur les masses et bien jeune encore, en 1851, il a déjà fait preuve d'une audace peu commune, prenez donc bien garde qu'il ne vous joue un mauvais tour et qu'il ne fomente une insurrection générale en Savoie, à laquelle viendraient bientôt se joindre ses amis de Genève, qui sont nombreux, car il en compte jusque parmi vos partisans les plus dévoués. Notez-le comme un homme très-dangereux et vous ne vous tromperez pas.

— Je sais cela, et je considère Lebren comme

tel; mais, quoiqu'il arrive il ne m'échappera pas, car j'ai placé plusieurs piéges sous ses pas.

Voici une fausse dépêche de Thonon, que j'ai fait fabriquer et dans laquelle Perrier, qui est sensé être allé dans cette ville faire une besogne semblable à celle que Lebren vient d'accomplir à Bonneville, me dit, qu'il a complètement réussi, et que 2,000 hommes marchent sur Bonneville pour soutenir le mouvement révolutionnaire. Je vais faire envoyer ce télégramme à Lebren par un exprès, en y joignant une lettre d'Elie, en qui il a grande confiance, dans laquelle ce dernier lui dira qu'il faut qu'il retourne à Bonneville, où César l'attend. Et si ce n'est pas César en personne qu'il trouvera, ce seront certainement ses licteurs; ceux-ci l'arrêteront, lui et ses amis, et les mettont en lieu sûr; et effectivement M. J..., avec un cynisme épouvantable appela son secrétaire, Elie, et lui dicta la lettre suivante:

„Mon cher Lebren,

„J'apprends que vous revenez à Genève, vous avez tort, retournez immédiatement à Bonneville, où votre présence est indispensable. Perrier vient de faire à Thonon absolument la même chose que vous à Bonneville, il vous a envoyé 2,000 hommes de renfort, ainsi que le prouve la dépêche ci-jointe, allez donc de suite à Bonneville pour les recevoir et pour en tirer un parti convenable, servez-vous en pour révolutionner tout le pays: Sallanches, Cluze, etc., etc.... Nous comptons tous sur vous. Demain 10,000 hommes de milices fédérales occuperont la Savoie du Nord, pour défendre l'œuvre que vous avez accomplie, avec autant de succès que de courage. — Votre tout dévoué. Elie. —

Quand cette lettre mensongère fut terminée, M. F.... la fit mettre sous pli avec la fausse dépêche, et il les expédia par deux exprès à Lebren, afin de le faire retourner sur ses pas si c'était possible.

Il fit ensuite appeler Monsieur R..., directeur de la police, un des plus célèbres buveurs d'absinthe et des plus grands ivrognes de Carouge, et lui donna les instructions suivantes:

— Lebren et plusieurs de ses amis sont allés à Bonneville, se livrer à de coupables manœuvres compromettant la sécurité et la sureté du Canton et de la Suisse, ils arriveront probablement bientôt, par la route de Chêne, dans de grandes voitures, veuillez prendre toutes vos mesures pour les arrêter tous, dès leur arrivée sur le Canton et les faire écrouer à la maison de sûreté, vous vérifierez avec soin les voitures et vous saisirez toutes les proclamations, les armes et les munitions sur lesquelles vous pourrez mettre la main.

M. R.... après avoir reçu ces ordres s'enfut desuite pour les faire mettre à exécution.

Le Grand-Père se frotta alors les mains d'un air triomphant en disant à la Cousine d'une Espagnole

— Croyez-vous madame que mes précautions soient bien prises et que ce damné de Lebren m'échappera.

— Je ne le pense pas et je vous félicité bien sincèrement du zèle que vous déployez dans cette circonstance, la première fois que j'écrirai au prince je lui ferai un pompeux éloge de votre dévouement.

— Merci, belle dame, mais franchement je crois l'avoir mérité.

Ce jour là, Madame de S.... fut retenue à dîner chez M. J.... avec la belle Ida. La grande dame était devenue l'amie intime de la fille entretenue. Le dîner se prolongea un peu tard ainsi que c'était l'habitude chez le vieux Grand-Père.

La trois convives étaient encore à table lorsqu'Elie entra tout à coup brusquement et sans se faire annoncer.

Il avait les traits boulversés, la figure défaite et l'air très-contrarié.

— Vous ne savez pas ce qui vient d'arriver, dit-il à M. F....?

— Non.

— Eh bien, Lebren est de retour avec ses amis.

— Comment?... mais vous ne lui avez donc pas fait remettre votre lettre et la dépêche qui l'accompagnait ainsi que je vous en avais chargé.

— Si on les lui a remises, mais, flairant sans doute quelque piége, il a refusé de retourner à Bonneville, en disant qu'il avait à faire à Genève, que César était resté en arrière et qu'il recevrait les hommes qu'on lui envoyait de Thonon, et il a gardé la lettre et la dépêche.

— Mais comment à-t-il pu échapper à la police de R.... qui l'attendait? Voici: avant d'arriver à la frontière ses camarades et lui sont descendus de voiture et ils sont tous rentrés à Genève isolément et par des routes différentes; la police embusquée attendait les voitures, dès que celles-ci ont paru ses agents se sont précipités sur elles et s'en sont emparés; mais hélas! elles étaient vides, les seuls prisonniers qu'ils aient faits sont mes deux envoyés, qui s'étaient placés dans la première et qui ont été conduits en prison.

— Maladroit et imbécile que vous êtes d'avoir laissé échapper cette excellente occasion de prendre tous ces proscrits en flagrant délit, afin d'avoir un motif pour les expulser et pour les faire passer pour des agents provocuteurs.

— Vous voyez que cet enragé de Lebren a été

plus fin que vous, qu'il a éventé vos pièges et accompli sa mission avec succès, dit Madame de S....

— C'est vrai, il m'a encore échappé cette fois, mais je lui ferai payer tout cela plus cher qu'au marché, il peut en être certain.

— Prenez garde de ne pas être sa victime, car il est plus fin que vous, il pourrait bien une fois ou l'autre vous jouer un mauvais tour et à nous aussi.

— Le Grand-Père n'a pas encore trouvé son maître jusqu'à ce jour et il ne le trouvera pas dans ce petit garçon, dit Elie.

— Je le souhaite, mais je vous engage cependant à ne pas avoir une trop grande confiance et surtout à ne pas vous endormir dans une fausse sécurité, car voilà maintenant grâce à vous la Révolution organisée à Bonneville, et qui sait si à l'heure qu'il est elle n'a pas envahi toute la province; je tremble qu'elle gagne bientôt Genève et que nous ne soyons débordés de toute part.

— Demain je mettrai ordre à tout cela; Perrier partira pour Thonon, et cette fois je ne manquerai pas mon coup, je le ferai arrêter avec ses partisans, je dirai qu'ils ont mis la République de Genève et toute la Confédération à deux doigts de leur perte, et que je suis le sauveur de la patrie, le restaurateur de l'ordre. La Confédération enverra des milices fédérales occuper la ville, et la Savoie sera à l'abri d'un coup de main, nous n'aurons plus rien à redouter du parti révolutionnaire, nous pourrons faire procéder aux annexions en toute sécurité. Le pouvoir royal sera bientôt rétabli en Savoie quand les populations n'auront plus aucun appui à espérer de la Suisse.

Cette fois le nouveau plan réussit à souhait, Perrier et ses compagnons donnèrent tête baissée dans le piège qui leur était tendu, ils tentèrent d'aller renouveler à Thonon ce que Lebren avait fait deux jours avant à Bonneville, mais mal leur en prit, ils furent capturés sur le lac par ordre du Conseil d'État sur la dénonciation du Grand-Père, conduits prisonniers à Genève, et ils ne furent mis en liberté que six mois après, par un arrêt de non lieu.

Leur arrestation produisit une grande panique à Genève et en Savoie, les hommes qui les avaient engagés à prendre les armes, le président du Conseil d'État en tête, qui leur avaient fourni les fusils, les munitions, l'argent et jusqu'au vapeur nécessaire à l'expédition, les dénoncèrent traîtreusement, signèrent leurs mandats d'arrets, les accusèrent d'être des agents provocateurs et les gardèrent six mois en prison. A l'annonce de l'arrestation de Perrier et de ses compagnons, le gouvernement fédéral trompé par les proclamations mensongères et les faux rapports des agents de

M. J... crut à un complot contre la sureté de la Confédération et envoya immédiatement des troupes fédérales à Genève, il désavoua hautement toute espèce de solidarité dans les affaires de Thonon et de Bonneville et déclara qu'il n'avait jamais eu l'intention d'occuper la Savoie du Nord, quoique il en eut le droit d'après le traités; ces déclarations jetèrent un grand découragement parmi, les populations savoisiennes d'abord très-désireuses de leur réunion à la Suisse, elles furent profondément découragées de l'indifférence qu'on leur témoignait, elles se désaffectionnèrent complétement et leur ardeur première disparut bientôt.

Les habitants de Bonneville se voyant abandonnés de tout le monde furent eux mêmes forcés de renoncer à leur projet de liberté et d'indépendance sous l'égide de la Suisse et laissèrent paisiblement rentrer en fonction les employés royaux. Le but poursuivi par M. J.... fut atteint, le projet de transformation de la Savoie du Nord en un 23e Canton suisse avorta complétement et l'œuvre annexioniste impériale se poursuivit avec succès. Quelques mois après elle était consommée.

VII.

La pacte.

Pendant que ces faits s'accomplissaient, d'autres beaucoup plus importants encore avaient lieu en Italie. Le soldat courageux qui avait défendu Rome en 1849, avec tant de bravoure, contre l'armée française, qui était allé ensuite s'enfermer dans Venise avec Manin, qui avait combattu jusqu'à la dernière extrémité pour la République vénitienne, qui depuis encore avait, à la tête des volontaires et des chasseurs des Alpes, battu les Autrichiens à Garde et à Côme, ce héros italien avait rêvé et accompli récemment une œuvre plus grande et plus merveilleuse encore; parti de Gênes avec mille braves, il avait franchi le golfe, traversé la Méditérannée, échappé miraculeusement aux croisières napolitaines et débarqué à Marsala; puis, grâce à la merveilleuse habileté qui le caractérise, en une campagne, avec une armée de volontaires improvisée en quelques jours, il avait délivré la Sicile, chassé de Naples les Bourbons odieux et conquis ces belles provinces pour l'Italie.

Mais il restait encore deux esclaves: Rome et Venise. Et la grande âme du vainqueur des rois s'indignait à la pensée que les odieux gouvernements des prêtres et de l'Autriche opprimaient deux des plus belles parties de sa patrie, et le héros de tant de combats glorieux, le soldat émancipateur et libérateur résolut de délivrer à son tour la capitale italienne, il fit une nouvelle expédition de Sicile, il franchit une seconde fois le détroit de Messine et s'envint de nouveau sur la terre ferme, qu'il avait faite libre, à la tête de ses volontaires, non pas, cette fois, pour entrer à Naples en triomphateur, mais pour marcher contre le pouvoir des prêtres, contre cette hydre aux millions de tentacules qui dévore la tête de l'Italie et qui suce le sang au monde catholique. C'est contre le génie du mal, incarné dans l'odieuse papauté, que Garibaldi prit les armes aux cris de Rome ou la mort! Cette entreprise courageuse et téméraire avait fait tressaillir l'homme des Tuileries qui, en 1849, avait été au secours du prêtre roi, et avait fait mitrailler par son armée, comme nous l'avons vu, la ville éternelle pour restaurer dans son pouvoir le génie du mal. Cet homme puissant trembla, et cependant il disposait arbitrairement de toutes les forces vives d'une grande nation, d'un budget de plus de deux milliards, d'une marine, la seconde de l'Europe, d'une armée de huit cent mille hommes, d'un million de fonctionnaires publics; oui malgré tout cela le sombre et taciturne habitant des Tuileries eut peur devant le héros à la chemise rouge, l'image de Garibaldi lui apparut comme celle du justicier qui venait pour le punir et le frapper.

— Mon étoile aurait-elle pâlie, la fortune m'abandonnerait-elle? s'écria-t-il, le héros de Marsala doit-il être le destructeur de mon pouvoir, doit-il anéantir mes espérances et mes efforts; l'heure du châtiment approcherait-elle?

Et il parcourait d'un pas inquiet les salons des Tuileries.

— Cet homme, pensait-il, représente les aspirations, les espérances, la volonté de toute une nation; son cri: *Rome ou la mort!* est le cri de suprême désespoir de tout le peuple italien; lutter contre d'aussi formidables forces et d'aussi grands moyens d'action c'est lutter contre l'impossible. Si l'armée italienne marche sur les traces du peuple et des volontaires, l'œuvre édifiée par moi en Italie avec tant de persévérance et de labeur s'écroulera et m'entraînera peut-être dans sa chute.

Mais comment faire, pour entraver ce mouvement révolutionnaire, où trouver un ministre qui ose donner l'ordre de tirer sur Garibaldi et un officier italien qui veuille exécuter cette consigne.

Il ne me reste qu'une ressource dans cette circonstance dangereuse, c'est que ma cousine réussisse dans la mission dont je l'ai chargée, je lui ai écrit de quitter la Suisse et d'aller immédiatement à Turin, d'user de toute son influence auprès du Roi et du ministère pour obtenir que l'ordre soit donné aux troupes de marcher contre Garibaldi afin de lui empêcher d'aller à Rome.

Aussitôt l'ordre de se rendre à Turin reçu la Cousine d'une Espagnole s'empressa d'obéir, elle fit ses adieux à tous ses chers amis de Genève: au Grand-Père, à l'aimable Ida, à Messieurs de la police et du Conseil d'État et jusqu'à la très-honorable Madame Adèle et à ses chastes pensionnaires, avec lesquels elle avait passé de si charmantes soirées et des nuits si agréables, elle leur promit de ne pas les oublier au milieu des grandeurs de la cour du roi galantuomo.

Arrivée à Turin elle chercha tout d'abord à avoir un rendez-vous avec le monarque de galante réputation, mais ce dernier a une prudente horreur des femmes politiques et des bas bleus littéraires, aussi évita-t-il soigneusement de se rencontrer avec l'envoyée bonapartiste. Il était du reste trop passionnément épris d'une belle comtesse, Madame de Castiglionne, pour accorder la moindre attention aux avances de l'intrigante du chalet d'Aix-les-Bains. Mais cette dernière avait résolu d'être remarquée du Roi et d'avoir un rendez-vous avec lui, et comme dit le proverbe:

„Ce que femme veut, le diable aussi le veut.“

Nous donnons en dix mille, en cent mille à deviner à nos lecteurs par quel ingénieux stratagème la facile beauté parvint à obtenir l'entrevue qu'elle désirait, jamais personne ne pourrait l'imaginer. Or voici comment la dame s'y prit:

Elle envoya tous les matins sa voiture vide dont les portières étaient soigneusement fermées l'attendre à la grille du palais de Victor-Emmanuel, avec ordre à son cocher, de répondre à tous ceux qui lui demanderaient ce qu'il faisait ainsi à la porte du palais de sa Majesté:

— J'attends ma maîtresse, Madame la comtesse de S...., qui a passé la nuit avec le Roi.

Au bout de quelques jours de cette manœuvre et de cette réponse si explicite, il n'était bruit dans un certain monde que de la nouvelle favorite de sa Majesté, dont la voiture attendait chaque matin la sortie à la porte du palais.

Un jour le cocher de Madame de Castiglionne accosta celui de Madame de S.... et lui demanda qui il attendait ainsi chaque matin?

— Parbleu! j'attends ma maîtresse qui est couchée avec Sa Majesté.

— Cela me paraît bien extraordinaire, répondit le cocher de Madame de Castiglionne car je suis dans le même cas que vous, je viens aussi chercher ma maîtresse qui a passé la nuit avec le Roi.

— Alors répondit un troisième cocher, c'est que Victor-Emmanuel aura dormi, non pas comme certain saint de chaste mémoire, entre deux vierges, mais bien entre deux fort jolies femmes et, comme ce n'est pas pour rien qu'on l'appelle le Roi galant homme je suppose que vos deux maîtresses auront été contentes de lui, et j'aurai bien voulu, surtout pour cette nuit, être à la place de Sa Majesté.

— Eh bien, répondit le cocher de Madame de S...., pour être franc, je vous avouerai que si Madame de Castiglionne n'est pas plus chez le roi que ma maîtresse, sa Majesté n'aura pas eu besoin de se mettre en frais de galanterie pour elle.

— Comment donc, répondit le premier cocher. ne m'avez vous pas dit que votre maîtresse était chez Victor Emmanuel?

C'est vrai que je vous ai dit cela, mais entre nous, je puis bien vous avouer la vérité, tout en vous recommandant la discrétion; eh bien, ma maîtresse n'a pas plus passé la nuit au palais royal que vous et que moi; elle repose tranquillement ses charmes dans son hôtel, et quand mes chevaux auront fait le pied de grue jusqu'à midi, je rentrerai chez elle pour faire croire que je viens de la chercher ici. Et tous les jours je recommencerai le même jeu.

— Et jusqu'à quand continuerez-vous cet ingénieux stratagème demanda le troisième cocher?

— Je l'ignore, mais je pense que ce sera jusqu'à ce que ma maîtresse ait été remarquée du Roi et qu'elle couche réellement au palais.

C'est en effet ce qui advint à la fin; le récit de cette aventure franchit les grilles du château et parvint jusqu'aux oreilles du monarque. Le roi galant homme touché de cette preuve d'amour mit le comble aux vœux de la Cousine d'une Espagnole en l'admettant chaque nuit dans son intimité.

La séduisante comtesse ne manqua pas de profiter de cette heureuse circonstance pour implorer le monarque italien en faveur du souverain pontife, persuadée que son royal amant était trop aimable pour lui refuser quelque chose dans un aussi tendre tête-à-tête. Elle lui fit observer tout ce que la conduite de Garibaldi avait d'outrageant pour son meilleur allié, dont les troupes occupaient la ville éternelle, et quelle noire ingratitude ce serait pour l'Italie de faire la guerre au souverain qui était venu à son secours, et qui l'avait aidée à chasser les Autrichiens de la Lombardie.

Le roi parut peu sensible aux doléances de

sa nouvelle maîtresse, et se contenta de lui dire qu'il était souverain constitutionnel, que c'étaient ses ministres qui devaient aviser dans ces circonstances graves, et que s'il avait des ménagements à garder envers Louis-Napoléon Bonaparte, il devait aussi une grande reconnaissance à Garibaldi pour ce qu'il avait fait en faveur de l'indépendance de l'Italie.

Cette réponse parut peu satisfaisante à la belle dame, qui résolut de s'adresser à son ancien adorateur le signor commandeur R....

Dans la première soirée où elle rencontra ce dernier, elle déploya mille grâces et mille séductions auprès de lui, et le félicita sur la haute position sociale à laquelle il était parvenu.

Le commandeur fut, comme toujours, galant et empressé envers la dame qui lui avait autrefois arraché de si nombreux soupirs et pour laquelle il conservait encore un tendre sentiment.

La comtesse, avec la perspicacité profonde qui distingue les femmes de son caractère et de sa position, qui ont une expérience profonde de la vie, s'aperçut bientôt de l'Empire qu'elle avait conservé sur le faible cœur de son ancien adorateur. Elle redoubla de gentillesse et de coquetterie, le pauvre commandeur sentait son tendre cœur s'enflammer d'amour sous les regards brûlants de la belle; son ancienne passion se réveillait plus ardente que jamais; il fut tendre et pressant, et il sollicita de la comtesse la permission d'aller la voir, de lui faire la cour, ce qui lui fut accordé très-volontiers et, chaque fois qu'il jouissait de cette faveur la séduisante sirène redoublait de coquetteries, d'agaceries et de grâce, de sorte qu'au bout de quelques visites le cher signor était plus amoureux d'elle que jamais. Quand son adorée l'eut ainsi amené au degré qu'elle désirait elle lui témoigna, d'abord avec beaucoup de ménagements, toutes les contrariétés que lui causaient les projets de Garibaldi qui conviait l'Italie à marcher avec lui contre Rome, au cri de Rome ou la mort! Elle lui expliqua tous les dangers que ce mouvement pouvait faire courir à l'œuvre d'émancipation à laquelle il avait travaillé, et lui donna à entendre qu'il dépendait peut-être d'un ministre habile et courageux d'arrêter dans sa marche sur Rome le vainqueur des Bourbons de Naples et de la Sicile, et que celui qui accomplirait cet acte d'audace, aurait rendu un immense service à sa patrie et serait beaucoup plus grand que Garibaldi lui-même. Le commandeur était de l'avis de la dame, mais il considérait la chose comme très-difficile pour ne pas dire impossible à faire, il ne pensait pas qu'il y eut un ministre capable de lutter contre la popularité du héros italien.

— Comment, pendant que vous êtes au pouvoir, vous allez laisser Garibaldi et la bande de condottieri qui l'accompagnent, attaquer et détruire ce qui reste du patrimonie de Saint Pierre? Vous allez laisser engager une guerre funeste entre la France et votre patrie, car enfin le gouvernement impérial ne pourra pas retirer ses troupes de Rome devant l'insolent défi que lui porte le général en chef des Chemises rouges, l'Empereur considérerait comme une honte de battre en retraite devant les bandes indisciplinées qui suivent ce héros d'aventure, et vous devez comprendre quelles conséquences funestes résulteraient d'une attaque contre Rome; il est donc de votre devoir impérieux de vous opposer de tout votre pouvoir à ce malheur, et le seul moyen efficace pour cela c'est d'envoyer des troupes contre Garibaldi pour lui barrer le chemin de la ville éternelle.

— Envoyer des troupes contre Garibaldi? mais ma chère amie vous n'y pensez pas, les soldats que je ferai marcher contre lui se tourneraient de son côté, et ne serviraient ainsi qu'à grossir ses forces; du reste je ne connais pas un seul officier dans l'armée italienne qui accepterait la mission de combattre le héros de Marsala.

— Eh bien, moi j'en connais bien un qui serait heureux de mettre à la raison le fameux vainqueur du roi de Naples si on voulait le charger de cela.

— Je doute très-fort que cet homme existe et

je serai curieux de le connaître; il ne demandera pas mieux que de vous être présenté si vous voulez lui donner l'ordre d'arrêter le triomphateur de Naples et de Palerme dans sa marche sur Rome.

— Vous devez comprendre, belle dame, que cette décision ne peut être prise par moi seul que je dois consulter le roi et mes collégues.

— Je sais cela, mais je crois aussi que si vous le vouliez vous pourriez faire adopter cette résolution; si vous aimiez l'Italie et si vous aviez toujours pour moi les tendres sentiments dont vous me parliez avec tant de chaleur autrefois, vous vous empresseriez d'obtempérer à mes désirs, car, ainsi que je vous l'ai déjà dit, je considère comme un grand malheur pour notre patrie la marche de Garibaldi sur Rome.

— Ce que vous me dites là, Marie, me peine beaucoup, car j'ai conservé pour vous cette affection tendre et passionnée que je vous portais il y a dix ans, je crois même que mon amour n'a fait que grandir et que, malgré l'indifférence dont vous l'avez payé jusqu'à aujourd'hui, je vous aime encore davantage qu'en 1847.

— Oui, et la preuve c'est que, maintenant que vous êtes tout puissant, vous me refusez la première faveur que je vous demande, et pourtant ce n'est pas pour moi que je vous prie, mais pour notre malheureuse patrie en voie d'émancipation, et qui va être replongée dans la servitude par la faute d'un héroïque insensé.

— Mais Marie, je ne vous ai pas refusé, je vous ai dit seulement que je ne pouvais pas prendre sur moi une détermination aussi grave que celle dont vous me parlez, et que je consulterai Sa Majesté et mes collégues, afin de la faire adopter.

— Eh bien, si vous obtenez ce résultat, plus grand que Cavour, que Victor-Emmanuel et que Garibaldi lui-même, vous serez un nouveau libérateur de l'Italie, et ma reconnaissance et mon admiration vous seront acquises à jamais.

— Oh! dites votre amour, Marie, donnez-moi cette tendre, cette douce espérance et je serai bien heureux, et je me croirai capable de faire ce que vous me demandez, de l'obtenir de mes collégues et d'imposer ma volonté au roi; car, pour vous, pour votre amour, pour vous posséder, je me sens capable de tout; je vous aime de toutes les forces de mon âme, de toute la puissance de mes facultés, dit le commandeur, en saisissant une main de la belle qu'il couvrit de baisers.

— Eh bien, répondit la Cousine d'une Espagnole, en dégageant doucement sa main des étreintes passionnées du commandeur, s'il en est ainsi, je vous aimerai, et je serai fière et heureuse si mon amour peut vous inspirer le courage et la volonté dont vous avez besoin pour vaincre vos hésitations, pour surmonter vos scrupules et vous faire prendre une détermination qui sauvera l'Italie et fera votre gloire.

— Donnez moi votre parole, Marie, que vous serez à moi, et demain, en conseil des ministres, je proposerai de faire arrêter Garibaldi, et je crois que je ferai adopter cette décision.

— Si vous réussissez, je vous jure d'être à vous le jour où le chef des volontaires italiens sera mort ou prisonnier.

— Et moi, chère Marie, je jure que demain j'aurai signé l'ordre de faire arrêter Garibaldi; venez me voir et je vous le remettrai.

— C'est bien, j'ai votre parole, vous avez la mienne; demain soir, à la même heure, je reviendrai chercher l'ordre que vous me promettez.

Et en disant ces mots, Madame de S.... prit congé du commandeur et partit.

Lorsqu'elle fut rentrée chez elle, elle écrivit une dépêche chiffrée à son illustre correspondant de Paris, dans laquelle elle lui dit: „J'ai la parole du Commandeur, qui m'a promis d'obtenir demain, en conseil des ministres, l'autorisation de faire arrêter Garibaldi, et je crois qu'il l'obtiendra, car il est amoureux foude moi, il m'aime plus que jamais, et je lui ai promis mon cœur en récompense, auquel j'ajouterai ma main s'il réussit. Avisez donc au moyen de rompre mon mariage avec Monsieur de S...., car c'est la condition sine qua non de mon dévouement."

Le lendemain soir la Cousine d'üne Espagnole, exacte au rendez-vous, était chez le commandeur. Lorsque celui-ci la vit entrer, il lui montra triomphalement un ordre d'arrestation délivré contre Garibaldi et ses compagnons, en lui disant:

— Vous voyez, Madame, que j'ai tenu ma promesse, à vous maintenant d'accomplir les vôtres, et d'abord, dites-moi, quel est l'officier sur le concours duquel vous pouvez compter pour mettre cet ordre à execution?

— C'est le colonel Pellavicini qui m'a promis de se charger de cette mission périlleuse, répondit la dame; croyez-vous que j'aie fait un bon choix en arrêtant mes vues sur lui?

— Excellent, et je vous en félicite, voulez-vous m'envoyer cet officier demain, afin que je m'entende avec lui pour l'expédition importante dont je vais le charger, et surtout qu'il vienne de bonne heure, car il n'y a pas une minute à perdre pour mener cette affaire à bonne fin, et j'ai hate de la faire réussir, car il y va de mon honneur et surtout de mon bonheur.

— Vous savez, Commandeur, que ce sont là deux choses précieuses et aux quelles je m'intéresse beaucoup, et il ne dépendra pas de moi que vous soyez honoré et heureux. Demain donc, dans la matinée, le colonel Pellavicini sera près de vous.

— Je vais lui recommander de déployer la plus grande activité dans sa mission et de m'amener Garibaldi mort ou vif, car vous le savez, c'est de sa capture que dépend mon bonheur.

— Je désire de tout mon cœur que vous soyez bientôt heureux, Signor Commandeur, et ce sera pour moi une grande joie de contribuer à votre bonheur, en tenant la promesse que je vous ai faite.

— Oh! ne me parlez pas ainsi, séduisante Marie, car vous me donnez le délire, ou permettez-moi de prendre un léger à compte, dit le Commandeur en saisissant son adorée par la taille, mais la coquette Marie, après lui avoir laissé dérober un tendre baiser, lui glissa dans les mains comme une anguille, en lui disant:

— Un peu de patience, je vous en prie, je ne veux pas ralentir votre ardeur par des concessions imprudentes, travaillons d'abord au bonheur et à la délivrance de l'Italie, sauvons la de ses amis trop dévoués et imprudents, qui la perdraient si nous les laissions faire, et quand elle ne courra plus de danger nous pourrons alors nous livrer en toute sécurité à notre mutuel bonheur.

— Quelle séduisante perspective vous me montrez là, et que je regrette donc qu'il faille encore attendre quelques jours avant qu'elle s'accomplisse.

— De quoi vous plaignez-vous, ingrat, quand vous êtes assuré de voir bientôt vos vœux les plus ardents se réaliser et votre gloire grandir? Mais une autre bonne nouvelle que j'ai à vous apprendre, c'est que mon mari, duquel je vis séparée depuis plusieurs années, est dangereusement malade, bientôt les liens qui m'unissent à lui seront rompus, et nous pourrons alors faire légitimer par le mariage ceux que l'amour aura formé entre nous.

— Que m'annoncez-vous là, chère Marie, quoi, je pourrai devenir votre époux bien aimé? quoi, toute une vie de bonheur et d'amour me serait réservée près de vous? Oh! quelle félicité! les désirs de toute ma vie seraient ainsi satisfaits et mes plus chères espérances accomplies. Mais ce n'est encore là qu'un beau rêve, et je ne dois pas m'abandonner à un fol espoir, car il dépend de deux éventualités qui peuvent ne pas se réaliser selon mes vœux, et alors je verrai s'évanouir tout mon avenir de bonheur.

— Non, Urbain, n'ayez pas de ces idées décourageantes, vous réussirez dans votre entreprise, la fortune couronnera vos nobles efforts, et je vous le répète, la mort prochaine de mon mari, trop gravement malade pour pouvoir se rétablir, me permettra de vous donner ma main et mon cœur et de combler ainsi tous vos vœux. Adieu donc, et à demain.

— Adieu, chère Marie, je vais travailler à notre bonheur, n'oubliez pas de faire prévenir le colonel Pellavicini que je l'attendrai demain dans la matinée.

Madame de S.... prit alors congé du Commandeur, et le lendemain ce dernier remit au colonel Pellavicini l'ordre de marcher contre Garibaldi et de l'arrêter mort ou vif.

VIII.

Aspromonte.

Deux jours après l'entrevue du Commandeur et du colonel Pellavicini, un des plus célèbres docteur de la faculté de Paris, M. O..., vint trouver la Cousine d'une Espagnole. Il était, disait-il, envoyé auprès de son mari, malade depuis quelque temps, et il venait lui prodiguer ses soins et les secours de son art.

— Je vous remercie beaucoup, Monsieur, je vous attendais, lui dit-elle, et j'espère que, grâce à votre traitement, mon mari sera bientôt rétabli.

— Bientôt, madame, soyez sans inquiétude à ce sujet, dit le docteur d'un air singulier, en soulignant châcun de ses mots d'un ton sinistre; j'ai déjà fait plusieurs cures toutes aussi merveilleuses que celle que je vais opérer sur Monsieur votre mari, et je ne doute pas du succès complet de celle-ci, je suis persuadé que traité par moi, votre époux ne se plaindra plus jamais, mais jamais!

Cet homme avait quelque chose de si profondément cynique en prononçant ces dernières paroles, que Madame de S..., malgré tout son sang froid et son audace, en fut tout d'abord effrayée. Puis se remettant bientôt et recouvrant son aplomb, elle lui dit :

— Alors, Monsieur le docteur, je puis espérer que la guérison de mon époux sera radicale et qu'il ne souffrira plus jamais.

— Je vous le jure, Madame.

— Merci, docteur, et je compte sur votre parole.

— Vous pouvez m'accorder la plus grande confiance, Madame, c'est moi qui ai traité Saint-Arnaud, Cavaignac, et plusieurs autres personnages célèbres; l'effet de mes médicaments est certain, infaillible, j'ai eu l'honneur de les faire administrer à l'Empereur Nicolas, et vous savez quelle fin glorieuse il a faite.

— Vous me donnez les plus grandes espérances, docteur, soyez persuadé que je n'oublierai jamais le service que vous allez me rendre, et que je vous prouverai bientôt ma reconnaissance et ma générosité.

Le docteur s'inclina et sortit pour aller procéder à la cure radicale de son malade. Trois jours après, l'infortuné Monsieur de S.... était mort, et son aimable veuve célébrait dignement cet heureux événement qui lui rendait sa liberté.

Pendant ce temps-là, le farouche Pellavicini, à la tête d'une troupe de bersalieri, choisis et triés avec soin, et sur lesquels il pouvait compter, poursuivait Garibaldi, qu'il ne tarda pas à rejoindre à Aspromonte. A la vue des soldats du roi galantuomo l'héroïque général et ses compagnons crièrent: Vive les bersalieri, vive l'Italie! Rome ou la mort!

A ces acclamations amicales et patriotiques, la troupe répondit par une décharge générale, qui tua plusieurs volontaires et blessa Garibaldi et un grand nombre de ses compagnons. A cette attaque imprévue, exécutée sans sommation, les garibaldiens hésitèrent un moment, ils furent aussi surpris qu'indignés de se voir ainsi accueillis par des compatriotes et des frères, et s'apprêtèrent à riposter, lorsque leur chef, blessé au pied et appuyé contre un arbre, leur recommanda de ne pas tirer.

— Ne faites pas feu, leur dit-il, épargnez vos frères de l'armée italienne, c'est contre les ennemis de la liberté, contre les défenseurs du prêtre-roi qui opprime la ville éternelle, que doivent être dirigés vos coups.

Mais pendant que le héros de Marsala se conduisait aussi généreusement et qu'il défendait de verser le sang des soldats italiens, Pellavicini s'avançait sur lui à la tête de ses bersalieri et lui disait en l'abordant :

— Général, vous êtes mon prisonnier.

— Soit, dit le grand homme généreux, je préfère me rendre que de me battre contre mes frères ; le sang de mes fidèles compagnons et le mien aura du moins seul coulé ici ; puis, se tournant vers ses intrépides volontaires, il leur dit : Mes amis, rendez vos armes qu'il n'y ait pas ici de lutte fratricide, laissez toute la responsabilité du sang versé à ceux qui l'ont fait couler, et le brave soldat se laissa emmener avec ses compagnons, dont un certain nombre cependant avaient évité une arrestation en se réfugiant dans la forêt voisine.

Quand Garibaldi et les volontaires prisonniers furent partis, ceux cachés dans les taillis, parmi lesquels il y avait Sacrovir Lebren, sortirent pour venir relever leurs morts abandonnés sans sépulture et sans soin au coin du bois. Sacrovir eut la douleur de reconnaître au milieu d'eux Cornélia, qui, sous un déguisement d'homme, combattait avec lui dans les rangs des garibaldiens.

Cette courageuse femme, lorsqu'elle avait vu les fusils des bersalieri s'abaisser dans la direction de son chef, s'était, ainsi que plusieurs autres volontaires, jetée au devant de lui pour lui faire un rempart de son corps, et elle avait été tuée par la première décharge. On comprend quelle fut la douleur de Lebren, quand il vit cette héroïque jeune femme étendue parmi les morts, une balle dans le sein. Il lui sembla qu'elle respirait encore, il s'empressa de la soulever à demi en l'appuyant contre un arbre, pendant qu'un de ses camarades lui apportait de l'eau pour laver sa blessure et chercher à la rappeler à la vie; au bout de quelques instants, elle rouvrit lentement les yeux, ses joues se colorèrent légèrement, elle remua un peu les lèvres comme si elle voulait parler, puis, fixant Sacrovir, elle lui dit d'une voix faible :

— Mon ami, le général est-il tué?

— Non, il n'est que légèrement blessé.

— Ah! tant mieux, alors je meurs heureuse d'avoir contribué à sauver la vie du plus brave soldat de l'Italie.

— Vous ne mourrez pas, vous vivrez pour vos amis et pour notre grande cause, pour l'Italie, pour la liberté!

— Non, mon ami, je vais mourir, je le sens, je vais descendre dans la tombe, rejoindre celui que j'aimais, mon bien-aimé Félice Orsini, guillotiné par les restaurateurs du despotisme papal; je te prie, mon cher Sacrovir, mon dernier ami, d'être l'exécuteur de mes volontés suprêmes, tu trouveras dans mon sac un portefeuille en chagrin, il contient mon testament et des renseignements précieux sur la fortune de la famille Rennepont, qui est la tienne et dont mon grand père habitant New-York est le dépositaire; je te prie d'être mon exécuteur testamentaire et d'accepter les legs que j'ai faits pour toi. Adieu pour toujours, mon ami, aime la République comme je l'aime, hais la tyrannie comme je la hais, continue de défendre la première et de combattre la seconde, et conserve, je te prie, mon souvenir, j'emporte le tiens avec moi dans la tombe. Adieu, ami, adieu! Vive la République, vive l'Italie! je meurs heureuse puisque je vais rejoindre mon ami, Félice Ors..., la malheureuse ne put achever le nom du martyr; un sanglot et un râle, ceux de la mort, l'étouffèrent. Sacrovir tenait toujours la main de la jeune femme dans la sienne et sa belle tête sur ses genoux, lorsque les yeux de Cornélia se fermèrent. Sa beauté n'avait rien perdu de sa suave expression, on aurait dit qu'elle dormait, plusieurs jeunes volontaires qui l'entouraient la contemplaient avec admiration, les yeux mouillés de larmes; Sacrovir profondément ému la regardait avec émotion.

— Femme héroïque et malheureuse, dit-il, née pour aimer et souffrir, nous qui te survivons, nous jurons de continuer ton œuvre, de vivre et de mourir comme toi pour la liberté, et nous léguons l'opprobre de ta mort et celle de nos compagnons, qui ont succombé avec toi, à la royauté, à la papauté et à leurs sicaires qui vous ont assassinés.

Lebren et ses amis creusèrent ensuite deux fosses aux pieds des grands chênes verts ; dans l'une ils mirent les volontaires morts et dans l'autre Cornélia, ils les recouvrirent de terre et de gazon, ils gravèrent les noms des morts et la date de leur fin malheureuse sur l'écorce des arbres et, après un dernier adieu, ils quittèrent ces restes chéris dont leurs cœurs et leurs mémoires sont les temples.

Depuis l'herbe et les fleurs ont poussé sur ces tombes, la vie a germé sur la mort, selon l'éternelle loi de reproduction des espèces, et quand les passants aperçoivent ces tombes isolées à l'ombre de la verte feuillée, ils s'en approchent respectueusement, les saluent en se disant :

— Ceux qui reposent ici sont des braves, morts pour la liberté, parmi eux il y a une femme, jeune et belle, chérissons leur souvenir, conservons leur mémoire et jusqu'au jour de la délivrance imitons leur exemple et crions toujours : Rome, la liberté ou la mort !

IX.

Le Mariage de la Cousine d'une Espagnole.

Lorsque la Cousine d'une Espagnole apprit l'arrestation de Garibaldi, la tombe de son époux était à peine fermée, elle résolut néanmoins de célébrer dignement cet heureux événement qu'elle avait préparé avec tant de zèle.

Elle invita à cet effet à une fête splendide, qu'elle donnait dans son hôtel, tous ses amis de cœur, et ils étaient nombreux; elle épuisa avec eux tous les plaisirs de la table et de l'orgie; elle couronna cette saturnale toute romaine, par une excentricité dépravée, comme elle seule pouvait en imaginer et en exécuter. Elle se fit préparer un bain de champagne de deux mille francs et se plongea dans le bassin de marbre noir, qui le contenait, vêtue d'un simple peignoir de mousseline blanche; puis, quand elle fut au milieu du liquide mousseux, elle remplit plusieurs fois une coupe antique et elle en offrit gracieusement le contenu, encore tout pétillant et débordant d'écume, à ses invités, qui l'absorbèrent avec avidité, savourant ainsi l'onde alcoolique imprégnée des émanations de la belle baigneuse. Tenez et buvez, leur dit-elle, car ce champagne, qui me caresse de son onde amoureuse, contient une partie de moi-même, de mon corps et de la fleur de mon sang.

Et les convives humèrent et dégustèrent avec délice la précieuse liqueur, qui leur fut offerte par leur belle hôtesse, à laquelle ils portèrent une santé.

Quand la ronde fut achevée l'impudique Marie prit ensuite la coupe pleine et la portant à ses lèvres, elle ajouta.

— Chers amis, j'ai une grande nouvelle à vous annoncer et que vous ne soupçonneriez jamais.

— Laquelle, dirent les convives?

— Devinez si vous pouvez!

— Que vous êtes inconsolable et inconsolée de la mort de votre époux bien-aimé, dit l'un d'eux.

— Que vous resterez fidèle à sa mémoire, et que vous poterez son deuil dix ans, dit un autre.

— Que vous renoncerez au gentil dieu d'amour, à ses pompes et à ses œuvres, ajouta un troisième.

— Que vous ferez vœu de chasteté, de continence,

d'abstinence, que vous serez couronnée rosière et sacrée vestale.

— Que vous prendrez le voile et que vous entrerez aux Carmélites, dirent plusieurs autres adorateurs de la Cousine d'une Espagnole.

— Je vois, Messieurs, que vous ne voulez pas deviner, répondit cette dernière, et que vous préférez faire de l'ironie.

Eh bien, pour vous punir, apprenez que je me marie.

A cette déclaration, tous les joyeux compagnons d'orgie de la comtesse poussèrent une exclamation de surprise.

— Comment, vous vous mariez, répondirent-ils tous?

— Oui, Messieurs, je me marie, qu'est-ce que cela a donc de si étonnant, n'en aurai-je pas le droit, par exemple?

— Si, belle dame, vous en avez le droit, puisque Monsieur votre époux a été assez aimable pour dissoudre la communauté légale réduite aux acquets, que vous aviez contractée avec lui, et cela par sa mort naturelle, dit un plaisant.

— Naturelle est poli, dit un autre.

— Qu'est-ce à dire, Monsieur, est-ce que vous soupçonneriez...?

— Non, belle dame, je ne soupçonne rien, je n'ai jamais cru que votre mari fut immortel, et je me plais à reconnaître qu'il avait le droit et même le devoir de mourir si cela vous était agréable. Mais ce que nous ignorons tous et ce que nous voudrions bien savoir, c'est quel est le mortel fortuné qui va vous conduire à l'autel?

— Voyons si cette fois vous serez plus heureux et si vous devinerez?

— Hélas! nous avouons tous ne pas avoir le moindre soupçon à ce sujet et être dans l'impossibilité absolue de dire quel sera le fortuné successeur légal de Monsieur de S....

— Eh bien, apprenez, Messieurs, que j'épouse le Commandeur R....

— Comment, c'est le geôlier de Garibaldi, l'homme qui a fait tirer sur le héros d'Aspromonte et qui le retient captif, qui a fixé votre choix. Mais vous voulez donc partager son impopularité et son ignominie?

— Non, Messieurs, je veux partager sa gloire!

— Eh bien, belle dame, nous faisons tous des vœux pour que vous soyez heureuse et glorieuse, et pour que vous procuriez au Commandeur le même plaisir qu'à nous mêmes, dit l'un des convives.

— Oui, oui! ajoutèrent tous les autres.

— Merci, Messieurs, répondit cette femme éhontée, en trempant de nouveau dans le bain couvert d'écume le vase, qu'elle tenait à la main, et en le tendant successivement à chacun de ses invités après l'avoir vidé elle-même; j'accepte vos souhaits, ajouta-t-elle, et j'espère par cette communion bachique préluder dignement à mon union avec Mr. le commandeur R....; je souhaite que cette coupe, dans laquelle pétille la mousse délicieuse aimée de Bacchus, continue longtemps à inspirer mes amours et inocule à mon futur époux les mêmes ardeurs qu'à moi; je veux faire durant ma seconde union autant d'heureux que pendant ma première; je suis persuadée que le grand exemple de mon premier mari, que nous pleurons tous ici la coupe en main, servira au second, que ce dernier suivra les traces de son prédécesseur en tolérant mes amours, et je fais le serment solennel de conserver la même fidélité au Commandeur qu'à M. le comte de S.... Après ces promesses ironiques, l'impudique Marie remplit de nouveau sa coupe et la vida tout d'un trait, en disant :

Je bois à nos amours,
Toujours!

— Bravo, Marie, bravo, bravissimo! crièrent ses admirateurs, en buvant de nouvelles rondes du champagne mousseux, et ils continuèrent ces libations jusqu'à ce que, chancelants d'ivresse, ils regagnèrent avec peine leurs équipages. La séduisante Marie vêtue d'une simple tunique, tenant une torche à la main, les accompagna jusque sur le péristyle de son hôtel, où ses adorateurs la saluèrent d'une dernière clameur et d'un hourra d'adieu.

Quelques jours plus tard, Madame de S...., en toilette blanche, couronnée de fleurs d'orangers, symbole d'innocence virginale, accompagnée de la plupart de ses amis de débauche, qu'elle avait invités à sa noce, était conduite à l'autel par le commandeur R....

Ce fut avec un front d'airain qu'elle se présenta devant le prêtre chargé de célébrer la cérémonie nuptiale, et lorsque ce dernier lui demanda si elle promettait fidélité, obéissance et soumission à son futur époux, elle lui répondit oui du ton le plus assuré, et tous ses anciens compagnons de débauche ne purent dissimuler un sourire ironique en voyant l'aplomb et l'audace de leur hôtesse.

Mais ce qui paraissait surtout extraordinaire, c'est que le commandeur R...., ministre d'une grande nation, poussa le manque de délicatesse et de respect de lui-même, jusqu'à épouser celle que l'on ne nommait que la Cousine d'une Espagnole, dont les débauches et les adultères innombrables avaient fait scandale et mérité la réprobation générale.

Tout le monde était étonné et avec raison

qu'une femme aussi méprisée, ayant une vie honteuse et un passé abject, eut trouvé un homme assez dépourvu de sens moral et d'honneur pour endosser la responsabilité et partager la honte de ses débauches et de ses infamies.

Depuis cette bacchante a continué en Italie la vie scandaleuse qu'elle a menée à Paris, à Aix-les-Bains et à Genève, et elle a été exclue de tous les salons de bonne société; car on considérait comme une tache et comme un deshonneur de la recevoir; pour se venger de cet ostracisme bien mérité, elle a publié des pamphlets contre les personnes qui lui refusaient les portes de leurs salons, elle a dévoilé leur vie privée et les a calomniés. Les gens ainsi outragés s'en prient alors à son malheureux époux qui n'en pouvait mais et qu'ils considérèrent comme l'éditeur responsable des œuvres de son impudique et cynique moitié. Le signor R..., que sa qualité et son titre d'Excellence ne mettaient pas toujours à l'abri des colères que suscita sa femme, a été plusieurs fois obligé de rendre raison des injures que cette dernière avait publiées dans ses odieux libelles.

Le Commandeur est ainsi puni du crime dont il s'est rendu coupable en signant l'ordre de tirer sur l'illustre Garibaldi, et il expie chaque jour son forfait; la femme dépravée à laquelle il a uni son existence est son châtiment permanent, le boulet honteux qu'il traîne avec lui, auquel il est enchaîné à perpétuité comme le forçat est rivé à celui qu'il porte au bagne.

Epilogue.

Cinq ans se sont écoulés depuis que le mariage de la Cousine d'une Espagnole a été célébré et que les derniers événements que nous avons esquissés se sont accomplis; aujourd'hui l'Italie est libre des Alpes à la méditerranée, du Tyrol jusqu'à Marsala; les États-romains seuls sont encore au pouvoir du représentant du génie du mal, la ville de Rome qui, la première, en 1847, avait donné le signal de l'émancipation et de la délivrance est encore esclave. Les soldats de celui qui a assassiné la République romaine, en 1849, ont enfin quitté la ville éternelle après 17 ans d'occupation, mais ils ont été remplacés par une troupe de mercenaires et de bandits venus de tous les coins de l'Europe, pour soutenir à prix d'or les derniers vestiges de la puissance temporelle des papes; „cette horde de misérables n'ayant pas le courage de maintenir son existence par un honnête labeur, se vend aux violateurs du droit humain, dont la force consiste dans la corruption des masses,“ ainsi que l'a dit Garibaldi. Ces bachibouzouks catholiques sont commandés par les descendants des Vendéens et des Chouans, on voit briller parmi eux des Charette, des Pimodan, des Delescure, etc. La France, l'Espagne, la Suisse, l'Autriche et surtout la Belgique ont aussi fourni aux mercenaires pontificaux de précieux et distingués sujets; chaque semaine des bandes d'enrôlés, organisées par les prêtres, partent pour la Ville-éternelle, afin de défendre le repaire du catholicisme et toutes les hontes, toutes les infamies de la papauté, dont les crimes sans nom et sans nombre souillent et deshonorent l'humanité. Mais malgré toutes les promesses et tous les encouragements qui étaient prodigués aux mercenaires pontificaux, ils désertaient en masse, et la légion d'Antibes voyait chaque jour considérablement diminuer son personnel. Les choses en étaient arrivées à ce point que l'auteur de la criminelle expédition romaine avait cru utile d'envoyer le général Dumont auprès des enrôlés pontificaux, afin de les haranguer et de leur recommander la fidélité et le dévouement au Saint-Siège.

Le cabinet de Florence s'est fortement ému de cette nouvelle intervention du gouvernement impérial en Italie, et a menacé de considérer la convention de septembre comme nulle et non avenue.

Garibaldi, le héros que nous avons vu défendre

la République romaine en 1849, et les patriotes italiens ont de nouveau jeté leur cri de: *Rome ou la mort!* Mais le ministre qui avait donné l'ordre de tirer sur le vaincu d'Aspromonte, et dont le nom est une honte pour l'Italie, a fait arrêter le général en chef des chemises rouges, au moment où il franchissait la frontière romaine et l'a interné dans l'île de Capréra, sous la garde de 6 vaisseaux de guerre et de 300 soldats; deux fois l'illustre prisonnier a voulu s'échapper, mais arrêté de nouveau il a été reconduit sur son ilot; il parvint cependant à la fin à tromper la surveillance de ses gardes, à s'évader seul, la nuit, sur un petit bateau et à rejoindre ses compagnons d'armes.

Apeine échappé de Capréra Garibaldi arrive à Florence, où le ministère Rattazzi a donné sa démission et où le *Re galantuomo* a fait appeler Cialdini pour composer un cabinet; Cialdini la personnification du despotisme militaire, le sabreur brutal et grossier, l'insulteur, l'ennemi le plus écharné et le plus violent du héros de Marsala, tel est le soldat que Victor Emmanuel charge de composer un ministère pour s'opposer à la marche sur Rome du chef des Chemises rouges; mais aucun homme politique de quelque valeur ne veut s'associer à ce condottiere à grosses épaulettes, en qui le roi a placée sa confiance, et dont le nom seul est une menace de coup d'État. Le désarroi politique et administratif est à son comble, aussi l'apparition de Garibaldi au milieu de la capitale provisoire de l'Italie dans de semblables circonstances produit-elle la plus vive émotion, les citoyens se portent en masse au-devant de lui, le général populaire leur adresse un nouvel appel à la délivrance de Rome:

„Me voici de nouveau avec vous, braves champions de l'honneur italien, dit-il. Avec vous pour accomplir mon devoir, pour vous aider dans la plus grande et la plus glorieuse œuvre de notre résurrection!

„L'Italie s'est convaincue qu'elle ne peut vivre sans sa tête, sans son cœur, sans Rome, qui est à elle et que quelques serviles, blessant le droit et l'honneur national, veulent sacrifier aux caprices d'un misérable tyran.

„Donc en avant et constance surtout; je ne vous demande pas courage et bravoure, je vous connais trop bien. Je vous demande de la constance. Les Américains ont soutenu pendant quatorze ans une lutte glorieuse, qui a fait d'eux le plus puissant et le plus libre peuple du monde.

„A nous bien unis, il suffira de peu de mois pour laver l'Italie de la honte qui la souille, avec ou sans la volonté de la tyrannie qui trône au Vatican et de ceux qui la soutiennent.

„A Rome nos frères élèvent des barricades, depuis hier ils se battent contre les sbires de la tyrannie papale.

„L'Italie attend de nous que chacun fasse son devoir."

La foule accueillit, comme toujours, par des cris et des vivats enthousiastes son héros qu'elle était prête à suivre partout, et dont elle aurait exécuté aveuglement les ordres.

En conviant le peuple à marcher sur Rome, le général populaire oubliait généreusement le passé, et la manière dont le roi galant homme, pour lequel il allait de nouveau combattre, lui avait témoigné sa royale reconnaissance en donnant l'ordre de le fusiller avec ses compagnons à Aspromonte, en le faisant depuis arrêter à Asinalunga et garder à vue à Capréra, d'où il venait de s'échapper. Il ne voulait pas s'apercevoir non plus, que le monarque, prétendu libérateur de l'Italie, ne trouvait même pas son ministre Rattazzi, l'ordonnateur d'Aspromonte, assez réactionnaire et assez dévoué à l'étranger. Le brave général populaire poussa la générosité jusqu'à oublier que, dans sa soumission servile aux ordres de Bonaparte, Victor Emmanuel offrait le pouvoir à son plus cruel ennemi, au général Cialdini, l'adversaire le plus redoutable de ses volontaires et de leur œuvre d'affranchissement, au soldat grossier et brutal qui l'avait publiquement insulté dans une lettre restée fameuse.

Il oubliait encore qu'en marchant sur Rome il laissait derrière lui un pouvoir couard, qui sacrifiait l'honneur et l'indépendance de l'Italie à l'alliance de son plus dangereux ennemi. Garibaldi qui citait les États-Unis d'Amérique, aurait dû se souvenir, que lorsque ce grand pays a voulu devenir libre il a commencé à répudier la royauté et à proclamer la République ; il n'aurait pas dû ignorer non plus que quand la France, en 1792, a voulu devenir une grande et libre nation émancipatrice et chasser l'étranger qui foulait son sol, elle a d'abord proclamé la République et décapité son *galantuomo* qui, lui aussi, la trahissait et voulait livrer le sol de la patrie à l'étranger. Il aurait dû se rappeler aussi que quand les volontaires de 92 partirent pour combattre les envahisseurs et les hordes de mercenaires des rois conjurés, ils avaient d'abord assuré leurs derrières en s'emparant du pouvoir et en punissant les traîtres et les complices de l'étranger. C'est parce qu'ils ont fait tout cela que nos pères ont vaincu, sauvé la France et la Révolution ; Garibaldi en marchant sur Rome, en négligeant de suivre ce grand exemple et de profiter des circonstances favorables qui s'offraient à lui pour renverser la royauté et proclamer la République, se perd et trahit sa cause, sans le vouloir et sans le savoir ; il sacrifie pour Victor Emmanuel et pour sa dynastie, non-seulement ses convictions, ses principes, ses compagnons de combat, ses amis politiques et lui, mais encore les destinées de l'Italie, son indépendance, sa liberté, le malheureux peuple romain la ville éternelle et peut-être la cause de la Révolution en Europe. Garibaldi a tenu un moment dans ses mains l'avenir de son pays et de notre continent, s'il eut prononcé la déchéance de la maison de Savoie et proclamé la République, c'en était fait de la papauté et de l'Empire, il sauvait son pays du deshonneur et de la honte qu'on voulait lui imposer et faisait triompher la Révolution. Il eut été un bienfaiteur de l'humanité, on eut proclamé son génie, on eut dit qu'il était égal à son courage et à son talent militaire.

Mais il n'a rien compris à la situation, ou s'il l'a comprise il n'a pas voulu en profiter. Il a suivi aveuglement l'idée malheureuse qui le poussait sur Rome sans assurer ses derrières, sans chasser les réactionnaires, les tyrans et les traîtres; il en sera la première victime; il se sacrifiera inutilement avec ses volontaires; il fera verser le sang de ces derniers à flot et en pure perte; il courra le risque d'être tué, et de se faire emprisonner; il perdra sa cause et p'ongera pour longtemps Rome sous le joug de la papauté et des mercenaires étrangers, et l'Italie dans la honte et dans le vasselage de l'Empire; et tout cela, pour ne pas avoir su sacrifier sur l'autel de la patrie, pour son indépendance, sa liberté et son honneur, une royauté avilie, couarde et incapable, et le re galantuomo, qui trahit les destinées de l'Italie qui lui avaient été confiées et qu'il avait juré de faire triompher, lorsqu'il prit l'engagement irrévocable devant le peuple de faire *l'Italie une et indivisible.*

Cependant Garibaldi ne devait pas, ne pouvait pas ignorer quel avenir de malheur et de déshonneur menaçait sa patrie et quels étaient le moyens infaillibles de la sauver. D'autres patriotes l'avaient compris et le disaient ouvertement dans la proclamation suivante:

„Italiens.

„L'Italie est sur le point de subir une immense humiliation.

„Délivrée du joug de l'Autriche, une autre nation menace d'envahir la Péninsule et combat contre tous nos droits.

„Italiens, prenez garde à vous!

„*Le gouvernement trahi ses devoirs!*

„*Il est nécessaire que le pays se sauve lui-même.*

„Vive l'Italie et Rome capitale!“

Mais hélas! personne n'a tenu compte de cette proclamation; comme nous l'avons déjà dit, pour que l'Italie se sauve elle-même, il fallait qu'elle se débarassât de la royauté; mais au lieu de le faire elle continua à avoir les yeux fixés sur

Garibaldi et sur Rome et elle laissa les esclaves de l'étranger, les traîtres et les lâches la trahir tout à leur aise, préparer sa honte et le massacre de ses enfants les plus généreux pour être agréable à son plus cruel ennemi; qui avait fait exécuter les meilleurs de ses citoyens: Orsini, Piéri, Pianori; qui lui avait déjà ordonné Aspromonte; qui en 1849, avait détruit la République romaine, restauré le pape et le gouvernement des prêtres contre lesquels elle lutte vainement depuis 18 ans.

Cet homme, à qui l'Italie devait toutes ces humiliations et tous ces malheurs, dès qu'il apprit l'évasion du prisonnier de Capréra et sa nouvelle tentative de délivrance de la ville éternelle, résolut de recommencer une seconde campagne en faveur de la papauté, il fit embarquer ses troupes pour Civita Vecchia.

Pendant ce temps Garibaldi marchait victorieusement sur Rome à la tête de deux ou trois mille volontaires et les bulletins de ses étapes toutes marquées par quelques nouveaux faits d'armes glorieux électrisaint les esprits.

Une insurrection éclate à Rome, une bombe jetée sur la place Colonna et une mine, qui fait sauter une partie de la Caserne Cerristori des zouaves pontificaux, en donnent le signal. Les frères Cairoli, deux courageux citoyens, à la tête de 70 braves cherchent à s'introduire dans Rome mais vendus et trahis par de faux frères, ils sont enveloppés par 500 sbires du pape, c'est vainement qu'ils font des prodiges de valeur, l'un d'eux est tué, l'autre grièvement blessé, et presque tous leurs compagnons héroïques sont massacrés par les sicaires du prêtre roi.

Garibaldi adresse alors la proclamation suivante aux Italiens:

„A Rome, nos frères élèvent des barricades et depuis hier ils luttent avec les sbires de la tyrannie papale.

„L'Italie attend de nous que chacun fasse son devoir."

De nombreux attroupements se forment à la lecture de cette proclamation toutes les grandes villes de l'Italie sont dans une violente effervescence, il eut suffi du plus léger accident pour faire éclater une révolution; il dépendit alors du parti de l'action de renverser le gouvernement du roi, de proclamer la République, de sauver l'Italie de la honte d'une invasion étrangère et de délivrer Rome; mais malheureusement il n'osa pas le faire.

Cependant Garibaldi avance toujours; à Monté-Rotondo, sans artillerie et sans cavalerie, avec 2,000 volontaires, mal armés dépourvus de vivres et de munitions, il attaque les pontificaux fortement retranchés, les culbute, leur prend trois pièces de canon, leur fait 200 prisonniers et les poursuit l'épée dans les reins dans leur fuite précipitée. Le fameux Chouan Charette, qui les commandait, n'échappe que grâce à la rapidité de sa course.

Menotti Garibaldi, tout aussi osé que son père, avec une poignée de braves déloge les papelins, s'empare avec une audace inouie des hauteurs qui dominent Rome, s'y établit solidement, résiste avec succès et repousse victorieusement tous les assauts des mercenaires pontificaux.

Cialdini n'étant pas parvenu à composer un ministère, et la marée populaire montant à l'annonce des départ des troupes françaises pour Civita-Vecchia, le monarque libéral se jette à corps perdu dans la réaction cléricale, il fait appeler son chef le plus ferme, le plus dévoué et le plus ardent, le général Menabrea, et le charge de constituer un ministère, cet homme d'État, accepte avec empressement la mission liberticide qui lui est confiée. Cet officier supérieur, âme damnée du parti jésuitique et de la Camarilla, a toujours conseillé à la royauté les mesures les plus rétrogrades et les résistances les plus violentes aux aspirations libérales et émancipatrices de l'Italie, il a toujours conseillé à Victor Emmanuel de *saltare il fosso* du coup-d'État, plutôt que d'accorder quelques réformes, aussi il est probable que, s'il le peut, il fera aujourd'hui ce qu'il recommandait depuis longtemps et qu'il *sautera le fossé* et entraînera avec lui la royauté italienne dans son périlleux exercice. Le général Menabrea fut un des préparateurs et des négociateurs de la fameuse convention de septembre, il fut envoyé à Vichy, en 1864, pour jeter les premières bases de ce pacte odieux à la conclusion duquel il contribua beaucoup; grand admirateur du guet-apens du deux décembre, qu'il désire imiter, il est tout dévoué à la politique impériale et ne demande pas mieux que d'être son instrument en Italie. Les collégues qu'il s'est choisis sont dignes de lui: Gualtério est un policier de hauts parages, ex-préfet de Naples, il s'est illustré par les mesures les plus liberticides et par sa haine violente contre le parti de l'action; c'est un réactionnaire de la pire espèce, jouissant de la plus mauvaise réputation. M. Chambray-Digny, son collégue, est un ancien serviteur et un défenseur de la maison ducale Habsbourg-Lorraine, qui régnait à Florence pour la restauration de laquelle il a beaucoup travaillé. M. Cantelli est une nullité émérite, c'est lui qui dans l'interrègne du ministère Rattazzi a donné l'ordre d'arrêter Garibaldi à Foligno; Mr. Bertoli Viale est un général sédentaire, comme il y en a tant en Italie; Mr. Mari, jurisconsulte n'est pas un homme politique. Ce ministère rétrograde, absolutiste et catholique est donc représenté par M. M. Menabrea, l'homme de la réaction cléricale et Gualterio, l'homme de la police, ces deux messieurs sont les Delcaretto et les Maniscalco, du nouveau cabinet. Voilà les personnages à qui le roi galantuomo accorde sa confiance, qui sont chargés de la cause italienne, et qui sont les alliés des envahisseurs étrangers et des soldats du *perturbateur des peuples* contre Garibaldi et ses volontaires, afin d'étouffer dans le sang l'œuvre de régénération, d'émancipation et de liberté poursuivie en Italie. Le premier acte du nouveau ministère fut de faire adresser une proclamation réactionnaire par le roi *galantuomo* à son bon peuple, dans laquelle il lui dit: „que des bandes de volontaires séduites et excitées par un parti sans son autorisation et celle de son gouvernement ont violé la frontière de l'État pontifical.“ Et dans sa reconnaissance, toute royale, pour le héros magnanime et désintéressé qui lui a déjà donné deux royaumes et qui vient de partir pour lui en conquérir un troisième, le monarque généreux et reconnaissant désavoue son bienfaiteur et l'accuse, „d'avoir élevé un drapeau sur lequel il a écrit: „destruction de la suprême autorité spirituelle du chef de la religion catholique, lequel drapeau n'est pas le sien; de compromettre l'existence et l'honneur de la patrie, qui sont dans ses mains et qu'il a l'impérieux devoir de sauver.“ Et, afin d'accomplir cette honorable mission, le roi *galantissimo* se range naturellement du côté du *Sauveur* de 1849 et de 1851, son cher et fidèle ami ; il s'allie avec le bombardeur de Rome, le restaurateur du pape, l'annexeur de Nice et de la Savoie, le convoiteur de Gênes et de la Sardaigne, son suzerain étranger, qui lui a imposé toutes les servitudes et toutes les hontes, et avec lequel il ne peut avoir une guerre fratricide. Il invite donc charitablement „les citoyens qui ont violé le droit" en voulant délivrer Rome de la tyrannie sacerdotale, de se retirer devant les armées de l'homme de Décembre à la foi punique, dont les soldats s'avancent de nouveau comme en 1849, pour mitrailler les héroïques volontaires de Garibaldi et fusiller ce dernier, ainsi que lui, le roi galant homme, l'a déjà fait faire à Aspromonte. Cette haute politique, éminemment honnête, royale, morale et chevalresque, sera certainement appréciée à sa juste valeur par le peuple italien et par les hommes de cœur de tous les pays.

Cette proclamation et la nouvelle du départ des troupes impériales, pour Civita Vecchia et pour Rome, surexitèrent au plus haut degré l'opinion publique. Le comité d'action publia alors l'appel suivant :

„Italiens, — Garibaldi a répondu à l'appel de Rome, il a paru, il a vaincu. Mais l'intervention étrangère menace d'envahir votre terre.

„Italiens, aux armes ! Voilà le mot d'ordre de

Garibaldi que nous vous transmettons. La place, de la jeunesse italienne est au camp, en face des soldats du pape et de l'Empire."

A cette proclamation de nouveaux volontaires s'empressèrent de s'enrôler dans l'armée garibaldienne. Mais hélas! la jeunesse italienne, qui accourait se ranger sous le drapeau de Garibaldi, pouvait-elle soutenir seule une lutte inégale contre les soldats du pape et ceux de la France pendant que l'armée italienne lui barrait le passage et restait inactive entre les mains d'un ministère clérical, qui trahissait ouvertement la cause de l'Italie.

Tout le monde comprenait que non, et ne voyait de salut que dans le renversement du gouvernement. Naples, Milan, Turin, Bologne, Venise protestèrent par de violentes manifestations tumultueuses contre la marche réactionnaire de pouvoir exécutif.

A Florence une démonstration de plus de vingt mille personnes, faite aux cris de: vive Garibaldi, pas d'intervention étrangère! a arraché au roi une sorte de démenti de sa proclamation. Mais l'effervescence en était arrivée .à ce point de ne plus se contenter de paroles et de demander des actes et déjà on ne parlait de rien moins que de la déchéance d'un roi incapable et indigne, qui trahissait la cause de l'Italie, et de la proclamation de la République.

Si le parti de l'action avait su profiter de cette

circonstance favorable il est certain que la République aurait triomphé.

Par cette initiative hardie la face des choses eut certainement été changée pour le plus grand bien de l'Italie et dans l'intérêt de la paix du monde. Le peuple de la péninsule rentrant dans l'exercice absolu de sa souveraineté, n'eut plus été entravé dans sa marche par une monarchie couarde et traîtresse et eut accompli ses destinées politiques et sociales, après s'être débarrassé de la royauté et de la papauté, ces chancres, qui lui rongent le corps depuis tant de siècles, et elle eut certainement exercé une grande influence sur les destinées de l'Europe et du monde. Mais le parti de l'action, qui compte pourtant dans ses rangs tant d'hommes éminents, a été, comme Garibaldi, au-dessous des circonstances, il n'a pas su saisir au vol l'occasion favorable qui se présentait et qu'il ne retrouvera probablement jamais.

Seul le citoyen Mazzini a bien compris la position et conseillé l'unique parti qui restait à prendre dans les circonstances graves que la nouvelle intervention française faisait à l'Italie.

„Etre ou n'être pas? dit le grand agitateur aux Italiens, voici la question que vous pose maintenant l'étranger.

„Les soldats français sont en garnison à Civita-Vecchia. Brennus est aux portes de Rome.

„Voulez-vous répondre comme vos pères par l'épée, ou présenterez-vous, en fils lâches et dégénérés, votre front à l'étranger?

„Direz-vous à l'Europe: Le Mexique est une nation et nous n'en sommes pas une; nous ne sommes qu'une multitude ayant perdu tout sens de sa liberté et de son droit, soumise à celui qui ose s'appeler lui-même notre maître, ou affirmerez-vous vos droits, votre liberté, votre honneur présent et votre ferme détermination pour l'avenir d'être une grande nation.

„Quelle que soit votre réponse, elle est décisive. Etre ou n'être pas; l'heure actuelle décide de votre destin.

„Vous n'avez qu'un moyen d'être, forcer le gouvernement à déclarer la guerre à l'envahisseur ou élever des barricades.

„La guerre immédiate ou les barricades! Ne balancez pas davantage. Si le gouvernement accepte la première alternative, courez sus et secourez-le; s'il refuse, poussez le cri de l'Italie et renversez-le!

Lorsqu'il écrivit la proclamation qui précéde, l'ex-triumvir romain ignorait encore le manifeste de Victor Emmanuel et de son ministère clérical au peuple italien; il en eut connaissance le lendemain et ajouta un post scriptum à son écrit de la veille en disant qu'il déclare ne pas changer une syllabe à ce qu'il avait dit, et pose ce dilemme: „Ou le roi qui a signé la proclamation Menabrea *est un roi déchu*, ou la nation qui l'accepte sans recourir aux armes *est une nation déchue?*"

Il termine en disant de ne plus lui demander d'instructions, que tout ce qu'il peut dire se trouve résumé dans ces mots: Aux armes! aux barricades! à Rome!"

Le valeureux et chevalresque Victor Emmanuel en présence de la Révolution qui le menaçait ne trouva rien de mieux à faire que de se sauver précipitamment de Florence et d'aller se réfugier dans sa bonne ville de Turin; il prit le chemin de fer et débarqua clandestinement dans la gare des marchandises; mais, hélas! l'infortuné monarque trouva son ancienne capitale, jadis si dévouée et si fidèle, en proie à une agitation plus grande encore que celle qui l'avait fait fuir de Florence. La population piémontaise parcourait les rues avec des drapeaux, desquels elle avait arraché la croix de Savoie, aux cris de: A bas le traître à la nation! Vive la République! Victor Emmanuel effrayé n'a eu que le temps de prendre le train express pour s'enfuir à Montécaliero, et de là dans le château tout à fait retiré de Pollenzo.

Mais bientôt la nouvelle de l'arrivée et du débarquement de la première division des troupes françaises à Civita-Vecchia se répandit en Italie, l'effervescence populaire s'accrut encore davantage; on accusa partout ouvertement le gouvernement de trahison, on menaça de le renverser par la force. Le ministère Menabrea malgré son dévouement à la papauté n'osa pas résister au ressentiment populaire et se décida à faire franchir la fontière pontificale à une partie des troupes italiennes et à occuper quelques petites bourgades du littoral, afin de donner cette mince satisfaction à l'opinion publique et d'éviter une révolution. Mais cette manœuvre n'était qu'un vain et puérile simulacre qui devait ajouter une honte de plus à l'Italie: celle de reculer devant les menaces de l'étranger, sans être d'aucune utilité, ainsi qu'on le verra plus loin.

Bientôt la première division de l'armée française, que Garibaldi était impuisant à arrêter dans sa marche, vint au secours de l'armée du pape et fit son entrée dans Rome.

Le couard gouvernement Victor Emmanuel invita alors Garibaldi à repasser la frontière et à se replier derrière les lignes de l'armée italienne. Mais le vieux héros refusa. Il s'était juré à lui-même, et il avait fait jurer à ses cinq-mille *généreux* (*générosi*), qui l'entouraient, d'entrer à Rome à tout prix ou de mourir.

Voici un extrait de la dernière proclamation

que ce brave soldat de la liberté a adressée à ses volontaires:

„Nous sommes venus en armes sous les murs de Rome au milieu des applaudissements et grâce au concours de tout le peuple italien

. . . .

. . . .

„Nous avons contre nous tous ceux qui ont oublié jusqu'au nom de Rome et qui ont conspiré pour ramener l'étranger sur le sol italien.

„La convention de septembre, déjà impunément violée par l'Empire, n'allait pas jusqu'à défendre à l'Italie la revendication de sa capitale.

„L'engagement irrévocable pris par le gouvernement en face du peuple était et est: *L'Italie une et indivisible.*"

„Quand un gouvernement faillit à sa parole, *le peuple le remplace et se sauve lui-même.*

„Frères et amis du peuple français opprimé, nous laissons retomber sur les insolents perturbateurs des peuples et sur leurs complices la responsabilité des événements.

„Confiants dans le droit et l'honneur de la nation en même temps que nous protestons contre les traîtres et les envahisseurs; encouragés par les sympathies de l'armée qui, nous en sommes sûrs, sera la première à ressentir ce nouvel affront, nous en appelons les armes à la main au peuple italien, persuadé qu'il ne nous abandonnera pas sur le chemin de Rome, mais qu'il saura venger par le fer son honneur blessé et défendre la patrie et les chancelantes libertés.“

Après avoir publié ces nobles paroles, le héros populaire se prépara à livrer un dernier combat aux mercenaires et aux soldats étrangers, qui souillaient encore de leur présence le sol de la patrie. *Rome ou la mort!* tel fut le dernier cri et le mot d'ordre suprême des preux qui allaient mourir pour l'honneur et l'indépendance de l'Italie.

Depuis que ces héroïques volontaires sont seuls, abandonnés de tous, contre les forces considérables de trois armées, qui les environnent, c'est moins l'espérance de la victoire que l'aspiration vers la mort, qui les anime.

Comme Caton d'Utique, ils ne veulent pas survivre à la honte de la patrie et au triomphe de César.

Le vainqueur de Monté-Rotondo se retrancha avec ses braves à Mentana et attendit l'ennemi qui ne tarda pas d'apparaître.

Toute l'armée pontificale composée de douze mille mercenaires bien armés, bien payés bien équipés et pourvus d'une bonne artillerie; quatre bataillons français, un bataillon de chasseurs et une batterie d'artillerie, formant un effectif de cinq mille hommes, vinrent bravement attaquer les Garibaldiens très mal équipés, sans vivres, sans munitions, dans le dénûment complet, mourants de faim, armés de mauvais fusils de rebut, n'ayant que 3 Canons et aucun secours à attendre de personne, l'armée italienne étant aux mains des traîtres et des cléricaux, prête au besoin à courir sur les volontaires et à les désarmer. Le général Kanzler, ministre de la guerre de Pio nono, commandait ses sbires; le Valaisan de Courten, ancien général mercenaire au service du roi Bonba, était à la tête des carabiniers suisses devenus les soldats du pape; et le général français Palhes, avec 5,000 hommes de troupes françaises, avait le commandement en chef. Ces suppots de la tyrannie papale et impériale étaient, comme on le voit, quatre fois plus nombreux que les défenseurs de la liberté.

Ce fut un peu en avant de Mentana que le premier choc eu lieu, les zouaves pontificaux, commandés par le chouan Charette, que Garibaldi avait délogés quelques jours avant de Monte Rotondo, et qu'il avait mis en complète déroute, s'avançaient en toute sécurité sur Mentana, se sentant soutenus par douze mille pontificaux et cinq mille Français, lorsqu'ils furent accueillis par de vigoureux feux de pelotons, partant des bois qui avoisinaient la route, et qui débandèrent leur colonne formée de trois compagnies de zouaves, et malgré les cris de leur chef ils s'éparpillèrent dans les vignes d'où ils tiraillèrent. Les carabiniers suisses de de Courten vinrent à leur secours avec leurs armes meurtrières; dans un premier élan deux colonnes de zouaves, de chasseurs et de carabiniers attaquèrent le village de front et à gauche, elles parvinrent jusqu'aux premières maisons; la position était critique, Mentana et la retraite étaient menacés; Garibaldi ordonne sur toute la ligne une charge à la baïonnette, les volontaires s'élancent comme des lions, fondent sur leurs ennemis, les renversent, les refoulent et grâce à cette brillante et vigoureuse manœuvre restent maîtres de la position; tandis que les fameux zouaves du Chouan Charette, que Garibaldi avait déjà si bien battus à Monte-Rotondo, il y a quelques jours, se débandent de nouveau. Mais bientôt une nouvelle et épaisse ligne d'ennemis apparaît sur le champ de bataille; c'est la légion d'Antibes et toute l'armée pontificale, qui vienent en masse au secours des zouaves; ces derniers se reforment en bataille et reviennent à la charge avec leurs auxiliaires; malgré leur supériorité numérique et leurs armes de précision, qui font un grand ravage dans les rangs des volontaires, ces derniers restent inébranlables, tenant comme ils n'avaient jamais tenus „et tandis que les papelins prodiguent leur poudre, dont ils avaient à discrétion, les chemises rouges, plus économes, n'ayant qu'un nombre de cartouches très-limité, ménagent leurs munitions, ne tirent qu'à coups sûrs, et font beaucoup de mal à leurs ennemis. Le général Garibaldi dirigeait lui-même d'une hauteur le tir des trois pièces d'artillerie prises par lui aux zouaves, à Monte Rotondo, et pour lesquelles il n'avait que 70 charges. Tandis que les ennemis avaient en ligne quatorze canons: huit pontificaux et six français, qui tiraient à toute volée mais avec peu de succès, ce que voyant les assaillants lancèrent des obus et parvinrent ainsi à incendier le village sur plusieurs points. Les pontificaux tentèrent alors un nouvel assaut qui fut tout aussi infructueux que le premier, ils furent de nouveau repoussés avec perte. Les honneurs et les avantages de la journée restèrent alors aux Garibaldiens intrépides et leurs ennemis, douze mille papelins, trois fois plus nombreux qu'eux, allaient être battus et défaits quand les Français vinrent à leur sesours. La nuit arrivait, le général Polhes donna l'ordre à ses soldats d'entrer en ligne, les fusils chassepot débutèrent en faisant un véritable roulement de coups précipités; ces armes meurtrières causèrent un grand ravage, un véritable carnage parmi les défenseurs de Mentana, mais ces héroïques jeunes gens ne bronchèrent pas, ils restèrent inébranlables à leurs postes sous ce feu nourri.

Garibaldi comprit que devant l'intervention de

l'armée française qui pouvait à chaque instant recevoir de nouveaux renforts la victoire devenait impossible. Il était neutralisé par le nombre de ses ennemis qui augmentait toujours; le manque de munitions le paralysait, il avait épuisé toutes les gargousses de son artillerie, et beaucoup de ses volontaires n'ayant plus de cartouches en étaient réduits à prendre celles des morts et des blessés.

Il fallait assurer la retraite en tenant l'ennemi en respect; l'arrêter dans sa marche en l'empêchant de descendre sur la route qui conduit de Mentana à Monté-Rotondo. Pour cela Garibaldi chargea quinze cents de ses braves de défendre Mentana jusqu'à la dernière extrémité et de se faire tous tuer, s'il le fallait, pour le salut de leurs camarades. Cette consigne acceptée avec enthousiasme fut rigoureusement et héroïquement exécutée. Pendant que Garibaldi et le gros de sa troupe battaient en retraite sur Monté-Rotondo, les mille cinq cents héroïques volontaires qu'il avait chargés de défendre Mentana soutenaient une lutte inégale, de un contre dix; et tous les efforts de douze mille papelins et de cinq mille Français ne purent leur faire lâcher pied. Ils restèrent invincibles à leur poste d'honneur, et comme aux Thermopyles ils se firent tuer. Dix fois les hordes du despotisme s'élancèrent contre les valeureux défenseurs de la liberté en poussant les cris stupides de: Vive l'Empereur!

Vive le pape! bien dignes de ces soldats abrutis et féroces. Les héros, qui bientôt allaient être des martyrs, y répondirent par leur cri de *Rome ou la mort!* et une lutte terrible, à outrance s'engagea de nouveau, sans succès pour les papelins et les impériaux. La résistance des volontaires de la liberté était si héròïque que les généraux Polhes Canzler et de Courten, ne soupçonnèrent pas leur petit nombre, et crurent toujours avoir à faire à toutes les forces de Garibaldi; ces chefs clairvoyants et prudents désespérant d'emporter la position, firent camper leurs troupes, demandèrent des renforts à Rome, et remirent la partie au lendemain, en défendant rigoureusement à leurs soldats de dépasser les avant-postes. Le jour suivant les Zouaves, qui ne voyaient plus tirer leurs ennemis, violèrent la consigne dans l'espoir de les surprendre et s'avancèrent furtivement sur la place. Quelle ne fut pas leur étonnement lorsqu'ils y pénétrèrent de n'y rencontrer que des morts, des blessés et un petit nombre de survivants, soignant les malades et gardant les ambulances; les quatre cinquièmes des Garibaldiens étaient hors de combat et plus de la moitié morts; les autres capitulèrent avec les honneurs de la guerre et furent faits prisonniers.

Les mercenaires pontificaux se sont couverts de gloire, ils peuvent ajouter aux célèbres égorgements de Rome, de Pérouse et de Brescia, ceux de Mentana.

Les soldats féroces et abrutis des décembriseurs impériaux ont fait une nouvelle moisson de lauriers, et peuvent inscrire à côté des glorieux massacres de Rome en 1849, des boulevards de Paris en 1851, du Mexique de 1862 à 1867, ceux qu'ils viennent d'accomplir à Mentana, entre Tivoli et Monté-Rotondo.

Ce dernier fait d'armes fera une belle page de plus au livre des *gloires et conquêtes* du second Empire.

Il ne manque à la gloire de l'armée impériale et papale que d'avoir versé le sang de Garibaldi; mais grâce au courage de ses volontaires et à son habile retraite, le héros malheureux a échappé aux chassepots, avec 3,000 de ses compagnons d'armes, et comme disent les volontaires: „Non può morire, Garibaldi ha la sua stella.“* Le second empire n'aura donc pas ce crime à ajouter à tous ceux qui le souillent. Mais le *Roi galant homme* vient de mériter un titre de plus à l'amour et à la reconnaissance de l'Italie en faisant arrêter le libérateur de Naples et de la Cicile qu'il a fait conduire prisonnier à la Spezzia.

Plusieurs milliers de volontaires, qui se trou-

* Garibaldi ne peut mourir, il a son étoile.!

vaient à Tivoli et à Monté-Rotondo ont battu en retraite, se sont refugiés au delà de la frontière pontificale et ont été également arrêtés par l'armée italienne, qui jouait le rôle des gendarmes et de la police. Et pour comble de honte et de deshonneur les soldats italiens ont dû abandonner les positions qu'ils avaient occupées sur le territoire pontifical et repasser honteusement la frontière des États de sa galantissime Majesté, devant les menaces de l'armée française.

L'Italie a bu la coupe de la honte jusqu'à la lie, pas une seule goutte ne lui en a été épargnée.

C'est à la royauté qu'elle doit les humiliations et les outrages qu'on lui a imposés.

Elle est moralement déchue pour le moment du rang des nations, elle n'est plus qu'une annexe, qu'une vassale de l'Empire de décembre.

Et comme vient de l'écrire celui de ses enfants qui l'a le plus aimée et qui a le plus travaillé à son indépendance, le vieux proscrit Mazzini, „L'Italie n'est plus qu'une multitude ayant perdu tout sens de sa liberté et de son droit, soumise à celui qui ose s'appeler lui-même son maître."

Voilà où, après huit ans de péripéties et de luttes, l'alliance de Victor Emmanuel avec le parjure de décembre a conduit l'Italie; elle l'a plongée dans l'abîme de la honte et du deshonneur. Voilà dans quelle déplorable position les patriotes italiens en ayant confiance dans un roi ont placé leur patrie, ils l'ont fait déchoir du rang des nations et mise au ban de l'Europe et du monde.

Nous ne pouvons résister au désir de citer ici quelques fragments des beaux vers que Victor Hugo vient de publier sous ce titre: *La Voix de Guernsey*, après la bataille de Mentana et qui peignent admirablement la conduite de Victor Emmanuel.

„Une chaîne au héros! une corde à l'apôtre!
„John Brown, Garibaldi, passez l'un après l'autre.
„Quel est ce prisonnier? c'est un libérateur,
„Sur la terre en tous lieux, du pôle à l'équateur,
„L'iniquité prévaut, règne, triomphe et mène
„De force aux lâchetés la conscience humaine.
„O prodiges de honte! étranges impudeurs!
„On accepte un soufflet par des embassadeurs,
„On jette aux fers, celui qui nous a fait l'aumone!
„— Tu sais? je t'ai blâmé de lui donner ce trône! —
„On était gentilhomme on devient alguazil.
„Débiteur d'un royaume on paye avec l'exil,
„Pourquoi pas? on est vil. C'est qu'on en reçoit l'ordre.
„Rampons. Lécher le maître est plus sûr que le mordre,
„D'ailleurs tout est logique. Où sont les contre-sens?
„La gloire a le cachot; mais le crime a l'encens!
„De quoi vous plaignez vous? l'infâme étant l'auguste,
„Le vrai doit être faux et la balance est juste.
„On dit au soldat frappe, il doit frapper. La mort
„Est la servante sombre, aux ordres du plus fort!
„Et puis l'aigle peut bien venir en aide au cygne!
„Mitrailler est le dogme et croire est la consigne.
„Qu'est pour nous le soldat? Du fer sur un valet.
„Le pape veut avoir son Sadowa; qu'il l'ait.

„Quoi donc? en viendra-t-on, dans le siècle où nous sommes,
„A mettre en question, le vieux droit qu'ont les hommes,
„D'obéir à leurs princes et de s'entre-tuer?
„Au prétendu progrès, pourquoi s'évertuer?
„Quand l'humble populace est surtout coutumière?
„La masse a plus de calme ayant moins de lumière.
„Tous les grands intérêts des peuples: l'échafaud,
„La guerre, le budget, l'ignorance qu'il faut,
„Courent moins de danger et sont en équilibre
„Sur l'homme garotté mieux que sur l'homme libre.
„L'homme libre se meut et cause un tremblement,
„Un Garibaldi peut tout rompre à tout moment;
„Il entraîne après lui la foule qui déserte
„Et passe à l'idéal. C'est grave, on comprend certe,
„Que la société, sur qui veillent les Cours,
„Doit trembler et frémir et crier au secours,
„Tant qu'un héros n'est pas mis hors d'état de nuire.
„Le phare, aux yeux de l'ombre est coupable de luire.

Le citoyen Giuseppe Mazzini a aussi bien compris la situation faite à l'Italie après Mentana; c'est pourquoi il a conjuré ses compatriotes de sortir de leur affreuse position et de reconquérir leur honneur; voici quels conseils dignes et énergiques il leur a donnés dans la proclamation suivante:

„Italiens, y a-t-il encore en vos âmes une étincelle d'honneur? un sentiment de dignité? un reste de l'antique fierté italienne? un souvenir de la foi à laquelle vos pères ont dû d'être craints et aussi d'être grands? S'il en est ainsi, montrez-le, et montrez-le sans tarder.

„Vous êtes dans l'un de ces moments qui font

ou qui perdent l'avenir d'une nation. D'après votre manière d'agir, l'Europe vous regardera comme un peuple lâche ou bien saluera en vous la nation italienne qui se relève pour donner au monde la leçon de la civilisation, de la liberté, du vouloir indomptable. Choisissiez, maintenant ou jamais.

„La situation est claire, incontestable et visible pour tout le monde.

„Rome est à nous! les hommes le proclament. C'est de Rome que nous tenons cette langue qui témoigne de notre fraternité. Notre histoire a sa source dans Rome. C'est à Rome que se trouvent les racines des traditions auxquelles nous devons d'être une nation. Dix siècles de souvenirs glorieux ont consacré son titre de mère de l'Italie et de centre de notre unité. C'est de Rome que nous avons donné la loi au monde, jadis le siége de la vie et aujourd'hui profané par l'impuissance et l'imposture.

„Rome est à nous! Ce dogme a été proclamé par les plus grands génies de l'Europe, depuis le Dante jusqu'à Byron; il l'a été par les martyrs, qui sont morts pour elle, depuis Crescence et Arnaud de Brescia, jusqu'à Mameli et Cairoli; il l'a été par le Parlement et, dans un hommage hypocrite pour la vérité, par celui qui est maintenant encore votre roi; il l'a été enfin par les aspirations du peuple italien tout entier.

„Une poignée d'envahisseurs étrangers sont descendus sur vos rivages pour nier ce dogme, pour vous déclarer une seconde fois et à toute l'Europe, que Rome appartient à la France, que c'est la France qui décide de son sort.

„Il n'y a pas un seul pays en Europe qui endurât une pareille insulte. Et vous, l'endurerez-vous? Permettrez-vous aux envahisseurs de s'écrier dans leurs dépêches: „Les Italiens ne savent pas se battre; nous sommes incontestablement leurs maîtres!“

„Non, par les mânes de Pierre Capponi, vous ne le permettrez pas. O Italiens! sonnez le tocsin, et qu'il soit le signal d'une guerre nationale contre les envahisseurs. Laissez dire de vous tout ce que l'on voudra, excepté ce qui fait tomber un peuple dans la boue, excepté qu'en Italie l'armée et la nation sont des lâches! Mais pour que la guerre soit nationale, pour que vous ayez des armes, des munitions, de l'argent, des chevaux, des volontaires, des soldats, des bases d'opérations et des chefs d'une fidélité à toute épreuve, audacieux, tenaces et capables, il faut d'abord que vous affranchissiez votre pays et que vous vous débarrassiez du gouvernement qui vous déshonore et vous trahit. C'est de l'insurrection que la guerre doit sortir.

„En présence des faits accomplis, toute illusion est un crime ou une folie.

„Notre gouvernement monarchique aurait pu profiter d'un appel parti de Rome.

„Il ne l'a pas voulu.

„Notre gouvernement monarchique aurait pu devancer les Français à Rome.

„Il ne l'a pas fait.

„Notre gouvernement monarchique a permis aux volontaires de se grouper en nombre suffisant pour commencer la lutte; puis il les a empêchés de se grouper en nombre suffisant pour achever la conquête.

„Notre gouvernement monarchique a emprisonné deux fois le général Garibaldi; il a choisi le moment de l'intervention étrangère pour former un ministère semi-clérical, hostile à toute liberté; il a dissous le comité de secours; il n'a passé la frontière pontificale que pour rendre au gouvernement du Pape les populations qui avaient appelé l'Italie par leurs plébiscites; il a assisté sans émotion au massacre de nos frères italiens; à l'approche des Français il s'est retiré des positions qu'il avait occupées; il a renié Rome, l'Italie et l'honneur de notre drapeau.

„Y a-t-il quelqu'un parmi vous qui consente à partager avec ce gouvernement monarchique l'honneur de notre entreprise?

„Non! Une dynastie qui débute en cédant à l'étranger les tombaux de ses ancêtres et qui finit par Lissa et Custozza, ne peut attirer sur vous que le malheur, la perfidie et la honte. Si vous voulez sauver votre patrie, hâtez-vous donc de séparer ses destinées, de celles de ce gouvernement. Libres alors, délivrés de toute défiance, de toute crainte de trahison, jetez-vous résolûment dans la lutte et soyez vainqueurs. Oui, croyez-le, vous serez vainqueurs! En 1792, la France ne comptait comme vous que 25 millions d'habitants, lorsqu'elle jeta le gant à la face des rois ligués contre elle, et la France fut victorieuse.

„Nous autres, républicains, nous n'avions pour nous que Rome, lorsque nous avons tenu trente mille Français en échec, en 1849.

. . . .

„Italiens, à Rome! à Rome! C'est là que notre nationalité recevra son baptême. C'est là qu'à l'ombre du drapeau de la victoire, planté sur le Capitole, une assemblée élue par le peuple, dictera le pacte qui doit mettre fin à la crise prolongée que vous a value le gouvernement monarchique.

„Joseph Mazzini."

Cette adresse sera-t-elle comprise?

Nous le souhaitons pour l'honneur de l'Italie,

malheureusement la marche des évènements ne nous le fait guère espérer pour le moment.

Mais, quoiqu'il en soit, le nouveau crime qui vient d'être accompli dans les États romains par la royauté, l'Empire et la papauté, ne restera pas impuni. La leçon sanglante que ces trois monstres viennent de donner au monde sera utile.

Les peuples comprendront enfin que confier leurs destinées à un monarque, fut-ce au roi *galantuomo*, c'est marcher à leur perte et à leur deshonneur, que la Royauté comme l'Empire et la Papauté sont mortels pour eux.

Si l'exemple de l'Italie peut leur être utile les événements qui viennent de s'accomplir serviront certainement la cause du progrès.

Espérons qu'il en sera ainsi, et que les peuples reconnaîtront enfin qu'il n'y a d'espoir pour eux que dans la République universelle démocratique et sociale. Qu'elle seule peut mettre fin à leurs maux, rompre la chaîne d'exploitation, de misère et dignorance qui les meurtri dans le bagne social.

Si a l'heure qu'il est le despotisme et la tyrannie triomphent encore en Europe, leur règne sera de courte durée, leur pouvoir touche à sa fin, l'humanité marche malgré eux. L'idée révolutionnaire travaille les masses chez lesquelles elle est entrée profondément. Les prolétaires, ces deshérités de tous droits et de tous biens, préparent leur affranchissement économique, social et politique; ils étudient leurs droits, ils discutent leurs intérêts, ils se solidarisent, s'organisent et se préparent à la grande rénovation sociale dont l'humanité est aujourd'hui en enfantement. A la première occasion qui se présentera le vieux moule social sera brisé; l'iniquité, qui règne et gouverne partout aujourd'hui sous le beau nom d'*ordre*, disparaîtra; l'exploitation de l'homme par l'homme sera détruite; chaque producteur jouira intégralement des produits de son travail, sans qu'il lui soit rien prélevé par les oisifs et les improductifs, qui auront disparu; la liberté, l'Égalité, la fraternité et la solidarité règneront.

Les lamentables événements qui viennent de s'accomplir en Italie ne doivent donc nullement décourager les défenseurs de la justice et du droit; que les citoyens italiens Mazzini, Garibaldi, Bertani, Nicotera, de Boni et tous leurs compatriotes, qui luttent depuis si longtemps pour l'affranchissement de leur patrie, continuent leur œuvre libératrice; mais qu'à l'avenir ceux d'entre eux, qui avaient cru qu'il était possible d'atteindre le but qu'ils poursuivent avec le concours de la royauté, soient convaincus que cela ne se peut pas, et qu'avec un pareil auxiliaire ils n'aboutiront jamais qu'à d'immenses déceptions et qu'à d'épouvantables catastrophes. Hors du droit et de la justice, il n'y a, pour les peuples comme pour les individus, aucun moyen de salut; Garibaldi et les patriotes Italiens eussent-ils vaincu les soldats du pape et reconquis Rome, comme ils ont fait de Naples et de la Cicile; eussent-ils conduit triomphalement Victor Emmanuel au Capitole et constitué définitivement l'unité de la péninsule avec Rome pour capitale, qu'ils n'eussent après tout fait qu'une besogne incomplète et secondaire; le règne de la justice et du droit n'eut pas été établi pour cela et le peuple Italien n'en eut pas été plus heureux.

Le despotisme et tous les abus inhérents à la royauté n'auraient certainement pas cessé d'exister, et l'ignorance, la misère, le paupérisme et le prolétariat, produits de l'exploitation de l'homme par l'homme et de la tyrannie politique et sociale, auraient coutinué de ronger et de dévorer le peuple, qui n'aurait fait que changer de maître. Le despotisme de Victor Emmanuel n'est guère moins odieux que celui du pape, tout aussi nuisible et beaucoup plus dangereux; ses armées ne le cédent en rien en violence et en cruauté à celles du Saint-Père, de Bonaparte et de l'Autriche; elles l'ont prouvé à Palerme, à Gênes, à Turin et à Aspromonte; elles viennent encore de le faire à Milan et à Pavie, il y a quelques jours à peine, en égorgeant le peuple, qui protestait contre l'intervention étrangère et contre la conduite du gouvernement

Italien; Cialdini, Lamarmora, Pellavicini, Menabrea n'ont rien envier à Radetszki, à Benedek, à Canrobert, à Pélissier, à de Failly et à Schmidt en fait de cruauté; ils ont moins de talent militaire, voilà tout; mais personne n'a oublié leurs proclamations féroces et leurs hauts faits sanglants. Tous sont des égorgeurs de peuples et des bourreaux au service de la tyrannie, et demain ils massacreront et mitrailleront le peuple italien s'il le faut pour maintenir la honteuse royauté, qui souille, deshonore, opprime et ruine l'Italie, des Alpes à l'Adriatique et à la Méditerranée.

La royauté est en Italie, comme partout, incapable de conduire la peuple à l'accomplissement de ses destinées normales; les intérêts de la royauté, basés sur l'éxploitation, l'asservissement et l'ignorance des masses, sont contraires et hostiles à ceux des peuples, et ces derniers ne s'affranchiront jamais des plaies sociales et des fléaux qui les dévorent et les déciment tant qu'ils seront sous le joug de la monarchie despotique ou constitutionnelle dite libérale. Il s'agit donc avant tout pour eux de se soustraire à sa domination et de se constituer en républiques fédératives démocratiques et sociales, basées sur la justice et le droit, de manière à former la grande Confédération des États-Unis d'Europe, dans laquelle le despotisme. la centralisation, l'exploitation, la misère, le paupérisme, le prolétariat et l'ignorance seront remplacés par la liberté, la décentralisation politique et sociale ou politique et économique; par l'association libre et volontaire basée sur la justice; par l'indépendance et la liberté des travailleurs, qui seront à la fois capitalistes et producteurs, possesseurs des instruments de travail, du crédit gratuit et mutuel, du libre et mutuel échange, et qui tous auront la jouissance complète des produits de leur travail, et parviendront ainsi au bien-être et au bonheur universels.

Voilà quel doit être l'idéal de l'Italie et tous les peuples, hors duquel il n'y a pas de salut pour l'humanité, et qui prime de beaucoup la question de Rome capitale. Dès que la péninsule sera libre, dès qu'elle aura des institutions basées sur la justice, Rome lui sera aussitôt restituée; il n'y a aucune force, aucun pouvoir et aucun despotisme capables de neutraliser l'affinité naturelle qui entraînera alors les États romains vers la mère patrie. Quand nos pères de 92 jetaient leur cri sublime de: *La liberté ou la mort!* Cela voulait dire liberté politique et économique; République et réformes sociales; transformation, émancipation et organisation économiques. Ils sont morts à la tâche, semant les germes de l'avenir, sans avoir pu en récolter les fruits; c'est à nous à continuer cette œuvre féconde; que les patriotes italiens abandonnent donc les errements d'un patriotisme et d'une politique stériles qui les conduisent depuis si longtemps de catastrophe en catastrophe, de honte en deshonneur, d'Aspromonte à Mentana. Qu'ils adoptent le programme que nous venons d'esquisser, qui est celui des prolétaires de tous les pays, et qui triomphera beaucoup plus tôt que les politiques à courte vue ne le supposent; et non-seulement ils auront contribué à faire leur patrie, l'Italie, libre et heureuse; mais encore ils auront fondé la grande patrie universelle, qui est l'humanite, par la *République universelle, démocratique, sociale et fédérative.*

C'était là l'œuvre que poursuivait Cornélia Marcus, qui conspirait avec eux en 1846, et qui est morte en combattant pour sa cause. C'est celle qu'il faut reprendre aujourd'hui et à laquelle ils doivent travailler tous avec ardeur, s'ils ne veulent pas rouler continuellement et inutilement leur dangereux rocher de Sisyphe, qui les écrase chaque fois qu'ils croient avoir atteint leur but.

Et surtout qu'ils laissent dans l'obscurité et dans la fange des cours, où ils sont à jamais enfouis, la *Cousine d'une Espagnole*, son digne époux et tous leurs complices qui, de lâcheté en lâcheté, de trahison en trahison, en sont arrivés a être conspués par celui-là même dont ils servaient la politique déloyale et machiavélique; qu'ils considèrent le *re galantuomo* comme leur plus dangereux ennemi et sa dynastie comme l'obstacle le plus grand à l'accomplissement des destinées de leur patrie; qu'ils n'oublient pas non plus que le pouvoir spirituel du pape est encore plus redoutable, plus nuisible, plus dangereux et plus mortel que son pouvoir temporel; car si le second enchaîne les corps, le premier corrompt les intelligences et les plonge vivantes dans la nuit du tombeau. Que les Italiens se souviennent toujours que tout ce qu'enseigne l'Église n'est que mensonge et corruption, perversion et immoralité, que son siège n'est que fange, ordure et pourriture, un réceptacle de tous les vices de tous les crimes, les plus odieux et les plus infâmes. Ils connaissent par une expérience d'une longue suite de siècles quelle influence désastreuse la papauté exerce en Italie et dans le monde entier; ils savent qu'elle a pour mission de corrompre, d'abrutir, de dépraver et de pervertir l'humanité; et malheureusement elle s'est acquittée avec un déplorable et effrayant succès de cette tâche abominable; elle a cherché à étouffer chez les hommes tous sentiments de justice, tous germes du droit, tout amour du bien, du bon et du beau, pour les remplacer par la l'hypocrisie, la bassesse, la cruauté, la superstition, le fanatisme, par toutes les cupidités et toutes les luxures: elle a inspiré le mépris des actions généreuses, la haîne de la vertu, l'admiration et l'adoration de la puissance du mal, du pouvoir issu du guet-apens et de l'iniquité, du parjure, de la trahison et de l'assassinat; elle a sanctifié toutes les infamies et béni tous les crimes; et quand elle a rencontré un brigand couronné, personnifiant toutes ces horreurs, ces monstruosités et ces forfaits, il est devenu pour elle, dans son enthousiasme, l'idéal des princes catholiques, un Sauveur et un Messie; elle l'a baptisé fils aîné de l'Église, sacré roi très-chrétien, nommé l'oint du Seigneur, elle l'a couronné du laurier des Césars.

Le catholicisme a fait tout cela; il vient de se retremper de nouveau dans le sang de l'Italie, et après le massacre des héros de Mentana il a sanctifié leurs bourreaux et béni leurs armes, pendant que le roi galantuomo faisait arrêter et emprisonner le vieux libérateur Garibaldi, et que l'envoyé de l'Empereur s'écriait: *nos fusils Chassepot ont fait merveille!* En présence de Rome aux fers, du pape sanglant, du roi deshonoré et du César triomphant on se demande naturellement quel est des trois le plus coupable, le plus maudit et le plus abandonné des hommes?.... A cette question la voix du poète de Guernesey répond:

„Le crime est consommé; qui l'a commis? ce pape?
„Non. Ce roi? non. Le glaive à leurs bras faibles échappe.
„Qui donc est le coupable alors? *Lui.* L'homme obscur;

„Celui qui s'embusqua derrière notre mur;
„Le fils du Sinon grec et du Judas biblique,
„Celui qui souriant guetta la République,
„Son serment sur le front, son poignard à la main."

Tel est le grand coupable, l'auteur du nouvel attentat contre le droit des peuples, espérons que ce sera le dernier, que bientôt la papauté, la royauté et l'Empire auront disparu ainsi que toutes les tyrannies et que le drapeau de la liberté flottera au Capitole et sur le monde entier.

FIN.

www.ingramcontent.com/pod-product-compliance
Ingram Content Group UK Ltd.
Pitfield, Milton Keynes, MK11 3LW, UK
UKHW031831260826
14628UKWH00001B/320

9 782012 476233